本書爲

南海歷史文化研究項目

廣東省佛山市南海區人民政府
地方志辦公室規劃項目

中國近代人物文集叢書

張蔭桓集

任　青　孔繁文　整理

中　華　書　局

圖書在版編目(CIP)數據

張蔭桓集/(清)張蔭桓著;孔繁文,任青整理. -北京:
中華書局,2012.4
(中國近代人物文集叢書)
ISBN 978-7-101-08520-4

Ⅰ.張… Ⅱ.①張…②孔…③任… Ⅲ.張蔭桓
(1837~1900)-文集 Ⅳ.Z425.2

中國版本圖書館 CIP 數據核字(2012)第 013677 號

書　　名　張蔭桓集
著　　者　〔清〕張蔭桓
整 理 者　孔繁文　任　青
叢 書 名　中國近代人物文集叢書
責任編輯　郁震宏　俞國林
出版發行　中華書局
　　　　　(北京市豐臺區太平橋西里 38 號　100073)
　　　　　http://www.zhbc.com.cn
　　　　　E-mail:zhbc@zhbc.com.cn
印　　刷　北京瑞古冠中印刷廠
版　　次　2012 年 4 月北京第 1 版
　　　　　2012 年 4 月北京第 1 次印刷
規　　格　開本/850×1168 毫米　1/32
　　　　　印張 12⅜　插頁 5　字數 280 千字
印　　數　1-3000 冊
國際書號　ISBN 978-7-101-08520-4
定　　價　38.00 元

江行雜詩

珉精既垂曜萬古欽靈和又東至大別廣永騰周歌冰

夷每肆虐醫泐深陂陀榷石勤三州蕩析傷如何碕岸

支矮蓬泣比鮫人多隄成函黿視艦榜先潛沱沿流遠

荊郢湍澓相委蛇蓬留海暑困何戀烏皮韡夜航度淺

渚蛟闈如張羅遠睨蘭臺客綺席臨清波依劉思古懷

俯仰殊日科先官事民瘼曷不尋槳趯

《庚癸集》書影

《鐵畫樓詩續鈔》書影

南海張蔭桓著

丁宮保師六秩壽序

懿夫入紘允釐垂拱永逸潤色鴻業搏拊夔言則必誕
彌元愷孚乂萬邦疇副青曾矜式百爾奢龍贊后而東
方辨金提佐羲而民俗化是故曳履星辰之上乘舟日
月之旁濯纓瀺潢之瀆騕褭華虹霓之表所為協期運應
歸昌者理有在也
聖人御宇之五年萬物楳通四時咸若

《鐵畫樓駢文鈔》書影

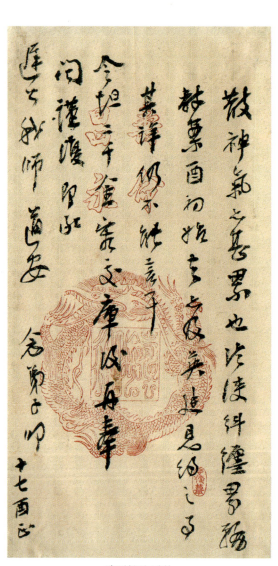

致孫毓汶手札

似尚有闰仲约此時尚送

老石耳蒙桓階緣多幸三月而遍蒙足

循涂致鮮塵露比以美都價歉大宫

海外緩黎不虞菩告窗年男月了

兹葛藤暮春既和嘉露漸欽南

春日斯巴彌垂之役往返或逾半

年此之廣大西洋經英法諸國延

凌高致然為閣解拄武踩後必記方

物頓荄馨室之賂安有張鑪之呃

塵世棲臺納諸几累塵尤利燕登之

閭見而已兩仲約季蕃柳書元

饴送手膝進叩

勳錢曼栖不宣愚身張薐桓頓首

二月初十日

致袁爽秋手札

張蔭桓畫作

目　録

風馬集

三洲集

不易集

荷戈集　上

荷戈集　下

鐵畫樓駢文鈔　卷一

附录一　丁酉戊戌詩存

附錄二　傳記序跋輯錄

張蔭桓詩文淺論（代序）

朱育禮

　　張蔭桓（1837—1900），字皓巒，號樵野，又號紅棉居士，晚號芋盦，廣東南海人。稟性奇慧，博學強記。少時應試不售，遂棄科舉。同治初，隨舅父李宗岱往濟南，捐貲爲知縣，以善屬文，有智謀，通達時務，辦事幹練，先後爲山東巡撫閻敬銘、丁寶楨所器重，聘入幕府，屢經保薦至道員。光緒五年（1869）調安徽徽寧池太廣道，署按察使。旋內召至京，在總理各國事務衙門總署學習行走。光緒十一年（1885），經李鴻章保薦，出任清廷駐美國、日斯巴彌亞（西班牙）、秘魯三國公使。光緒十六年（1890），任滿回國，再入總署，數年間擢任户部左侍郎。光緒二十年（1894）甲午戰爭中，清廷海陸軍均敗，張蔭桓與湖南巡撫邵友濂奉命於是年冬赴日本議和，被日方以無全權爲理由，拒絕接待而返回。戊戌變法中，蔭桓支持變法，密薦康有爲，傳遞其奏章，成爲影響時局的幕後人物。未幾，慈禧太后再度訓政，囚光緒帝，緝捕康有爲，殺譚嗣同等六君子，張蔭桓受牽累革職抄家，充軍新疆。光緒二十六年夏，義和團興起，載漪、剛毅輩秉政，七月蔭桓被處死。議和始，英美公使照會清廷請加昭雪，李鴻章據以入奏，乃復原官。

　　張蔭桓一生著述甚多，其中《鐵畫樓駢文》二卷、《鐵畫樓詩鈔》五卷（含《庚癸集》、《風馬集》、《來復集》、《三洲集》、《不易集》),皆爲光緒二十三年初冬京都刊本;《鐵畫樓詩續鈔》(《荷戈集》)二卷,爲光緒二十八年觀復齋校刊本。另著有《三洲日記》八卷、《英輎日記》二卷。他任安徽徽寧池太廣道時駐蕪湖。蕪湖自明末起盛行鐵畫,花竹蟲鳥,錘鑄之工,不減筆墨紙絹。張蔭桓對此畫種很喜歡,家藏鐵畫梅、蘭、竹、菊四聯屏,故以"鐵畫樓"命名其居所與詩文集。現就其詩文的思想内容與藝術風格,作一些探索,疏漏及不當之處,敬請海内外方家與廣大讀者批評、教正。

一

張蔭桓天資穎悟,博學多才藝,駢、散文與詩,都卓然稱名家,兹論其詩。許玨《鐵畫樓詩續鈔・跋》曰:"良金美玉,均嗣三唐之音;素練輕縑,間沿兩宋之格。"李岳瑞《春冰室野乘》稱"其詩筆清蒼深重,接武少陵、眉山。"張慶霖《退思齋詩話》亦云:"先族祖南海張樵野公,……餘事爲詩,亦復清蒼深重,其歌行渾浩流轉,尤深入坡老之室。"易宗夔《新世説》記:"蔭桓……光緒戊戌政變,遣戍西行,有西戍遺詩一卷,關内外途中所作,悲涼激越,令人不忍卒讀。"被譽爲近代詩界革命家的黃遵憲亦有詩贊張蔭桓:"官職詩名看雙好,紛紛冠蓋遜清華。"[1]兩朝帝師、清流領袖翁同龢讀蔭桓《臘月十三日得雪雲門將返秦中賦詩留行……》七律四首後,由衷讚歎"真絶才也。"[2]徐世昌《晚晴簃詩匯》評曰:"(樵野)雖不以科目進,而折節讀書,洽習掌

[1] 見黃遵憲:《人境廬詩草・歲暮懷人詩》。
[2] 見《翁同龢日記》,光緒二十三年十二月十六日日記。

故，文辭詄麗，李愛伯、王廉生與交稔，一時朝士未易抗衡。”汪辟疆也盛讚張氏“爲一時異才”，憫樵野“才具非凡而氣足凌人，睥睨一切。致禍之由，固有自矣”。這些評論以及叙其詩學淵源，都很公允、正確。我通讀張蔭桓詩文後，不揣淺陋，試述一得之見。

翁方綱在《石洲詩話》中，引明代粤人詩序，謂“粤中自孫典籍以降，代有哲匠，未改曲江流風。”洪武初，順德人孫蕡等五人結詩社于廣州南園，去除宋元習氣，力追三唐。曲江指唐玄宗時名相名詩人張九齡。張蔭桓受地域詩風影響，亦宗三唐，致力於杜甫，五古頗學張九齡，七古則又學蘇軾，而近體亦學王士禛。

張蔭桓的五言古詩，小務鋪叙，不用駢句，寫景使事，自抒性情，一氣傾吐，隨意卷舒，前後呼應，自然成篇。而且遣詞清新典雅，感情含蓄委婉。如《五月望日季度下第航海南還贈別四首》（之二）：

> 深宵月欲下，拂石調焦桐。鳳城富芳樹，漏盡來熏風。大音邁皇古，知希非道窮。蘊兹淡泊懷，毋損黄鐘宫。爨餘振奇響，亦或砭宋聾。成連不可作，吾思柴桑公。

《秋懷詩簡常熟尚書》（五首之一）：

> 四序秋不嚴，金莖飽承露。氤氲紫壇煙，林皋盡佳樹。芳草寄王孫，陽戈已雲暮。望舒澄清輝，曾澈延秋路。銀繩高沉寥，頹雲亦潛渡。蕭槭生幽懷，江湘盼蘅杜。且乏蛤蜊食，遑補鷦鷯賦。

以上選録二詩及《江行雜詩》五首、《寄答丁小農都轉山東》、《醉中送別王笈甫移幕入湘》等篇，初視之若不經意，細味之則正從張九齡《感遇詩》化來，比興寄託而且渾然復古，遠述阮籍《詠懷詩》之旨。

張蔭桓的七言古詩，當以與翁同龢、孫毓汶孫楫叔侄的唱和詩爲代表作。

清廷自中法越南之戰、甲申易樞至甲午前，中外、朝野相對無事，朝中大臣退值之暇，往往以吟詩作畫、品鑒古今字畫、考釋金石圖籍爲雅事、樂事。順天府（京兆）署中，每當海棠花開，亦例有詩會。張蔭桓出使美國、西班牙、秘魯獲代歸國，再入總署，兼任户部侍郎攝禮部侍郎，亦與諸人互相唱和，並占一席之地。

孫楫赴湖南按察使任前，將一幅《昆侖關題壁圖》請翁同龢題詩。翁同龢以下平聲九青韻作七古一首，孫毓汶次韻奉和，二人唱酬凡七疊韻。不久孫楫調任順天府尹，張蔭桓亦三疊韻奉和，他又作《疊前韻索瓶生尚書題運甓齋話別圖並簡遲盦壺巢圖爲望江中丞繪贈》：

> 虎頭妙畫能通靈，説義祇許知音聆。倪迂健者昫仙去，懷舊已悵琴臺銘。年時奉使過楚庭，詔籌邊事許暫停。運甓齋頭樹猶碧，塵談夜叩軍門扃。畫法仍皴南北陘，別愁奈此驪駒軨。畫行衣繡路旁羨，寫韻差幸留丹青。尚書進講朝橫經，萬荷深處移畫舲。西苑嚴冬敕騎馬，衣袖不襲冰魚腥。文章世德孚宫廷，進賢冠合先圖形。安石碎金每散見，什襲豈復虞飄零。紫芝白龜同此瓶，米家船敞玻璨廳。題詩一諾斬未踐，彌令往跡慚浮萍。昆侖疊唱旨且馨，遲盦冬夜欣同聽。觸茲索遺衍長句，漫憂寒迫庫樓星。

翁同龢是晚清宋詩派的名家，七古學蘇軾。張蔭桓此詩既學蘇軾，亦有戲仿翁同龢詩風貌之意。此詩二十八句，平韻到底，無一律句，句末多三平聲，而且單句末字都用仄聲（押韻除外），音節之妙，深合古詩聲調。詩中本應偶句押韻，忽又單句押韻，此亦仿蘇軾。古人次韻已覺有礙詩思，況此詩多次疊韻，押險韻、僻韻。張蔭桓仍能淋漓酣暢，快意直抒胸臆，無牽強湊合之痕，足見他腹笥富贍，才思橫溢，駕馭文字、聲韻技巧之嫻熟。翁同龢讀此詩後，甚爲讚賞，即又以《昆侖關題壁圖》原韻，爲張蔭桓題《運甓齋話別圖》，張蔭桓復作《常熟尚書疊昆侖圖韻爲題運甓齋話別圖縷及墨洲使事因疊前韻酬之》。翁同龢、孫毓汶是狀元、榜眼，能與一個連秀才也未考上的張蔭桓詩歌唱和，可見他們交詩友不以科名取人，而是以詩取人。張蔭桓則不卑不亢，從容酬答，與之角奇鬥勝，正旗鼓相當，可稱詩壇佳話。

張蔭桓以捐貲入仕，雖然超擢至侍郎加尚書銜，但仍遭兩榜出身的朝官譏嘲，不由科舉正途進，一直是他的憾事。他在《羅少村汪子用雪集敝齋攜示王石谷田居圖招王笈甫同觀笈甫乘醉畫鍾馗題識淒婉爲賦醉歌行兼呈二客》詩中有句曰：“蠅頭慘澹贅長句，頓觸身世生悲籲。丈夫豈作班好怨，將軍空悼彭殤徂。君行將聽齊州竿，笈甫保留山東太守久未到任。白頭幕府胡爲乎！終南進士且泡影，何況僕僕勞公車。笈甫十薦不第。”鍾馗屢試不第，竟觸階而死，死後猶自稱“終南進士”的傳說，自然會引發這位連續考了將近三十年的老舉人的無限感慨，作書題識必然會一抒其積郁於胸中的悲憤不平之氣。張蔭桓更是一無功名，與王笈甫當時都是寄人籬下的幕友。“醉中心境能模糊”，所謂借他人之酒，澆自己胸中的塊壘。詩中揭露了國家選拔人才只重八股文之弊，致使不少有才能之士報國無門，委婉表達了對科舉制度的不滿情緒。

張蔭桓七律，得力于學杜甫入蜀後之作，沉雄雅健，每多佳句、佳篇。其頷聯、頸聯,出上句後,下句對接常出人意料之外,細思則又在情理之中。如:"按行周召分茅地,會變荊高擊筑風。"此是送其親家李文田視學畿南之作。蓋當地荊軻、高漸離遊俠之風猶存,"俠以武犯禁",張蔭桓期望李文田能在召公始封之地,以禮樂文教來移風易俗。又如"已看七校能爲武,始信長安不易居"、"連雲宮闕瞻天近,入望田塍得雨肥"、"露盤只合分仙液,廣廈還欣集茂才"等。五律之例句如"六軍皆卷甲,一字竟成詩"、"百年佳氣聚,獨夜旅愁長"等。讀者可結合全詩,領悟其對句之妙,讀其排律亦然。

晚清著名詩人中,能作百韻排律者不多見,張蔭桓則有五言百韻排律二首,一爲寄呈丁寶楨,一爲紀念丁寶楨。這固然是報答待以國士之恩遇,但若無才情,則斷不能寫出這樣煌煌巨制的。

《使槎道中敬展丁文誠公遺像感賦百韻》起首云:"當代凌煙閣,千秋有道碑。"短短兩句就已籠蓋全篇了。以下則敘其生平出處政績德行與作者之遇合,排比鋪陳,段落分明,屬對工穩,用典貼切,而抒情言志,議論開闔,亦貫徹於全篇,又能於實處插入虛筆,如畫中留白,虛實相間,使佈局嚴整中透出疏朗之氣,真作手也。古人云:作五、七言長篇,起句難而結句尤難。此篇詩思如層波疊浪滾滾而來,而以"自慚艱寸效,何以答宏慈"來收束住,饒有餘音。詩長不錄,讀者自可細細體味。

張蔭桓還寫了一些關心河患、賑濟災民等反映社會題材之詩,如《六月十二日苦雨》(六首)、《仰屋》等,可見他也是一個憂國憂民忠於職守的好官,但壓卷之作當推《遼東募軍行》。

此詩描述同治四年(1865)捻軍攻略京畿時,清廷爲防堵而募兵遼東,作者充任其事,事後追憶當時情事所作。警句如:"衰翁病母縮兒髻,爲佩楛矢皮葫蘆。就中更有新婚別,人前羞澀悲羅敷。長林低首交密語，歸期絮絮稽軍符。弟兄親友但抗手，拉雜吉語慰征夫。哭聲已沈壯聲鳴，各跨鞍彎腰羊酥。兩河三輔正苦戰，激發忠義輕頭顱。”這與杜甫之《三吏》、《三別》有異曲同工之妙。又如：“黑龍江畔凍早結，輕裝計日歸醫無。西征一旅忽分隸，更與老湘同崎嶇。”而以“毋悔爾室張桑弧”作結句，則又如在讀杜甫的《兵車行》：“或從十五北防河，便至四十西營田。……信知生男惡，反是生女好。生女猶得嫁比鄰，生男埋没隨百草。君不見，青海頭，古來白骨無人收。新鬼煩冤舊鬼哭，天陰雨濕聲啾啾。”張蔭桓詩學杜甫，不僅在“鋪陳終始，排比聲韻”之技巧，亦不拘于五古、七古之體裁，而能深悟其“爲解蒼生苦”之微言大義，此真善於學杜詩者！《辦道謠》則記清皇室爲葬嬪妃，令沿途民夫拔草墊路，以免塵泥飛揚污染靈車，有的地方無草可拔，竟督兵强令農民拔青苗墊路。這種剜卻農民心頭肉的暴政，前所未聞，讀之令人髮指。這些詩篇具有鮮明的對人民的同情心與强烈的現實主義精神，這是與他同時代的高官詩中所罕見的。張蔭桓大膽揭露時弊，爲民呼籲，真不愧是有良知的詩人。

二

　　光緒十一年六月，張蔭桓奉派爲清廷駐美國、日斯巴彌亞（西班牙）、秘魯公使，次年二月啟程。前幾年美國朝野首先在三藩市製造反華工事件，搶劫財物，殺害二百餘人。當時清廷駐三藩市總領事黃遵憲向美方嚴正交涉，遲遲未能結案。張蔭桓這次出使續辦此事，任務艱巨。他聘任了美國律師、顧問，並親自與美國國務卿蚜蝮多次面爭，僅昭雪了石泉、洛士等部分冤案，獲賠三十餘萬元，兇手未能嚴懲。正可謂弱國無外交。所以他在出使之初第一篇詩中，就有“安得樓船予保衛，折衝尊俎虛周旋”之感歎。

作爲外交官，他在美國廣交朋友，應律師、顧問柏立之妻之詢問，回答了中國詩學之要義。廣東籍華僑，在三藩市創建“小蓬詩社”，曾寄《籌邊樓懷古詩》一百十首，請張蔭桓評點。他當時正爲華工問題屢與美方交涉，因無進展而心緒不寧，又少閑暇，況自己也久未作詩了，先擬擱置再説，繼思同鄉們僑居于此，有此雅興，甚爲難得，所以還是在事務叢集中撥冗展讀，加上評語、圈點，品題甲乙。他本是行家裏手，點評中肯，對小蓬詩社詩友頗具鼓勵、提高作用。果然，從此三藩市華人月月有詩會，作品水準也逐漸提高。華人詩社還發展到秘魯利馬，張公使一概俯允所請，爲之點評、鼓勵。他還應三藩市華人之求，爲撰、書龍崗公所楹聯：“廟貌峙花旗，閟宫同享，異姓聯歡，神弦猶按巴渝舞；宗盟扶國本，珠水晨征，墨洲雲集，華胄遥稽季漢書。”龍崗公所合劉、關、張、趙四姓爲名義堂，旁列諸葛亮畫像。巴渝舞，西漢初盛行於四川閬中，表演勇猛征戰之舞。聯語勉勵華僑，效法前賢劉備、關羽、張飛、諸葛亮等冀、晉、豫省人，能適應、尊重巴渝習俗，死後爲當地人民建廟奉祀的故事，激發他們的忠心義氣，在異國他鄉，鋭意開拓經營，永葆團結進取精神，無忘祖國禮樂文教的良苦用心。聯語聲調平仄相協，音節琅琅，合乎格律。內容與形式堪稱珠聯璧合。當時華僑飄洋至美洲，都爲生計，即使有少數讀過書的人，其詩詞、聯語的創作、欣賞水準都不高。但張蔭桓不因缺少知音而敷衍了事，因爲這是代表了中華文化中的高雅藝術，後來他與日本駐美公使九鬼、鶴川詩歌唱和，亦持此敬畏之心，這種美德，足爲後人榜樣。他還爲三藩市南海會館供奉之南海神撰聯（聯語見《三洲日記》）；應三藩市同鄉之請，撥冗在燈下撰、書對聯；光緒十四年（1888）中秋節，在駐秘魯使館中書楹聯十數副，分贈賓客。這種應酬，往往難免，張蔭桓亦樂此不疲。估計尚有不少聯語，他本人未存稿，或被抄沒而佚。爲了弘揚國粹，先他在海外華人社團植根傳播，至今已兩個甲子，華人詩社已遍于美洲，詩詞作品亦斐然可觀，其水準不在國內之下。溯洄追遠，張蔭桓功不可沒。

張蔭桓在繁忙的外交活動之暇，猶不廢吟詠，有對國內師友的懷念，對黃河水患的憂慮，有對異域山水風情的描寫與觀感，其中還有與日本駐美國公使九鬼、鶴川的詩歌唱酬，這些詩都收在《三洲集》中。

光緒十二年（1886）冬至節，張蔭桓在中國駐美使館設宴招待英國、西班牙、日本等國的駐美使領。席間九鬼向張蔭桓出示五言詩一首：“浩月天無際，宵漢一星飛。清光不待瞬，黑夜銷流渾。客心迷碧落，秋魂歸不歸？”這首詩是按中國五言古詩的聲調寫的，表明九鬼受中華文化影響很深，寫的中國古詩亦有一定的水準。張蔭桓即席次韻奉和：“張爐傛經歲，六出花初飛。快晴昒園圃，積雪凝寒暉。客愁百無俚，誰與寄當歸？”並即命人把和詩翻譯成英語，以轉示求詩之人。他雖知經翻譯後不可能逼肖原詩之神韻，但還是爲把中華詩詞介紹給西方作了有益的嘗試。他於次日又贈九鬼五律二首，九鬼也次韻奉和一首，張蔭桓評曰：“聲韻不甚諧，而造句不落俗套。”後來他與日本駐美國新任公使鶴川也互有贈詩，還向鶴川詢問日本三十一字的五、七言詩是否每句押韻。兩國使臣駐在美國，同有“不盡殊方感”，互把對方看作“同文幸有人”，通過詩歌唱和，互相交流、切磋，“嚶其鳴矣，求其友聲”，在中日外交史上、在文化交流史上，可算一段佳話。

他在美國觀劇，在《三洲日記》中，用古文敘劇情，已開林紓翻譯西洋小說、劇本之先河。

陳衍《石遺室詩話》曰：“自古詩人，足跡所至，往往窮荒絕域,山川因而生色。更千百年,成爲勝跡,表著不衰。嘉州以岑,秦、隴以杜,夜郎以李以王(昌齡),柳、永以柳,瓊、儋以蘇,然皆未至裨海瀛海之遙也。中國與歐、美諸洲交通以來,持英簜與敦盤者,不絕於道,而能以詩鳴者,惟黃公度。其於外邦名跡之作,頗爲夥頤。"可惜石遺先生當年漏讀了《鐵畫樓詩・三洲集》,故僅推黃遵憲一人。其實張蔭桓用五、七言古、近詩體寫外邦名跡、風情之作亦多,好詩連篇,可與遵憲媲美。

黃遵憲有《登巴黎鐵塔》、《蘇伊士河》詩,張蔭桓亦寫有同一題材之詩,而且均作於光緒十五年(1889),比黃遵憲還早二年。

張蔭桓的《巴黎鐵塔歌》,值得一讀,詩曰:"……制爲鐵塔垂百丈,玲瓏釘綴銖鐋勻。中分三級下四足,地震不倒雷無神。絕頂飛箋達諸國,下層會食容萬人。初爲溜梯但斜上,儵乃直躍虛無根。只聞機栝密傳響,出戶髣髴摩星辰。拾級能升視腰腳,螺旋仄路仍紛紜。憑闌眺矚黝障翳,俯視舊宮如虱褌。高樓船棹互起伏,街衢市肆區以分。會場百貨已闐隘,民主之國咸來賓。創茲異境實營利,安有寶氣騰金銀。……塔簷滿識省會字,兩州已割猶云云。敗亡仇讎固不釋,感奮未易期頑民。三年拜賜竟何日,徒飾觀聽資鮮新。……"這首詩包涵了杜甫、高適、岑參登慈恩寺塔詩中"七星在北戶,河漢聲西流。……俯視但一氣,焉能辨皇州"、"迴出虛空上,……千里何蒼蒼,五陵鬱相望"、"塔勢如湧出,孤高聳天宮。……五陵北原上,萬古青濛濛"的蒼茫景象與憂患意識。他對法國被普魯士戰敗割阿爾薩斯、洛林二州後,未能如我國春秋時秦將孟明兵敗于晉,三年後重振旗鼓,濟河焚舟以報前仇而頗多微詞。實亦因我國屢敗於列強,割地賠款,未能臥薪嘗膽,生聚教訓以雪國恥而有隱痛在焉,寓意更深。

《紅海行》寫蘇伊士運河："近日輪駛迴飆迅，百千萬里一刹那。陳跡尚留好望角，異事乃有新開河。髯鬚神仙縮地術，授與西士供揣摩。從茲中外共一水，聲教豈獨班南訛。古稱尚德不尚險，玉帛可以銷干戈。"作者高度讚揚西方國家運用先進的科學技術開鑿蘇伊士運河，人力勝天工，使東西方海上交通不必再遠繞好望角，可省去航程數千公里。如有戰爭，扼守此險，則片帆不能渡，今通航安全便捷與各國共用，則世界和平，國際合作，造福于人類之功德大矣。

《日斯巴彌亞城觀鬥牛歌》描寫鬥牛場面，繪聲繪色，猶如電視現場直播，真是妙筆，結尾引《孟子》以羊易牛釁鐘之仁心仁術，反襯出鬥牛殺牛以博一樂之殘忍風尚。以上諸詩，使事用典中西合璧，且將地球、電燈、機器、黑奴等西方新名詞，嵌入中國古典詩歌中，如鹽入水，溶化無痕。此種境界，應爲張蔭桓獨闢首創，才是"詩界哥倫布"。（"詩界哥倫布"，乃丘逢甲贊黃遵憲語也）

三

司馬遷有言："屈原放逐，乃賦《離騷》。"歐陽修亦曰："詩必窮而後工。"故盛世之巨公，其詩歌往往不及衰世之孤臣逐客。詩文之工，出於窮巷憔悴專一之士爲多，雖廟堂卿相，亦難於爭勝。亦有人謂此説未必盡然，且舉晚清達官多工詩爲證，如翁同龢、張之洞、張蔭桓、樊增祥等。但若個人遭際有窮達，則其窮時之詩必勝于達時。如翁同龢、張蔭桓，放逐後之詩勝於在朝時，茲專述張蔭桓之《荷戈集》。

《荷戈集》現存古近體詩二百三十餘首，爲張蔭桓自戊戌八月充軍新疆，至庚子七月被殺於戍所間所作。

蘇軾垂老貶官到廣西、海南島安置，有詩曰："九死蠻荒吾不悔，茲游奇絕冠平生。"張蔭桓充軍新疆途中，亦有"征車半載嗟樊籠，逸趣乃在沙磧中。招手天山入窗几，林木盡挹青渠風"等詩句，兩人之胸襟，同曠達如此！張蔭桓寫齊克達阪的後溝風景："澗水瀉寒玉，夾岸交茂林。新綠秀可掬，……水鳥翩回翔，似覷潛鱗浴。清流激晴波，泠泠響琴筑。"竟使這位籍隸嶺南、遍遊世界的遷客騷人，欲於此處定居。"誰能謝塵鞿，於焉結茅屋。"這又與蘇軾詩句"我本海南民，寄生西蜀州"同一意向。當人處於逆境時，自然會聯想到古代志士仁人所遭受的苦難生涯，引發共鳴，這也是抒發悲憤、排遣閒愁的一種方式。

張蔭桓前期詩沒有憂讒畏譏之感，一則那時他位卑官小，不似樹大招風，二則他的前後兩位府主閻敬銘、丁寶楨都極為賞識他的才幹，充分信任並保護，倒是他勸慰丁寶楨"譏讒不改救時心"。後來他官大攬權，屢遭彈劾，終被革職充軍，才感到譏讒之可懼，並時時祈盼"賜環"（大臣放逐後賜之環則赦還，與之玦則絕），這在《荷戈集》中多有反映。

"時艱謬典屬，遂墮譏讒中。言者倘易地，吾譽超吳蒙。"祈盼"天心妙轉圜"。上諭指斥他"居心巧詐，行蹤詭秘，趨炎附勢，反復無常"，其實這根本算不上罪，僅是個人之道德品質而已。不過降調斥革，充軍新疆過嚴過重，故一部分官員予以同情、勸慰、保護。樊增祥贈詩，就有"九天聖澤先春到，早晚雞竿蠱玉階"、"朝廷每飯思廉頗，佇見征西幕府開"之句。涼州知府周式如，以錢叔美為蔣伯生繪《入關圖》奉贈。蔣伯生，江蘇常熟人，任山東齊河知縣，道光初因得罪巡撫，被革職充軍新疆，逾年赦歸。張蔭桓久宦山東，知蔣伯生也是捐貲出身，與己相同，所以獲此圖後大喜，以為是賜環的先兆，作七古一首酬答，有句曰："伯生貴郎本通人，丹青賴爾能傳神。……使君投贈吉語真,仿佛仙梵空中聞。"而以"天教生入爲左券,願乞山水爲塵民"作結句。他在戍程中忽然想起服官京師時過明珠舊第無暇一遊,今又憶及《秋笳集》及其作者吳兆騫事,悵歎作詩,以寄感慨:"……延陵季子尤清通。金縷哀詞動急難,救死至竟回天衷。烏頭馬角特贅語,氈車冉冉歸黑龍。"吳兆騫在順治十四年(1657)因科場弊案牽累,充軍寧古塔。他的友人通過詞人納蘭性德轉求其父權相明珠,終獲贖歸。張蔭桓祈盼當朝權貴能如明珠那樣施以援手,赦歸之情溢於言表。他的同鄉舊交許應騤於戊戌八月後出任閩浙總督,他于重陽節贈詩有"故鄉重展插萸會,應念邊廷有逐臣",亦寓此意。

歷代詩人多信詩讖之說。所謂詩讖,就是詩人在無意中作詩,可預示後來之吉凶禍福,且頗多應驗,其源蓋出於盛行於東漢的讖緯之學。如翁同龢在戊戌二月得蔣廷錫花卉卷,題詩有"枯榮開落原無定,才了官書已白頭"之句,至四月放歸,若爲之兆。張蔭桓在充軍新疆途中,回憶起在光緒十八年(1892)奉和翁同龢詩中有句曰:"蠑螈絕塞富紅柳,玉門篠內嚴晨扃。南量鄂博如連陘,……萬古不改天山青"等句,所以又作《壬辰冬奉酬救虎閣惠題運壁齋話別圖詩旁及玉門天山……今日閱之幾成詩讖仍用前韻自遣》七古一首,結句是:"春明詩讖漫復道,幾時危峽回星星。"自注:"星星峽,新疆入境首站。"張蔭桓是戊戌變法的幕後推手,是與君主一起造命之人,如今自己卻相信了宿命論與讖緯迷信,甚至又造詩讖,自我麻醉,企望改變命運,再一次應驗"幾時危峽回星星",實現生入玉門關之願望,似覺可笑,但這正是他將近二年謫宦生涯中的精神支柱。

前面已經提及,張蔭桓詩近體亦學王士禎。王士禎,山東新城人,是清初最負盛名的詩人之一,繼錢謙益、吳偉業後,主持風雅近五十年。他詩宗盛唐,標舉"神韻說",所謂"不著一字,盡得風流”，祖述、闡發嚴羽之説，强調作詩要天然而有真趣，抒情言志要含蓄藴藉，對有清一代的詩壇，尤其是齊魯詩壇，有著廣泛而深遠的影響。張蔭桓詩宗三唐，久在山東作幕，又頻與當地詩人倡和、切磋，習性相近，自然亦受其影響。

王士禎的成名之作是《秋柳詩》。他二十四歲在濟南大明湖畔，看到楊柳“葉始微黄，乍染秋色，若有摇落之態”，悵然有感，賦七律四首。詩人觸景生情，聯想到白門、隋堤、琅玡、永豐坊等歷史上曾與楊柳有關的典故，引發了無限的感慨，以秋柳比喻南明弘光的小朝廷，寄託了一種盛衰興亡之歎，一時傳誦四方，和者竟達數百人。張蔭桓熟讀此詩，很有領悟。《荷戈集》中曾五疊《秋柳詩》韻，其中三疊專詠茉莉花。茉莉花原産波斯國，最早移植到我國廣東，開放時清芬郁烈，爲衆花之冠，因能遮蓋衆花，故嶺南人又稱抹麗。佛經中稱鬘華，則以其可裝飾美髮。張蔭桓在《灞橋道中閲樊山集茉莉花詩用漁洋秋柳韻根觸鄉思奉同四首柬雲門並寄粵中親友》詩中，以“故園花事動詩魂”爲起句，接著以“香國珠水真成國，夢到羅浮別有村”來描寫廣東茉莉花開放時之盛況，結合自己當時之遭遇，寫出了“莫待化將遼鶴去，始教鄉味與重論”、“往事直同曇影幻，戍程明日鬥雞坊”、“曼華世界春常住，戈壁風光信自稀”、“幾時抹麗聽蠻語，記取詩酬灞岸邊”、“長憶芳痕縈玉帶自注:粵省渠名，未攜雙瓣度車箱自注:茉莉花雙瓣者尤香”、“今日花田誰護惜，腸回九九在鷗邊”等句，引用了不少與茉莉花、與廣東歷史有關的典故，如訶林爲三國時東吳虞翻謫廣州後手植訶子處，花田爲五代時南漢葬宮人處，廣種素馨花（以上亦並見王士禎《廣州遊覽小志》），以比興手法，引古代之謫宦自喻，反復詠歎，抒發了作者在充軍新疆途中遥寄鄉思、對往昔良辰美景的追憶，對前途吉凶未卜以及對是否能生入玉門關的憂慮等諸多感情，纏綿悱惻，哀而不怨，深得《小雅》之旨。此三疊十二首詩，寫景用典抒情，互相交融成一個有機的整體，讀之不嫌其長而惟恐其盡，若不灑同情之淚者，寡情人也。時樊增祥正由渭南知縣奉諭進京，預備召見，仍不避嫌疑，一再賦詩奉和，反復勸慰。有《樵翁灞橋道中閱樊山集見和茉莉四律，寄鄉國之思，哀豔切情，讀之怊悵，仍踵前韻寓物抒情兼祝早歸云爾》、《伏城驛店壁見新疆故人題句感賦四律卻寄》等詩，見《樊樊山詩集》。

　　《荷戈集》主要描述在蒼涼的大漠孤煙中，戍客心力勞瘁的艱苦歷程，也寫甘肅、新疆兩省的風土人情。如："板屋中藏水碓喧，飛甍遙接佛幢尊。寒林峀下平頗路，曲澗縈回遠近村。隴外此間誰避世？漢家自古議營屯。畫圖勝似幽風否？戈壁圍爐細共論。"寫塞外水木清華之勝宛若江南。描寫冒險渡疏勒河之情景則云："臨河凍忽合，朗若玻瓈封。小車得馳駛，疲馬猶嘶風。斯須達彼岸，遙見神旗紅。後車聯鑣來，概免滅頂凶。"其他如"細數電杆徵里數自注：七里一杆"記烏魯木齊都統署已改爲書院；新疆養魚在池塘冰凍前徙魚于井；己亥除夕，燈下檢叢殘箋帙，不足存者悉付一炬，有句曰："新得官油綴短檠自注：新疆產煤油，派員製煉，藩司設官油局，近則悉自俄運來"。尤其是《迎喜神》寫新疆在新春有迎喜神之會，自首任巡撫劉錦棠開始，將此會與閱兵同時舉行。詩曰："迎喜神，喜神喜，貔貅萬灶歌聲起。大帥旌旗馬首東，行人車馳盡訶止。魚龍百戲雜遝從，隱約春風吹馬耳。喜神卻與蠶神期，……當時鐃吹展餘歡，百年掌故劉公始。"這一集詩，亦可作地方志閱讀，更可作遊記、畫卷欣賞。

　　光緒二十六年（1900）五、六月間，以載漪、剛毅爲首的極端排外派，利用義和團"扶清滅洋"，殺外國使臣與傳教士，攻打使館、教堂，引發八國聯軍入侵。張蔭桓事前已充軍到新疆，但對時事亦有所聞，作《五月三日率成三十二韻》，語挾風霜，指斥載漪、剛毅等如古之權奸，殘害忠良，並預感到此輩亂政，將挑起外釁，後果不堪設想，忠憤之情與憂國之慮並躍紙上。讀者于此可見他居江湖之遠則憂其君的古仁人之心。這是他的絕筆，也是他詩集中完美的收官之作。

據王慶保、曹景郕《驛舍探幽録》記：他們把張蔭桓從河北押解到山西途中，張蔭桓"時一露畏誅意"，每聚談必先問曰："余得保首領否？"此懷一直未釋。他在一生最後的幾首詩中，有二首《寄題韓侯廟》。首句就點出主題："生死都懸兩婦人。"他雖是套用前人之句，但側重于死懸於一婦人，這是張蔭桓最殘酷的現實寫照。與韓信之死懸于呂后一樣，他的死懸于慈禧太后，光緒二十六年（1900）七月，被屈殺於烏魯木齊。對於這位外交家、名詩人的死，謹借用此詩中"邊廷伏臘頻東望，勁草沖天歲月遒。自注：韓侯塚上草皆直指，略如怒髮衝冠之狀"之句，表達對他的同情、尊敬與紀念。

無庸諱言，張蔭桓詩中亦間有拙句、率句，但不影響其整篇水準，讀其詩集，如入寶山，時逢異境，美感所寓，應接不暇，讀者亦當會有同感。

四

清代詩人，多兼工駢文，如袁枚、阮元、趙翼、洪亮吉、彭兆蓀、王闓運等，張蔭桓亦然，除著有詩集七卷外，並有《鐵畫樓駢文》二卷行世。

據孫毓汶序云："蓋植根于蕭《選》，而歸命于徐、庾。于國朝駢文諸家，尤與洪北江、彭甘亭爲近。"試讀張蔭桓駢文，其《述征賦》與洪亮吉之《過舊居賦》，有異曲同工之妙。張蔭桓的諸多詩序，"語雋情深，絕無氾濫之響"，又與彭兆蓀相似。《謝恭親王萃錦吟詩集啟》,詞藻華麗,對偶工整,則又追摹徐陵、庾信風格。筆者兹再選幾篇文章,略作淺析,與讀者共賞。

《复薛叔耘》,此文回憶當初與薛氏三兄弟(福辰撫屏、福成叔耘、福保季懷)交遊時,"暇則揮麈,時或賭石。山月沉桥,雄辯方騁;晴雪堆幾,高眠正齁"的情景。在清季"高會曲宴,但聞遷除消息"的官場,與"京華首善,惟知制科"的科場,他們則"頻以學業相勖期","縱筆著書,拓之爲安攘之要,卷之爲研誦之資",亦即文章合爲時而著的經世致用之文,憂時報國之心,躍於紙上。此文在駢偶中有二、三處夾雜有較多的散文句,如"重繹來恉,曾文正既没,此調遂成廣陵散,不禁低徊不置。英絕領袖,惟君家是賴,比致季兄書,亦覼縷及此。撫兄鄉居三載,意趣何如?春秋方富,豈遽萌箕穎想耶?稍暇當爲書勸駕。"娓娓道來,如與薛氏昆仲晤言於一室之内。全文既有詞句排偶的形式美,又有節奏感,在嚴整中透出疏朗清暢之氣,於平淡中含有醇厚之味,佳作也。

《陳仲觀太守哀詞》,其思想内容,誠如孫毓汶序中所言:"于身世之感,友朋離合生死之際,纏綿悱惻,一往而情深。"而在形式上,通篇皆六言句,每一段落一轉韻,平、仄韻相間,仄韻中又上、去、入三聲並用。平聲舒緩回蕩,仄聲低昂短促,誦讀時聲調抑揚頓挫而不覺平板,最後以騷體結束,蓋作者亦以此寓音節變化之意。

《丁宫保師六十壽序》,壽序主旨是祝頌,是文體決定内容,不足以成爲作者之詬病。丁寶楨對張蔭桓待以國士,有知遇之恩,張蔭桓對丁寶楨感恩戴德,竭智盡力,以國士報之。此壽序儘管爲壽星歌功頌德,但没有過譽之諛詞,對丁寶楨受謗遭譏讒之事,也秉筆直書:"微鄭民之謗,則國僑不彰;證慈母之惑,則曾参式著。"雖反話正説,善意安慰,但不爲尊者諱。這不僅表現出作者的識見,更彰顯了作者的文德。

《答譚仲脩》,此文作於光緒十四年(1888)張蔭桓出任駐美國、西班牙、秘魯三國公使時。他寫西方的宗教活動與社交場景:"妖祠鐘磬,七日輒喧。""援琴跳歌,尚著疾徐之節;憑几飲啖,無解授受之禮。"辟駢文未有之境。而以中國典故引喻西方時事,如"英以蠶食之雄,法有彼黍之跡(引者注:指割阿爾薩斯、洛林二州予普魯士)"亦開嚴復譯西洋著作之先例。當時國內盛行西學源於中國、源於墨子之説,連駐外使領薛福成、黄遵憲也持此説,張蔭桓亦不能不受影響。他説:"水陸幡輪,耕稼織紝,本周髀宣夜之説,創陰天紂絶之奇,徵之古籍,略近《墨子》。"接著他又強調:"若夫彝憲之昭垂,政教之齊一,倫序之有秩,十一之薄賦,漢家制度,固非他族可以夢見。"由此可證,張蔭桓亦曾是力主中體西用説者。這對我們研究他日後政治思想之演變,以及參與維新變法,有很高的史料價值。

《觀海堂集捐小序》,起句"夫南海盛衣冠之氣",讀者總以爲接下去要鋪叙"衣冠之盛"的人和事,但卻出人意料之外,以"都門爲炊桂之鄉"來承接,並切入正題,省去了好多筆墨。張蔭桓在五、七言律詩的頷聯、頸聯中,多有這種例句,此蓋善學蘇軾詩文"初無定質,但當行於所當行,止於不可不止"的神化之筆。以下二十餘駢句,歷舉長安居不易,事事處處需要用錢的現實。他運用了駢文的形式,可重復陳説事理,更詳盡透徹,加深讀者印象,藉以達到募捐目的。文章雖短,而斟酌損益,亦頗具匠心。

總之,張蔭桓是晚清"合文學政事以一身兼之者",戊戌政變後,他被流放到新疆,正是詩文創作的最佳時機後即被屈殺,不但是政壇的一大損失,更是文壇的一大損失,不禁扼腕而歎!

鐵畫樓詩集、駢文集刻成後不久,因作者被抄家、充軍、殺害,故流傳不廣。百餘年來,亦絕少有人提及張蔭桓這位晚清詩壇之名家。今中共中央黨校圖書館任青女史、廣東樵山書院孔繁文先生,爲不使近代文學寶庫有遺珠之憾,悉力搜求其詩文集,整理點校,將彙刊行世,嘉惠藝林,爲功匪細。整理者除彙集傳記資料、序跋以及各家評語以爲附錄外,又將廣州學者王貴忱先生原藏《不易集》初刻校樣本較刊本多出之詩,另輯《丁酉戊戌詩存》,以存全貌,凡此俱見用心。前不久馬忠文先生寄示清稿本,且屬撰序。自慚不文,況素未研讀張氏詩文,雖勉力應命,恐難勝任,曾想婉謝,但開卷後心目即被吸引,不能自已,蓋驚歎其才而憫其凶終也。凡讀有心得,隨手摘記,略如詩話之形式,比畢,不覺積稿已盈萬字,乃拉雜連綴成文,以弔詩魂,並敬請讀者視作拋磚引玉可也。本文所引張氏詩文,均見本集,不再一一注明出處。

辛亥革命百周年紀念日朱育禮于常熟北郭村居。

庚癸集

江行雜詩

珉精既垂曜，萬古欽靈和。又東至大別，廣永騰周歌。冰夷每肆
虐，齧渤深陂陀。椓石勤三州，蕩析傷如何？嶇岸支矮蓬，泣比
鮫人多。隄成亟黿視，蟻榜先潛沱。沿流逮荊郢，湍澓相委蛇。
篷窗溽暑困，尚戀烏皮韡。夜航度淺渚，蚊閧如張羅。遠眄蘭臺
客，綺席臨清波。依劉思古懦，俯仰殊臼科。冗官事民瘼，曷不
尋槃薖。

漢南獨步才，英華久消滅。高樓遺斷堞，江風自涼熱。靈鼉不成
梁，赤鸚自奇節。解佩非佚游，橫槊固豪絕。脩蘭濯寒漪，或免
當戶折。

靈蛇已非寶，莀實庸可求。旦夕逢湘娥，桂檝翩夷猶。相從騎白
黿，聯袂龍堂游。文犀接華礎，麟脯供庶饈。侍從諸才人，美灼
珊瑚韝。歸來詫僕御，惝恍瞪昏眸。左眄匵師技，一視皆蚍蜉。
江天極瀇瀁，忘機惟沙鷗。

岱宗昔觀日，鬱盤度亭雲。浩倡對瑤席，封禪徵昔聞。猗歟梁父
吟，黃褶方從軍。東蒙戢芒角，甘泉警宵氛。執殳衛畿甸，懸旌
發燕雲。宗邦秉忠勇，克展屏藩勳。援師乃踵集，殲渠徒駴濆。
包虎既有慶，南颷儵離羣。客路東西歧，所思惟舊恩。

翩翩五陵客，忽如參與商。悠悠同澤交，忽如鵠與凰。安樂曾幾

時,意氣多慨慷。褰裳涉江汜,流飆淒微涼。豈無孤翩鳴,俳側
悲中腸。鶯谷昧至喻,螢樊潛自傷。慄然念前脩,獨立陵滄浪。
逝水西不流,馳暉迅難薄。玟玖與夜光,失曜嗟暗摸。惟恃離婁
明,仍堅季布諾。每維恩義駢,果脫噂沓縛。鏡照屢不疲,鐵聚
豈鑄錯。遙聞撫舊巢,亦復倦飛藿。時徵萊室吟,如覿漼泉幕。
行蹤邁沮漳,精誠達濟濼。遠勝汨羅人,蛾眉竟飄泊。

答陳二員外

握手如舊識,抗心營古懽。潁川富羔雁,潛德紉芳蘭。行媵遍江
表,勵志青雲端。撫時託歌詠,中藏皆治安。屠龍蘊良技,褐玉
無華觀。經笥拾叢殘,學海紛傳刊。樓居雲泉麓,俯仰殊閴閒。
間就鵠磯飲,不岸龍山冠。豪情邁湖海,精藻今所難。

北渚

北渚秋深客思牽,授衣聊復檢青氈。更隨大府籌軍實,轉似閒官
累俸錢。極目三湘浮楚澤,離懷九點戀齊煙。高衢騁力知何地,
未許登樓老仲宣。

八月既望蔭田斫鱠見招至則飯後鐘矣相 與一笑時蔭田將由揚州回粵遂有是贈

豈爲東堂炙,來登百尺樓。隻雞虛近局,畫餅笑茲游。故國黃花
晚,他鄉杜若秋。看君騎鶴去,明月在揚州。
妙得忘形契,無勞託酒籤。江關遲暮感,風雨晦明心。後會期洲
草,歸裝急夕碪。別愁與鄉思,惆悵望秋林。

贈施望雲

時髦有仲宣，薦擢乏北海。江漢潛幽光，風雨摧壯采。竹箭與南金，騰茂若有待。獨抱杜陵憂，重惜國殤餒。懷忠著十詠，字字霏珠琲。清譽已無雙，精勤猶勵乃。高歌遍鄴中，穆醴只賢宰。大澤鳴孤凰，沅湘掇蘭茝。盛業富名山，壽世逾鼎鼐。願葆歲寒姿，懷璧夫何罪。

寄答丁小農都轉山東

清晨步前榮，瞥見北來雁。累累盡珠玉，時或寓諷諫。自言酒力微，餘事仍精辦。緬昔同袍澤，深情若親串。馳逐大軍後，松毛宵沒骭。忍飢度萊蕪，乳虎尚潛瞷。君行綜度支，龍驤飽芻豢。捷書報甘泉，秋花恰初綻。高館敞皇華，言笑常晏晏。雪窗檢弓衣，失喜脫憂患。同心乃離居，千里勞顧盼。誰謂摶扶鵬，尚惜枋榆鷃。

蔭田以讔集營幕詩見贈次韻奉答

岸幘江皋意自寬，驚人原不在登壇。已從北海頻年醉，亦耐南樓昨夜寒。蝸寄幾曾追宋庾，狗功翻許策盧韓。遙聞西極狼機地，竟有軍俘解納肝。聞德法搆兵，法爲德虜。
豈爲投壺重祭遵，論交吾亦愛醪醇。漫營帳下樓遲感，難得萍逢道義親。幾日攢眉虛雅約，一天零雨稱吟身。即今二廣無鼛鼓，桑柘依然社酒人。

越南久不貢象庚午内亂乞師粵西馮提督子材爲之龕定年貢外獻二象焉喜而作歌

越南職貢謹藩服,矧乃龕亂煩天戈。金潾丹凰澈烽火,將軍昨夜吹饒歌。叩關使者擁馴象,騎從盛飾金盤陀。文犀火鼠不足擬,而況七尺珊瑚柯。典屬呈圖贄方物,武功久已懲嚚佗。聖謨遠運邁銅柱,臣心效順同朱波。表文稱述且莊雅,自喜帶礪堅山河。諸軍戰苦立條列,已殣犀兕剷蛟鼉。固知異物非所寶,感激欣戴期摩他。懸鈴萬里渡北渚,天仗計日依巒坡。鹵簿遥參豹尾衛,朝班静視神羊羛。從兹飽飫太倉粟,獠奴未敢輕揮呵。前年貢使阮思偭,長安酒酸同摩娑。亦能長句寫胸臆,公卿愛士情非阿。江皋儻復得良覿,兩圻阨塞應無訛。

内子航海至鄂頗有異鄉之思清夜倩余鼓琴排悶感其意爲此詩

旃檀初薰篆煙瘦,猩簾寂寂閟銅漏。已是重簷月上時,旅思鄉愁忽牽逗。砧杵年年方搗衣,天涯旅翮東南飛。今朝盡室聚江國,阿母龍鍾將訴誰。蠟凰宵紅悄無那,聲音笑貌疑非我。聽君再鼓回波詞,玉梅花下扶琴坐。中年絲竹和且清,呢呢恩怨殊有情。引商刻羽神變化,秫心羊體皆性靈。當時焦尾出門去,載鶴束書作游具。塞鴻蹤跡極迢遠,綠陰詎憶蘭閨趣。援徽勿復思敵場,成連海上尤蒼茫。秦臺簫管渺莫覿,何處田間金鳳凰。

初春贈陳仲耦太守入都兼懷龔藹仁山東

漸看江介靖烽煙，誰起瘡痍實邑廛。聖世每宜循吏詔，春風先著
祖生鞭。德星天聚龍池上，望歲人依鹿轂邊。自有治才酬薦牘，
此行應不讓登仙。

黃鶴樓頭雪乍晴，花梢新月送驍征。長安金埒嘶芳草，元夜燈光
耀客程。遙計虞廷方舞象，歸來江國恰遷鶯。倘過渤海逢龔遂，
爲語天南舊雨情。

春耕牛

春耕牛，期有秋，蟒衣短策東郊游。諸侯五推古農政，尤官乃亦
隨傴僂。年年輿蓋農壇簇，老農唱歌官播穀。有司供帳先攢眉，
默數官多牛不足。牛不足，官穀觫，牛後瞪瞪怕更僕。

江神廟

江神廟，江之涯，惟月朔望登台階。宰官疊束示儀節，大府鄭重
先懸牌。或云宰官實指使，按圖刻舟惟爾汝。又云大府眷注隆，
四瀆諸侯五嶽公。廟貌峩峩如列岫，但覺青衣呼叩首。枯僧領
導足不停，遍拜西東迄前後。汗流豆大身不知，勺水孰與療朝
飢。回看公座寸塵厚，江風掩户晨光微。

節轅樹

節轅樹，鬱鬱森森廓簷宇。階前不僅盈尺寬，並沒留枝礙人處。

樹工荷畚偏經營,昨日曾聽衙鼓聲。濃陰足垂喝者蔭,蟠根懼與藍輿平。藍輿簌簌樹邊度,門卒高呼徹重戶。入門繞樹輿中人,似解當年種樹苦。吁嗟乎!草木無知人有知。甘棠蔽芾春遲遲,此樹千載猶餘思。

迂步郎官湖樓訪謝偶樵適偶樵過我遂匁匁返棹甫出漢口一舸橫江來招之偶樵也喜與偕至湖海寄廬夜話及曙

江漢交流處,逢君笑口開。輕風歸鳥渡,落日兩帆回。懸榻人方去,圍棋客自來。鄉心春夜共,把酒問寒梅。

聞蔭田將由里返漢棗偶樵郎官湖樓兼寄望雲孝感

春颿滄海尚遲徊,謝客樓頭柳色開。萬頃湖光容禿槳,百年風味付流杯。豈能賓主皆詩傑,亦爲江山惜霸才。芳草不遮千里目,舍南應見白鷗來。
勝日門多長者車,晴川西盡夕霏斜。平疇雲影將登麥,戰壘煙痕已綴花。尚有雅歌酬治世,未應離緒漫天涯。庭前歲月春如醉,過了清明倍憶家。

郎官湖樓春禊歌答望雲郢中

深宵風雨騰江聲,門前萬柳蕭颼鳴。對江樓樹蕩春沫,破曉截渡魚龍驚。入門擲幘各懽笑,山翠已洗爲佳晴。短篷一棹客三五,更置琴酒圍棋枰。伯雅臺欹菜花瘦,禰衡墓齧柯材平。連天洲

草特妍媚,輒與群鷗相送迎。沿湖深入摩絕壁,石如蹲虎如饞
猩。老漁攤飯曬罾罟,鸕鷀簑筏交縱橫。波平地僻風景美,可許
買夏移柴荆。當時謫仙偶游戲,此水遂以郎官名。清光四座恣
呼吸,千百年後欽勝情。自從毛人泣城堞,湖山亦復蒙戰腥。黃
鶴仙人且避劫,豐貂都護曾屯營。盡滌氛埃埽魑魅,江天萬里皆
澄清。偶逢佳日作高會,湍竹不讓山陰亭。夕霏微微度歸鳥,懸
燈卷幔江花明。僧寺隔溪動清磬,水窗掩樹吹鼉更。座中文筆
盡強敵,往往排奡連長城。主客詩序但虛譽,吳兒木石嗤浮榮。
茲游暫喜輟簪韍,人無與患天何爭。會稽老友阻潛沔,佳句郵贈
滋怦怦。安得長房縮地術,已辦斗酒聽流鶯。

寄蔭田幕皁山居

三月別湖上,湖壖黃柳明。淩晨理煙棹,風雨吹江醒。奄忽已中
伏,鬱陶宣旅情。山雲生几席,曉月懸柴荆。妙得靜中趣,不爲
塵事攖。每觸勞者歌,薄酬空谷聲。

漢江渡象行

將軍跋扈號江風,旌旗煜雪馮夷宮。皇華驛館日初霽,象奴騎象
中流中。方舟運鎖席土屑,布帷高敞爲艟艨。巨浪橫山壓船重,
舌人蕃使交洶洶。水犀前導何豪雄,作勢直欲陵螭龍。逆溜雷
轟急雙槳,漫天沙白飛孤篷。藤溪淺水象可涉,至此乃竟資人
工。須臾截越漢陽渡,岸人嗷咷懽聲同。大河南北山之東,驛傳
供給惟腆豐。吏卒枝梧每搔首,護貢車馬何憧憧。

陰雨浹旬忽見星月竊喜湖樓可赴卻慮詰朝阻風徘徊庭階賦簡陳謝

山雨閟秋晴,淫雲濯江月。湖樓益清迥,詩心猛飛越。盤飧雅約屢,笠屐游具拙。恍忽三神山,但見閶闔關。尚賴老漁船,傳書善出沒。涼宵驟開霽,予懷更蓬勃。作歌媚陽侯,毋滯中流楫。

翌日問渡江干竟爲風阻興盡歸寓重簡陳謝

昒昕曳秋屐,出郭招邛鬛。微雨仍塗泥,江柳垂蕭疏。挂席決彊渡,舟人顧紆徐。天地忽黯慘,湍踊來江豬。涼雲潑濃墨,黑截巋山隅。頭陀老黃鵠,寒噤不敢吁。隱隱禁旗翻,天塹成須臾。巨艫與小艇,但見紛驚呼。乃悟長年智,終勝持衰愚。只索鞭靈靇,或免相霑濡。眷此山陰棹,騁望滋踟躕。

新秋讀史雜詠

萬里江聲卷素秋,衝天月浪接南樓。艨艟已壓鍾山色,鼓角新聞塞外收。囊底有人方叩智,鞭梢何地更容投? 龍城飛將今安否? 根觸當年射虎侯。

賜樂恩榮曜四垂,西風代馬幾人思。長途柳雪昆明戍,車下桑乶若石祠。假節尚勞充國使,被廬虛擁晉文師。不堪重省沈香酒,何況淋鈴夜雨時?

寄偶樵

白蓼疏花澹夕昏，送君南海悄無言。母魂兒命相依護，萬頃波濤渡虎門。

惜別匆匆已暮秋。洞庭木葉起鄉愁。霜天負土菖蒲澗，可憶生芻孺子不？

湖上斫鱠歌懷偶樵白雲山中

西風沉碭搖秋心，江城獨夜鳴清砧。羈鄉乃結尊鱸社，酒醒湖天楊柳深。卅六江頭挼天眠，小謝行滕白雲裏。別緒遙牽華首臺，勝游且棹滄浪水。列炬縱橫忘夕曛，舉杯欲飲頻思君。故里茱萸洽幽賞，晴川芳草猶紛紜。賣漿屠狗更認子，大酒肥魚聊復爾。霜落雅臺消漲痕，菰蔣隱隱漁歌起。牧場秋穫初放牛，清月出嶺明滄洲。三分塵戰有殘壘，弱體依人無廢樓。舊年袯襫此相過，風雨中流誚龍臥。梅子峰巔北雁回，萬頃玻璃琴一和。最難佳日當湖山，滌除塵障為歡顏。木棉春發花田曉，期爾來颭出荔灣。

醉中送別王笈甫移幕入湘

洞庭霜氣森，蒲颿挂天末。慈綫紉冬衣，離愁誰與豁。楚客慨長沙，木葉況微脫。游鋏宜輟彈，舞袖猶能活。當歸寄歲暮，苣芷慎採捋。夜光或誤投，何如懷玉褐。臨歧致殷勤，驪駒輒撩撥。願慰倚閭思，珍重文圃渴。

楚咻既紛挐，郢和難什伯。江漢日滔滔，何容自立辟。幸倚陶公艦,漫訪賈生宅。朗吟過岳陽,清迴見仙跡。舊游共齊魯,俯仰成賸客。零雨送征蓬,脩涂昧秦策。酒酣斫地時,應爲慨今昔。

退思堂冬夜即事寄王笈甫長沙

戟門掩雪圍嚴柝,幕府隨秋度渚宮。人到浮湘詩思遠,山回衡九客星東。自嗤留守遭逢晚,共識將軍禮數隆。每對竹窗寒夜酒,舊懽無盡憶車公。

次韻鄧伯瀛旅夜書懷

馬卿囊臚驪驪裘,煮酒圍爐雪未休。千里時飛珠海夢,全家都泛渚宮游。橘中歲月供磨蝎,劫外雪山稱狎鷗。已喜深江消伏莽,尚聞零雨促軍郵。

感舊述懷寄龍山鄧孝廉其鑣

長憶蓬蹤聚博聊,大河飲馬草蕭蕭。舞桿願改將軍技,家舅氏勸君棄舉業就縣尉,君婉卻之,逾年獲售。加璧徒殷處士招。五夜軍籌桑落酒,十年別夢鵲華橋。長卿游倦文章貴,其奈槐花冷敝貂。

奉懷蔭田西樵山中度歲

聞道西樵麓,扃雲度歲華。老親酣秫酒,一客款山家。謂謝偶樵。湖海涵星氣,田莊足韭花。醉扶春社散,便泛碧天槎。
別謙晴川敞,來帆袯襫期。雲橫東嶠月,雪漫木棉絲。吾粵客冬大雪。鄉信花初逗,春愁水不知。登樓望南海,惆悵曙鴬時。

上丁宫保師一百韻

乾坤鍾間氣，德望峙阿衡。二禮文章炳，高標海岱清。兼官曹利用，補衮魏元成。詞命詳僑羽，韜鈐陋絳嬰。起家金馬署，憂國跋狼情。歲月蒼鬚鬢，官僚肅旆旌。鵲華開幕府，塵論析朝酲。侍從違前願，艱危享盛名。紫薇初拱極，細柳舊屯營。詔促温宣對，車回寇盜驚。乙丑公任東藩請覲，行次富莊驛，奉詔擊賊，連夜回轅，督師出境。孤羆叢雪見，千騎早春行。扼吭先謀戰，剿捻之法非腰截則尾擊，惟公每戰必攔頭，士氣更勇。籌邊並課耕。諜馳青堌近，麾指大河横。泲上親桴鼓，臨城警號令。臨城之役幾瀕於危。藩王哀落鳳，戰士憤屠鯨。烽燧連三輔，聲援結六盟。戎車過暑月，畫角逼殘更。感激風雷動，孤忠軀命輕。倏看騰隼鷙，已報磔鼯鼪。鐃鼓軍中樂，壺簞道左羹。還師稽武庫，前敵息衝棚。既苦張弮志，旋膺建節榮。不才依大廈，奉使及陪京。自識將軍禮，如親子弟兵。七年同患難，一柱獨崢嶸。投分兼師友，深恩逮舅甥。飛書慚傅永，護將拙龐萌。慷慨勤王略，悲涼入破聲。游氛霾北陸，温語勖南征。戊辰春捻氛擾畿，公率師入衛，兼請覲，奉批旨："該撫此行，朝廷已深鑒其誠。俟捻患蕩平，再行來見。"檻獸馮河門，牙梟應候鳴。滹沱炊麥飯，聊攝急銅鉦。盾鼻吾儕事，旄頭迥夜明。馳驅忘水陸，談笑埽欃槍。貸粟分秦糴，招降誡白阬。西捻戰敗，公決意不收一降賊，凱撤後至今無遺患。狗功登上賞，雞肋挫强勍。臺築徒尊隗，謀奇輒愧平。不圖經坎壈，從此飫韶韺。世已驅堯蝎，山將舍冉騂。關河疑借寇，絲竹豈私彭。只合銜黄雀，何當賦赤鸚。偶參鹽鐵論，幸免謗書盈。愛禕教驂乘，奇軍憶請纓。趨朝隨畫軾，頒賜際朱櫻。俯擇車門蝨，因聽上苑鶯。相知誰伯仲，延譽遍公卿。僕僕長安道，依依歷下城。竟難班掾

屬，何以竭吾誠。疏柳搖官驛，離筵拜大烹。重蒙分鶴祿，不僅
勵鵬程。頻年疊蒙推解，臨別更贈二千金。別路蒙山晚，秋陽故疊
晴。忽聞投袂起，幾度蠟書呈。大勇當機斷，迂籌毅力撐。果然
懲鹿馬，豈曰博牛蝱。曙色開淮濟，扁舟下郢荊。寒汀浮斷梗，
涼露在金莖。研北違蒓菜，江南有蔓菁。養疴攻藥石，回首望蓬
瀛。鷗鳥行相狎，魴魚尾已赬。舊游皆袞袞，謄客自硜硜。陳迹
牽如縷，輕裝去似絣。岫雲遙斷續，秋水總澋瀯。意緒隨煙活，
心旌撼浪訇。曷來桃李徑，瞬入葛藤坪。羈旅新銜勒，荒寒輒倒
繃。舞同遵祖鶴，味乏五侯鯖。每觸寒蟲響，非關好爵縈。通衣
幾短製，點瑟或重鏗。倍懷冰淵惕，潛教世累攖。自憐長孺戇，
深負子將評。易地勤箴誨，津門鶩戰爭。廉強思用趙，嚄伍肯遺
生？屬有登龍役，虛勞健馬伻。貢餘千里贈，暖律此鄉賡。敢忘
當年語，言尋介弟塋。公弟梅村太守浮厝洪山，承屬照料。歲時澆斗
酒，風樹冷簫韶。大被懷姜李，同音失磬笙。公辛未春悼亡。俸
錢虞莫薄，落葉澱泉浤。鶺埕彌思婦，鴒原更慰兄。公政事外無
刻暇，賴賢內助以理家政，客春悼亡後，益增焦勞。仲兄患貧，恒莊論以慰
藉之。六親依節下，黔中兵燹後，親友來投者食指將二百人。故國尚
師貞。室木摧烽燼，公本富家，經亂後毀家紓難，田廬蕩然。園花墜
珞瓔。陸莊荒世業，秦劫及書簃。往寋原終吉，乘乾且勵精。中
興開景運，薄海祝耆英。文武邦爲憲，廉勤世共傾。治河遵禹
貢，得雨禱湯牲。庚午夏山東旱，公步禱龍洞，日行六十里。旱潦關
憂樂，謳歌到寡惸。閭閻蒙作粒，官署數呼庚。東撫養廉歲萬五千
金，層層扣折，支不及半，一年之間懸釜待炊者屢屢。列棘森堂戶，朝餐
闕稻秔。一裘卅載戀，孤掌十年擎。自癸亥至今，公居東恰十年。
帝眷隆三錫，臣心靖八紘。青蒲遙作衛，沙路會相迎。河嶽昭天
德，陰陽變夏正。梯山來越雉，雲棟集焦鵬。告廟看還矢，登堂
再酌觥。我如麻裏直，公是鐵中錚。厚意深銘骨，駢聯久納楹。

聲華騰畫室,氣象羣雕甍。下里依王粲,安東仰茂宏。因人原碌碌,舍魯益怦怦。努力尊周鼎,還期鑒楚珩。

得曹州太守趙晴嵐書言移麾河干隨丁宮保堵築侯家林決口詩以答之

已看風信漾桃花,楗石何當滯歲華?今日重煩畺吏節,發春先騁使君車。心隨九曲通星海,歌續宣房鞏漢家。況是舊時征戰地,應無旱潦到桑麻。

感舊重寄晴嵐

七年高挹太邱風,車馬經過屢即戎。直北宵征勞轉粟,濟南秋發已弢弓。孤忠曠日銘書閣,離緒如雲入渚宮。疏柳夕陽車笠道,遙天翹首有飛鴻。

憶陪京舊游寄恭振夔京兆

短衣射虎皆陳迹,祖帳歌驪又別君。遼海即今多雨露,帝鄉終古曜星雲。已看七校回鑣久,漸喜諸藩買犢勤。記得舊豐鑪下過,黃沙白草尚紛紛。

即事

石頭城外星芒墜,百變風雲感古今。時會艱難人事見,宮廷宵旰主恩深。千秋抗論遺金鑑,五夜披章墮綠沈。江海極天仍斥堠,九原憂樂恐關心。

過陳氏義莊

乍喜江城霽,山莊曳杖游。野花迷斷碣,老樹逼危樓。舊德瞻宸翰,臣心接太邱。經營康樂日,燕翼重詒謀。

酹丁太守墓

昨日東郊已賣餳,故人宿草雨初晴。隻雞斗酒車頻過,駐馬書鞭賦不成。青眼相逢曾識我,旅魂無定倘依兄。漢南楊柳桐鄉淚,西望黔山路未平。

喜蔭田偶樵返漢渡江過訪即贈

江洲晴日千帆立,滇海煙波一棹回。越客輕裝隨燕至,湖樓舊約聽鶯開。曾觀廛市增鄉思,重拂巢痕憶賦才。昨夜巴山誰話雨,餞春猶及撥新醅。

王笈甫游蜀紀程盛言草堂之勝輒題其後

兩京未復無安土,萬里投荒有草堂。豈謂孤臣憂國地,轉成結客少年場。元戎小隊分花影,幕府行廚趁竹光。烽火杜陵餘老屋,亂離風日異他鄉。

醉時歌酬望雲並寄巴陵杜仲丹

會稽老友鬢已皤,牢愁禿頂能高歌。貌奇更白歐公耳,雜筆亦令神鬼呵。埽除繁縟務雄傑,驅叱海嶽吞長河。彭殤今昔發豪慨,東指白日揮陽戈。名山後代有追仰,何況晨夕相從過。巴陵老杜隔巖阿,書城坐擁披煙蘿。洞庭山翠撲窗几,襟懷澹泊忘坎坷。反騷近酌湘纍魄,奇字更換山陰鵝。詩壇牛耳卻多讓,召陵城濮殊臼科。吾生於世猶蹉跎,刀環盾鼻時摩挲。乍觀滄海捉朝厴,更度絕漠鞭明駝。中原亂定仕荊楚,江山劫外供吟哦。無端發興託毫素,曷用登山悲斧柯?文人結習感身世,亦知天道無平頗。兜鍪儒服偶然耳,邯鄲炊飯一剎那。南皮昔游鎮相憶,已覺歲月潛消磨。山林伏莽久煙滅,惟當日飲呼亡何。期君鼓枻發湘岳,勞我西望登頭陀。

湖樓餞春阻雨不果赴望雲乃以餞春詩見示伯瀛和之賦此奉答並簡陳二謝五

高會無端一雨移,閉門猶唱餞春詩。重尋風信知何地,已負湖光訂後期。今夕杯盤虛夜韭,百年騷雅擷江蘺。薄游亦似關離合,贏得新詞亞漾陂。

寄贈王子壽先生荊州

高臥滄洲已白頭,杜陵孤憤耿悲秋。臨江第宅枯藤井,憂國文章峙選樓。三楚軍門尊揖客,早年風骨傲元侯。龍蛇歲換靈光在,海內論交廣太邱。

遼東募軍行 丁卯募軍遼東昇軍十別離之苦補賦此詩

舊豐育將種,羽林孤兒孤。點籍應徵辟,荷戟為公徒。間行苟逭逸,甲社嚴追捕。名王都護並郊餞,將校受醹頻登途。憑高目逆馬塵遠,俯瞰軍市方悲吁。衰翁病母縮兒鬈,爲佩楉矢皮葫蘆。就中更有新婚別,人前羞澀悲羅敷。長林低首交密語,歸期絮絮稽軍符。弟兄親友但抗手,拉雜吉語慰征夫。哭聲已沈壯聲鳴,各跨鞍彎腰羊酥。兩河三輔正苦戰,激發忠義輕頭顱。打牲烏拉世雄勇,程力猶能兼射珠。濡溼暑雨擁氈帽,出沒水草肩窮廬。雞林賈人竊欣幸,臺站不假徵薪芻。冰橋忽渡西掞突,勤王倉卒能先驅。沙平野曠利雕勒,饒陽一捷無城狐。鷿鸈蕩埽數千里,蹴踏荆棘成康衢。中原飲至秋已徂,瀕行贈我金僕姑。燕齊擾擾共摧敵,繪得褏鄂新形圖。黑龍江畔凍早結,輕裝計日歸醫無。西征一旅忽分隸,更與老湘同崎嶇。生縛鬼章獻軍府,陸沈邊地重噓枯。年來次第幸凱撤,肯以告身供醉酺。圍場校獵亦偶爾,戰疤憨欲瞞妻孥。時平不復捉征戍,毋悔爾室張桑弧。

苦雨即事酬望雲一首

祝融變法朱明天,節過芒種猶重絲。江頭日日苦風雨,殷憂豈但關農田。江流千里隄蜿蜒,泛濫無待獐蟻穿。魯宣履畝急徵稅,伯緜籌治深勞煎。荆山四港昔于役,民嗷哀怨猶目前。即今淫雨積春夏,潦痕頻驗江城邊。已看重陰闖城角,坐恐潛蛟或騰淵。虛齋徙倚百端集,案頭忽憶隄防篇。更覔新詩破岑寂,聊滌焦慮烹山泉。況聞二麥未盡稿,江工應備公家錢。感回天象有明政,高歌記取宣房年。

五日得仲丹和章奉寄並簡望雲蔭田偶樵

百年碌碌頭將皤,何不對酒當高歌。楚中已歷三重五,出門登覽聞歡呵。荆南比户縛艾虎，水嬉樂比醵投河。不知競渡起何日，坐憶勞筋曾枕戈。江城高唱得良友，湖壖更聽松間哦。濟岱江行感今昔，篋材差喜瞻亭柯。擊楫依然事温嶠，用趙進或思廉頗。盡澆塊礧讀君作，如登清廟覩駉那。盈盈一水隔湘沔，能以文字交磋磨。書堂今日足蕭散，健兒奪錦夫誰何。眼中詩史今無多，願言努力毋蹉跎。

潘秋谷招飲雄楚樓賦此奉柬並呈座客

危欄百折臨江樓，簷蔔花香風日柔。主人豪量乃病酒，忍俊時復飛觥籌。會稽一舉連十甌，酒泉列郡雄諸侯。長鯨跋浪吸東海，如逐秦鹿爭鴻溝。王郎興酣摩佛頭，揮杯睥睨陵滄洲。眼中座客半同里，曾跨瘖虎登羅浮。白雲如海陰重嶺，海幢寶刹天一陬。江關南望意何極，卻喜半日招提游。酒闌日落風颼颼，俯瞰城市皆浮漚。仰看星斗隔江白，消夏更約南湖舟。

望雲偶樵集敝齋即事

幾日濃陰閟午晴，一天涼綠撲簾旌。卻憐蝴蝶驚風影，時聽荷蕖瀉雨聲。半榻畫禪寬旅思，閉門詩境足江城。故人笠屐頻相過，稍喜開樽遠俗情。

何澹如孝廉寄示北行南旋近作盛言羅浮之勝讀之怦然

歌舞岡頭十年別，輪蹄磨盡榆關鐵。兜牟一擲來江皋，勞燕東西共誰説。君歸秋發燕昭臺，觀日東海陵徂徠。北征詩卷重投寄，吟懷更向羅浮開。飄然振策入雲水，四百奇峰聽頤指。醉挾黃龍續鐵橋，倒騎瘢虎剝松髓。仙衣化蝶老成繭，黃精白石足餐飯。疇昔龍潭動鼓鼙，梅花幾逐宵烽散。留得山靈供眺游，神仙不解滄桑憂。蓬萊左股跨南服，爾雲直可登瀛洲。我方駭汗鹽車駕，人海薰蒸況炎夏。北山坐愧稚圭文，世味尤乖虎頭蔗。絳帷絲竹憶當年，渭陽宅裏同詩禪。江天漠漠耿懷抱，何日重放花溪船。

陰雨歎

陰雨兼旬不肯歇，溼蒸斷礎蟻移穴。庭梧遙響墮黃葉，五月新涼換炎熱。出門已報江堬閉，重縣負手忘瞇眬。江豚浪噴神禹宮，鯊魚寒嚼巫支鐵。積潦渟泓尾閭過，橦稑將登忽隄裂。番冢岷山孰斷流，風雷坐恐驚龍掣。大水網魚百疲茶，老漁生計轉窮絕。洲渚人家逃水荒，敏關橋閣行如蝶。古諺傳聞壬子破，關心更在伏秋節。登樓昨日始晴霽，白波春天石犀滅。

渡江循大別山暮至郎官湖樓乘月泛舟湖中簡同游諸子時望雲偶樵將西行

渡江越陌放行艓，返照衡山暮煙密。岸柳隨波盪深碧，漁歌唱出湖樓月。柴荊掩竹無扁鐍，橋閣縱橫縛繩筬。主人大笑客奇絕，籠燈前度行蹩躠。湖光映樹玻璨明，推窗疊嶂若屏列。是時星月益高潔，更訪琴臺短篷出。湖天人靜夜寥闃，野風時有暗香發。雜花港上排魚罾，積潦隄邊沒獾穴。山回路轉聞人語，家家避水新茅結。臨江老屋付波臣，依山猶懼驚濤齧。人生哀樂難同說，斯游吾亦興蕭瑟。湖山良會豈能兼，秋入平蕪恨言別。

王笈甫約同潘秋谷包士奇歌笛湖納涼

江城雨過暮猶熱，曳屐湖壖見初月。白荷高柳交濃陰，時有流螢閃明滅。可憐風物今何夕，南樓虛掩清游歇。王郎酒酣信奇傑，城市能尋山水窟。道逢行客互歌答，披襟吾亦忘羈紲。一角湖天足怡悅。倘約長江放浪游，月明夜色寒如雪。

送別偶樵榷鹽荊門

布帆江上去，帶月入荊門。風味鱸魚外，秋程蟋蟀喧。挈家僑野水，賦別寫雲根。未到鹽車阪，相看惜負轅。

送黃耀庭赴江西幕兼呈李學使仲約四兄

廬山念我經年別，彭蠡看君短棹過。望氣好搜雷煥劍，廣騷應反屈靈歌。論文豈獨關科目，入幕還欣共琢磨。雅望閣公今復作，馬當風裏急如何？

送望雲入郢兼懷謝偶樵蒯平叔

庭梧一昔變秋聲，白露橫江送客行。銀漢泛槎星又聚，蘭臺對酒月雙清。高談騷辨知相憶，惜別詩歌黯不成。寄語北門賢令尹，得人端不負平生。

慰王子壽先生

名山高臥兵戈後，垂老偏傷玉樹摧。千頃江波空注淚，極天衡嶽敢量才。阿平第一非佳識，太上忘情寫古哀。文筆兩兼原不忝，未應衰病愴登臺。

爲何芷舠畫扇即題

萬笏秋光澹野煙，相逢都結在山緣。西風疏柳江關路，中有人間第一泉。

重寄李學使仲約四兄

主恩豈獨眷承明，持節頻瞻秉玉衡。已攬國華扶太極，本來星氣應長庚。三冬文史孚朝望，千里綈袍識故情。更憶燕臺觴詠日，采蕭無那別愁生。

漢江秋漲望雲停舟待發重訪敝齋即事賦呈

江城幾日動驪歌，漢口奔湍阻度河。文酒最難忙裏會，停舟重似別來過。高情珍重論殘稿，手植殷勤護石蘿。敝齋秋蘿望老移植。小住亦寬離索感，未須游俠恨蹉跎。

武昌秋思

舊時楊柳尚依依，水國銜蘆獨雁飛。庾信宅邊星欲散，孫郎帳下露初晞。登樓風味難爲賦，中夜秋聲已搗衣。極目河湟征戍久，餉軍差喜稻粱肥。

胡文忠公祠

咸豐初元苦寇患，軍事吏事皆倉皇。疆臣効職自公始，疆臣專政惟公倡。武漢嚴城已三陷，公起秉臬清江黃。部伍飢驕兵賊混，外援四絕無粒糧。望斷周困發家窖，急宣戰律師南塘。孤軍入險頓金口，城精憑諜滋傍偟。縱橫蕩埽數千里，盡殪梟獍殲貔狼。艱難百戰得開府，奮威不僅澄江湘。力握戰衝接吳蜀，痛辟省會移荆襄。爕餘民氣既綏戢，輒以全力謀鄰疆。金陵隅虎方鴟張，槐封宮闕沈沈王。近籌保聚置碉卡，遠拓威武連艅艎。三河奇變精銳盡，樂兒一潰腹地傷。公柵太湖勢孤注，長圍堅不寬樅陽。況值木蘭北巡幸，水陸部署先勤王。兵間久盟盡瘁志，鼎湖龍去增悲惶。攀髯無及大星隕，遺矢尚可酬先皇。是時百廢已具舉，耿耿不沒尤漕章。三江齊魯並追步，民脂從不充貪囊。更聞薦士滿天下，後起之秀皆崛強。疏牘遺文徧京外，窺豹一斑猶慨慷。近來南北漸蘇息，故老收涕談滄桑。巍峩祠廟蠹江表，中興李郭誰低昂。歲時伏臘謹瞻拜，摩挲豈獨哀甘棠。

舊年

舊年愴念蓬婆雪，昨夜寒生鄂渚雲。江漢星軺秋校獵，河湟露布

日旋軍。艱難百戰終收撫,煜雪雙牙已邁羣。豈有前籌供坐嘯,
西風遥睇耐晴曛。

皇華

秋晴江館敞皇華,迎送頻來拜使車。南國軍聲資二廣,百年方略
逮三巴。山城曙色開行幄,古驛蒼煙起暮笳。盛世兵農仍竝治,
更聞乘傳課桑麻。

奉慰恭觀察養泉二兄悼妾

獨夜江風悲楚些,廣寒秋月返香魂。他鄉愁緒生雲夢,盛暑行蹤
悔海門。客燕巢痕剛徹土,哀蟬流響已黄昏。薄營齋奠譒經懺,
況是朝雲有慧根。

飲張寅賓江樓偶樵適至即事簡蔭田索和

故人邂逅泛江皋,座對元龍氣更豪。高閣秋窗留夕照,天涯海客
醉葡萄。偶然浪跡慙冠蓋,凡百違心愛楚騷。乘興回飆微中酒,
卻煩月下候門勞。

九日集郎官湖樓爲潘椒坡大令題鄧尉讀書圖卷

吳苑宵烽寂,蒼涼滌劍霜。賜書留浩劫,舊德溯靈光。詞賦江關
暮,園林曉夢香。相逢何以慰,玉笛更他鄉。
吾亦同蝸寄,登高聒衆咻。風鳴陶尉柳,秋入仲宣樓。世有儒冠

誤，君應大白浮。搏扶溟海遠，泥爪自滄洲。

庾信臨江宅，當年宋玉居。古今成代謝，吳楚意何如。豈以浮圖宿，渾忘下澤車。故山喬木蔚，珍重惜三餘。

大婚禮成恭紀

先帝旌旗狩木蘭，嗣皇韶齔度燕山。回鑾神斷三凶獄，負扆新臨萬國班。南北已平欽廟略，乾坤正位識天顏。孤臣抃舞江湘外，遙睇西征奉凱還。

秋夜晴川閣

高閣山雲團野色，大江風露淡層霄。登臨不覺諸天近，羈泊俄驚夢澤遙。獨夜囂群惟旅雁，新寒吹鬢攬秦貂。他鄉尚有黃花酒，醉看繩潢換斗杓。

東湖行寄望雲偶樵

冬爲沮洳夏煙潯，故老猶以東湖名。江城三伏逼炎暑，我從二客扁舟行。野風吹沫雲根溼，白浪連江老蛟泣。林杪疏鐙巨艦橫，曾因昨夜潰隄入。舟人指點舊橋迹，隱隱鐘樓懸水立。琉璃光接郎官湖，擘空復見檣飆出。澤國方深蛙黿憂，逶迤何暇誇清游。祇今積潦成膏壤，已種薑豆期春收。

大霧行贈向明府梅脩

冬陽三月不得雨，雲蒸熱氣爲朝霧。沈昏夾岸魯山晦，四顧乾坤莽回互。叩門有客還夜郎,趾鳶餘滴猶霑裳。久經盤錯識利器,曾格魑魅揮日光。今之巖疆昔鬼國,豈有民氣能馴良。萬壑幽深作城郭,城上居民如虎落。一朝嘯聚飛蟲沙,百萬官軍亦前卻。誰識神君復彊騺,叱咤風雲投袂起。深叢睒爍來孤羆,團練倉皇縛青兕。霹靂奇功垂不朽,大府郵章急封奏。已撥兇氛開陰霾,儵驚顔面成老醜。勞筋苦志庸可知,愛才天豈違權奇。江關蕭瑟歲云暮,松柏爲汝回春姿。

赤壁懷古

水聲沸鬱鼉龍愁,當年誰火艟艨舟。横槊高歌雖已矣,星月不改江天秋。官渡旌旗建瓴下,赤漢炎威阿瞞假。豈惟乞食嗤張昭,大耳蒼黄伏江夏。豚兒既款猘兒逝,虎視縱横乘亂世。焉知萬死脱烏林,功名轉屬喬家壻。周郎毅斷無强曹,北軍已化沙蟲號。戰血殷紅蘸花草,夜闌曲罷風蕭騷。吁嗟人才豈易得,江左風流邁三國。生子儻能皆仲謀,豈見樓船出巴僰。吴王峴下江水駛,吴王峴旁孤壁峙。尚餘焦土枕荒流,折戟沈沙呼欲起。

閲兵行

霜搏羊角天風秋,江關校獵鳴驊騮。舊典廷臣秉符節,新恩疆吏兼巡蒐。先驅怒馬佩王命,爐煙初颺士超乘。列校魚麗畫戟交,鞠跽呼名起聽令。雷霆霹靂礮石飛,風日晴暄山谷應。親軍始閲沿近郊,十營技擊摩雲旓。鮞軍或炙海東雉,控弦但殪雲夢蛟。亂後湖田足兵食,日日齋頭猶運甓。行臺柳色接巴渝,卧龍躍馬皆陳跡。回飆冬盡發枚回,樓船簫鼓滄溟開。從兹妖祲並消滅,安危須仗出羣才。

岷雞行贈唐子蕃方伯罷任南旋

花門鉦鼓黃埃迷，旌旐來自河洮西。伏櫪相從大宛馬，歸艎兼載岷州雞。異物傳觀客皆喜，晴毫皎若雙角崥。包涵蒼玉觜距殷，采章典重惟修尾。昂藏詎惜拔毛利，用羽爲儀鳴盛世。陣前殺賊旌健兒，殿下承恩榮羽衛。雄姿已壓楚鵙冠，風華更薄漢蟬珥。陳倉不歆秦伯祀，函關曾導田文去。行路徒爲失旦驚，稟靈終免爲犧慮。星霜昨夜褒邪谷，騎火漫山猶野哭。艱難萬里脫風沙，揮手長雲送孤鶩。我書絕愧疥駱駝，安能籠比山陰鵝。若歸桂林富山水，玄談無但淹槃薖。

會稽筍歌

會稽竹箭東南美，雛筍尤可供盤飱。伊誰披蘿度深竹，摩挲禹穴鋤雲根。攜之江城越千里，一盤青玉涵煙痕。臇蠵楚酪不足貴，令我神志移雷門。石馬東來啟文物，蘭亭觴詠彌超軼。白奈香殘江水愁，義熙已往惟陶秩。越客初返金陵舟，摭拾餘唾生古憂。故山清味不解嚼，徒敗酒興勞啁咻。吾生酒量愧蕉葉，偶逢高會恣鯨吸。當筵根觸監廚人，悔不臨江酹寒月。

救生船歌

長江天塹飛渡難，大魚腹中無宿餐。援溺何須乘輿惠，直以人力回狂瀾。長年廩粟輪之官，江心擁櫂輕風湍。千帆出没恃無恐，豈有覆舟名其山。江頭日日鍊魂魄，江神疑是熊飛百。漢上焚舟跡已陳，前胥後種徒嗚咽。古來英物多權奇，生才自合嘗艱危。江流不轉人事變，印須欲濟誰知幾。年時晨發黃天蕩，蠣龍跳波噴白浪。溟濛中有人聲招，黽慘孤懸救生牓。須臾脫險過臺城，鄰舟打鼓歌揚靈。人聲何處著憂喜，低徊往事心搖旌。長鬚當年亦辦此，焉用臨江哀屈平。

羅少村汪子用雪集敝齋攜示王石谷田居圖招王笈甫同觀笈甫乘醉畫鍾馗題識淒惋爲賦醉歌行兼呈二客

江城雪花如掌麤，高臥輒憶袁安廬。叩肩二客擁氊笠，袖底示我田居圖。繞屋萬頃圍荷蕖，桑麻雞犬皆清腴。誰割秦人古陵谷，邨與烏目耕煙徒。鼕鼕臘鼓催陽烏，重簷積凍凝寒晡。牽僮入市沽肥魚，平地幻作五柳居。子用能烹五柳居魚。遠吸湖光入杯盃，放眼直到孤山孤。王郎斫劍雄萬夫，隔籬呼酒同圍爐。興酣耳熱霜毫濡，捉扇亂抹鍾馗鬚。峩冠方袖塗半幅，更染焦綠爲巴且。蠅頭慘淡贅長句，頓觸身世生悲吁。丈夫豈作班嫭怨，將軍空悼彭殤徂。君行將聽齊州竽，笈甫保留山東太守，久未到省。白頭幕府胡爲乎？終南進士且泡影，何況僕僕勞公車。笈甫十薦不第。相逢有酒恣大嚼，醉中心境能模糊。即今河隴烹狼貙，新疆圖繪夫何如。鐵衣冷枕髑髏宿，誰復瑣瑣傷榮枯。

題贈望雲通雅堂詩鈔

大雅久不作，風騷日凌替。壽伯今傳人，天稟獨靈異。五音正靡曼，崛然忽振起。童時滄浪歌，長老已驚視。氣翻白馬潮，力縛乖龍耳。跌宕二十年，窮愁一萬里。言情及骨肉，往往瀝真髓。杜陵起九原，執手必驚喜。皮毛略情性，早薄明七子。悲歌弔忠貞,立意法詩史。鬼雄與烈魄,跳躍重泉底。旁魄發浩唱,風霆欲震紙。嗚呼少壯年,雄怪已若是。虞廷遺夔樂,麟鳳將何俟。徒令泉石間,淵淵奏宮徵。

頭陀山麓雪彌勒歌

玉妃昨夜騎白鸞,翱翔只在層雲端。夾江樓閣失紺碧,萬花散作鵝毛團。江頭稚子弄殘雪,彌勒一龕更奇絕。方頤皤腹何莊嚴,牛公有法不肯説。晶瑩但許論皮相,腸胃何曾納真藏。坐愁晴日澈中邊,輸與荼毘癩和尚。舍身幸傍頭陀山,上方寥闃大漫漫。不問去來觀見在,相逢一笑皆歡顏。

寄題元佑宮

輔臣已踞青詞寵,故邸猶開講道場。鐘闃雲沈龍睡足,經幢春冷燕泥香。徒聞父老談弓劍,終古神仙誤帝王。我向壇邊曾駐馬,未瞻星斗亦蒼涼。

賦得沈香亭

華清賜浴已經春,列國承恩盡麗人。飛燕新妝容得似,寒鴉玉色尚橫陳。徒聞中禁呼供奉,卻道三郎負太真。私語更誰知夜半,延秋難拜屬車塵。

卭笮歸裝圖

卭笮歸裝第二圖,舊游重省欲模糊。雲橫劍閣蠶叢外,山入天彭

鳥道無。萬里客愁催落葉,一泓渌水散秋芙。南颿又迫軍書急,
庾信江關道不孤。

霑裳豈但啼猿峽,擲筆曾窺躍馬天。護蜀風云原黯淡,沿吳烽燹
已迤遭。花邊近闕將軍禮,竹裏誰張幕府筵。畫本蒼涼行色在,
寫懷終遜在山泉。

春夜王笈甫鮑桐舟見過

同是齊東客,相逢百感生。高文涵岱色,孤館撼江聲。酒熟鄰家
釀,風鳴静夜箏。閒情攬庭樹,懷舊竊談瀛。

春日王夢崧觀察寓齋賦呈

河橫華碧鬱崔嵬,選勝探源眼界開。孤掌獨憑仙露挹,中天應見
一星回。重憐弱體能高詠,坐惜書名掩治才。歧路蹉跎將壽補,
寄愁休上望鄉臺。

懷舊頻回九九腸,錫簫天暖麥風涼。新村競祝雞豚社,朔氣初移
燕雀堂。豈獨賞花思北勝,未堪執梃例南强。煙波澒洞浮家日,
月旦當年負子將。

江漢院長雷少司寇壽讌五十韻

紫曜遺荊璞,名山享大年。爽鳩初著秩,驄馬舊橫鞭。更奉陪京
使,兼羅廣廈賢。珊枝遼海網,珠斗上方懸。屬有黄巾役,頻移
絳節權。淮南開幕府,江北擁樓船。卓識收元昊,高文亞固遷。
首倡釐榷議,少助水衡錢。臣策關全局,軍儲仰百廛。嘔心方報
國,搔首忽投邊。遠謫蠑螉塞,高歌勅勒川。鐵衣三載戀,丹詔

九重宣。豈但生還慶,重膺主眷專。甫瞻卿月麗,俄見使星圓。中外觀新政,風雲際上絃。函關浮紫氣,方岳已華顛。恩許還初服,魂應繞細旃。衹聞魚縱壑,豈爲鶴謀田。故里宵烽寂,長江戰血鮮。城精剛罷泣,畺吏尚張拳。蕉鹿探遺跡,茅龍補數椽。每當空谷夜,頗厭在山泉。粵嶠遥飛舄,吴淞暫扣舷。晴觀滄海日,曉渡石門煙。客路饒行橐,旗亭佐酒筵。柘枝低舞袖,紅豆續吟箋。淚灑琵琶外,情隨錦纜牽。權奇天下士,游戲地行仙。風雨尋歸棹,皋比擁舊氊。講經憑席奪,感遇魏詩傳。江漢星三五,春秋壽八千。趨庭惟弟子,餘慶衍曾元。室邇朋簪盍,堂高耶藻鐫。聞聲知老鳳,攜榼伴三鱣。都督今陶侃,先生古鄭虔。門標通德似,光矚少微先。愧乏豬肝餉,來親鶴髮鬈。冠裳成雅集,絲竹按幺絃。即此林泉暇,猶看車馬闐。送迎殊僕僕,神采自翩翩。暫喜紗圍撤,高瞻錦帳連。重簷排甲仗,深院架鞦韆。佳日宜春服,南山應斗躔。幾經哀樂感,悟澈鬢絲禪。竿木逢場戲,楹書鎮俗篇。楚山罹喪亂,華屋幾生全。縱使肱三折,終教骨獨堅。景原非蟪蛄,冠漫溯貂蟬。況有澄清樂,都將鬱勃蠲。倘逢千叟宴,又賦大羅天。

春燕四首寄丁宫保師山東

南北差池海日暄,畫梁誰與埽巢痕。艱難豈有封侯頷,羈旅終銜故主恩。浪詡石頑成快雨,不知春色在朱門。烏衣回首同棲客,好語聲隨鼓吹喧。

西門柳色幾經春,豈獨勞勞訊雁臣。自藴元精能立命,已過寒食尚依人。深江零雨翹予室,閣道香泥識帝闉。去住何心原泛泛,故家王謝愧言貧。

遠集屏風已太癡,盛筵花事殿將離。漢宫掌上誰教舞,寒夜毛衣

恐不支。橫漢高飛仍户外，一春懷舊悵巢移。哺雛日聽呢喃語，
顧影欣無野雀欺。

功成節度有高樓，畫戟清香溢八州。吉語勸農方賽社，舊游如客
並忘秋。重憐新曲翻箋本，借汝風翰勵黑頭。省識歸來塵幕在，
炎涼誰復掠滄洲。

王筠軒先生函訊近狀賦答三首

七年炊劍依鹽尾，逆溜膠舟滯虎牙。陳迹相憐齊贅客，孤蹤偏傍
宋東家。無端江上飄秋蒂，尚聽河湟急暮笳。有酒不因錢鳳醉，
卻愁蕭瑟各天涯。

幕府文章日月高，憂讒不爲聽竽逃。木雞養待成三變，良驥何曾
似一毛。弱弩更難穿魯縞，楚歌無賴是離騷。舊痕別緒多攖拂，
只益浮生薪軸勞。

移巢豈作依劉計，懷刺欣無薦禰書。東去已同遼海豕，南行轉累
武昌魚。百年官柳隨春沫，驀地飛蓬換舊廬。寂寞江干車馬地，
惟應北雁慰離居。

桂林山水圖羅星樓畫王香亭大令所藏也
喆嗣子昭貳尹屬題

崛奇山水在南溟，桂勝縱橫萬笏青。畫史考圖窮鳥道，使君遺愛
極麋泠。已看種樹孤根老，不見流飈戰血腥。遙記絃琴鳴暇日，
安知銅柱是邊廷。

子壽先生輓詩

草閣生寒夜，星芒墜少微。畫圖成絶筆，心血盡經圍。活國留奇
策，傳家乏賜衣。臨江瑩一奠，雞酒寸心違。
抱才應大用，養志但修文。坐惜郎官老，謀成將帥勳。著書原奉
母，每飯不忘君。萬古螺磯水，哀思入暮雲。

曾侯祠園林

受降臺畔山翠溰，東下湘軍此樵汲。曾侯祠廟起岌嶪，經營何惜
千夫集。園林窈窕出祠後，石磴山楹列層級。亦有古柏蟠銅根，
太息從何避兵劫。勁枝撐拄天可擎，直氣嶒峻我當揖。泠泠泉
聲出深竹，散作甘霖漫川澮。風雲百變煙障銷，猶是湘鄉數椽
屋。夕陽在山羣壑暝，萬疊奇峰淡如影。呼吸天河摩衆星，電車
風馬看馳騁。老蛟蟄伏妖狐逃，林籟漸微城柝靜。黃龍古佛荒
蒼苔，天陰不聞山鬼哀。橫笛一仙近招手，髣髴宮闕生蓬萊。

題贈蔭田江樓

火雲明大澤，清謐在江樓。野水搖窗碧，柴荊掩樹幽。地因懸榻
重，人爲賭棋留。託興炎涼外，長天有白鷗。

夏夜過歌笛湖簡笈甫

江國年年困炎暑，安得中庭盡高樹。比鄰近接歌笛湖，披襟曾入
荷深處。裙屐清游耿相憶，疏闌曲折猶能識。昨夜東家微醉歸，

月影波光静如拭。王郎健步忽病足,眼底前歡悵難續。聞道劉
伶真戒酒,已負湖壖萬箭綠。君不見杜陵別埽清溪曲,喧呼更覆
杯中渌。墜馬豪情蓋如此,青眼高歌望吾子。

聞錢芝門訃

前年送君江城東,君扶苴杖悲江風。倉山先壟有宿草,君亦羽化
歸鴻濛。吳楚比鄰遞傳述,但道咯血成怔忡。專城未居天遽奪,
虹氣幻作秋雲空。君昔躍馬隨元戎,眼底當世無英雄。水劚鯨
鯢陸縛虎,智勇已勒淮西功。功成載筆入江沔,更謀輸挽供關
中。新隄榷稅亦偶爾,君才如海人如龍。黑頭王掾差比數,深瞳
灼灼生談鋒。或云聰穎損年壽,此論究竟非儒宗。當年北渚盛
人物,往往樽俎能折衝。國殤愚鬼數凋謝,徒以哀挽膺吾胸。招
魂翦紙章華宮,素車白馬嗟何從。日暮空望江上峰。

月夜沿荷花陂池訪丁小滄

誰鑿荊山辟江夏,黃鵠飲江不遑下。豈知城市富陂池,滿種荷蕖
雜種稼。陂池水淺不通船,寥廓無從議榷蓮。數椽買夏池邊屋,
世界清涼疑洞天。今年雖苦旱魃虐,高蓋陵波未凋落。白香萬
頃琉璃宮,手把青箭足杯酌。相逢一笑月初上,空波不動平如
掌。承天竹柏將毋同,能得閒人自來往。坐惜海南老茅屋,三徑
何時補松菊。避炎無計天所憐,故遣湖山慰羈束。

午睡簡羅少村

樹裏簾光漏微碧,紗圍風縐捘藍色。午夢初回院宇清,時有來禽

啄桐實。忽憶梯航海南客，萬里叩關歷重驛。有人迎候巴陵城，雨汗交揮正行役。文犀火鼠渺莫致，長途冠蓋不敢息。相視慙吾樗朽質，曷敢因君問勞逸。將秋風日猶鬱律，只有湖天夜寥闃。漢皋重落伯牙臺，已約琴樽泛行艓。

潘椒坡將赴咸寧任攜酒伯牙臺餞別王笈甫應試杭州

潘侯風雅人中豪，絃歌將欲操牛刀。登臺呼酒送歸客，飛觥直吸錢唐濤。新秋庭宇風蕭颼，蓮房墜粉癭桐高。琴籟依微散林樾，遐眺不覺勞人勞。晚山積翠隱城堞，平橋野潦通魚舠。湖光漾白萬星出，乘酣欲釣滄溟鼇。人生有酒兼離騷，樂甚舟中宮錦袍。冷泉判事更誰子，長風萬里看鴻毛。

恭觀察酒五經室詩集題詞

沙堤舊德宜鶯袯，虞陛新恩改鶡冠。執戟已違郎署志，拜章翻幸外臺寬。河洮感遇邊聲壯，春雪高歌客和難。日夜江聲流筆底，故應屈宋作衙官。

次韻偶樵中秋無月兼懷蔭田揚州

幔亭張樂夜，我輩復登樓。露重鴉初定，雲流雁已秋。高寒生玉宇，千里共揚州。不識金焦路，征帆幾日收。

癸酉監試武闈四首

節使威儀接上臺，麗譙更盡射場開。寒衝曉色旌旗發，西望斜陽
鼓吹回。鎮日似窮千里目，百年期爾萬夫材。漢家七校須彊鷙，
莫向龍門怨暴腮。

烏柏祠西假席廬，翻從帳下結山居。霜天易警聞雞舞，脩坂何來
相馬書。立國豈專弧矢利，得人終懼鑒衡疏。楚材久並南金貢，
可奈干戈戰鬥餘。

禁闈燈熖夜闌干，明遠樓頭漏欲殘。虛室紙窗糊凍雨，重門魚鑰
閟宵寒。聖朝文武爲經緯，他日封疆佐范韓。即此已誇科目貴，
春風還據北征鞍。

喜從撤棘拜君恩，醴酒歡如挾纊溫。盛典已過秋試後，武人今識
大廷尊。雀冠蹌濟森廊廡，虎榜風雲護節藩。入座依稀鐃吹曲，
笙歌鳴鹿或同論。

闈中得仲約和耀庭詩時耀庭自章門回鄂
公車入都次韻贈別

潯陽客榜陵風發，極目煙水懸孤帆。江秋萬象助游覽，況有廬岳
青巖巉。棹謳激越動高興，君才浩蕩終非凡。撥盡蘋葹擷江芷，
風骨益覺陵秋嚴。文章哀豔振騷辨，騰紙怪發當開函。大夫九
能且何愧，豈合散髮棲山巖。龍門巨浪恣騰跋，文字久已鴻都
劖。公車偃蹇滯田里，徉徉空谷鳴韶咸。倦游尚喜贊文柄，如獵
廣漠搜盧獫。豐城星氣夜騰采，寶光未假明珠嵌。精金良玉日
劘切，神物應亦欽其誠。以筆代耒歲有穫，春風一度梅衣鼪。蛾
眉憶昔困謠諑，修蘭當户憂鉏芟。賓主東南得良遇，自與俗嗜殊

酸鹹。豫章翻風動林嶽，驊騮得路難羈銜。況今人才重科目，文
壇跂聽金鼓儼。伊余局促校鄉射，毬場武庫勞相監。盤雕風勁
戴星出，唱籌老吏聲喃喃。隋珠雲竹世所寶，邊材安得收渾珹。
江關久喜脫鋒鏑，童山已見生松杉。百年士氣漸蘇息，從此兵曜
銷槍櫼。君行射策勿回顧，惟當釋卻橫襴衫。及茲壯歲幸努力，
詎待搔首毛髟髟。曲江讌游發高詠，無惜萬里郵詩緘。

汪蓉垞先生山水遺册子用明府屬題

振綺堂摧處士死，恨血愁燐化煙水。堂前老樹號江風，駘宕精靈
畫圖裏。經年妙墨委荊棘，衣冠葬後無人識。孤兒拾取劫燒餘，
豈有鬼神呵護力。湖山伊昔恣陶寫，裙屐風流埒王謝。感激先
皇有賜書，國殤淚盡西泠夜。銀濤白馬流聲淙，羅平妖鳥過眼
空。殘篇亙亙搖長虹，披圖能勿思悲翁。

錢武肅王龍簡歌爲王笈甫作

吳越範銀作龍簡，投之水府生寒芒。文章彪炳懾蛟蜃，直與鐵券
留錢唐。黃髮心期眷孫子，祝史鑴銘兼壽康。長尺逡寸協圖緯，
豈侈嘑火沈沈王。羅平妖鳥手屠滅，舊恩時或悲董昌。山樹衣
遍萬重錦，潮頭倒射千丈強。象犀珠玉甲天下，猶奉貢賦昭宸
章。興來鑄字不鑄錯，人得拓本如琳瑯。浪花繡蝕閱千禩，神物
失喜歸王郎。王郎斫劍歌慨慷，富儲金石充錐囊。匣中奇氣祕
莫洩，令我望拜欽神光。江頭白月生嚴霜，盪影閃爍應飛揚。怪
君挾簡度滄海，寶焰乃竟能中藏。乖龍酣睡不解攫，天風昨夜猶
浪浪。卍字宮磚況湮没，惟當保此百鍊剛。卍字碑，寶正三年作。

大雪寄懷仲觀太守山東

我生廿七年,始見太古雪。北客相揶揄,睜目詫奇絕。緬昔東蒙游,獨與古懽結。君交尤忘形,糟醴共餔醊。鐘樓漏沈沈,擁裘踏寒月。鵲華橋迹稀,佛螺淡逾潔。叩扃手欲僵,呼酒性不熱。虛室生光明,腸胃相暎澈。常儀驂素鸞,示我長生訣。髣髴聞瑤笙,已襲都梁屑。是時方從軍,轉惜征衣鐵。投分興未闌,遽賦河梁別。南行渡渚宮,八口累提挈。五歷霜天寒,裘敝不遑綴。江聲撼庭柯,心迹類孤蘗。掩户圍寒鑪,離腸幾百折。山妻行欲歸,我步正蹩躠。大兒甫訂昏,婦翁尚持節。萍梗浮深江,故山渺南粵。安得陵風翰,鬱勃恣傾說。

大雪示從弟觀廷

吾粵古南交,四序異寒熱。有時天雨雹,詫作魚眼雪。匪獨見聞陋,亦以氣候別。繁卉振寒葩,無待春飆搝。往往村耕農,赤脚過臘月。更聞古珠崖,羊裘亦虛設。山家石雲麓,鄰與越臺結。薦紳鶩高遠,土風厭徵說。爾來經滄海,胸次或雄傑。泥爪隨東西,況茲歲寒節。庭柏方齊簷,經年練皮骨。攬衣步前榮,冰寒不可齧。長江鬱紆回,流澌重淒咽。樓甍百鴟吻,滿綴瓊玉屑。興來呼濁醪,心目洞清澈,人生驟離鄉,觀聽輒奇譎。居處服食間,適性惟樸拙。涼燠理則同,焉用訪真訣。相期屬三冬,爲兄惜華髮。

江干駕馬行

江干積雪行人稀，老漁守竿生事微。磯頭石犀凍欲裂，駕馬踔冰時一嘶。青絲絡頭出門去，不鞭自識江神祠。江波豈是渥洼水，只合縛束供驅馳。秋駕絕塵失良技，回韁直接風雲氣。頭陀山麓雪彌勒，相過年年幾相視。誰家金埒搖玲瓏，似向戰場成大功。鹽車長坂偶然值，拳毛自顧皆蒙茸。

茗花春雨樓填詞圖爲樊雲門題即送計偕入都

百年傳世湘東管，餘事猶工黑蝶詞。殘月曉風何處著，茗花時節雨絲絲。

樓外山容盡渚煙，洞庭森森接湘絃。不堪更繪秦時鳳，撩撥春愁補恨天。

鹿門菱柳送駪征，金埒嘶風踏玉京。遥計曲江游讌日，綠雲低護棹歌聲。

騷辨文章久寂寥，荊南秀氣到今朝。相逢漫畫旗亭壁，留與宮人譜洞簫。

雪霽郊行即目

高巒當風露石骨，平田積雪猶寒澌。山腰老屋半傾倒，壓出老梅橫勁枝。蹴冰老馬凍能展，毬場曙色重重見。將軍請霽將合圍，脫鞲鷹翮盤霜健。玉龍罷戲初放晴，琳宮碎倒瑠璃屏。團焦僻處有人語，似謀豚酒期春耕。前年冬度洪山麓，農壇四面哀鴻

喉。社倉古意今不存,老吏籠籌分冷粥。江關旱潦繫憂樂,伏莽
更虞乘間作。即今臘鼓歡聲闐,且約吟壇假官閣。

雪後登黃鶴樓遲仲約不至

仙壇老鶴飢啄雪,長江滾滾千帆葉。行鑣計日發江州,玉龍灑道
布瓊屑。天家舊賜宮錦袍,衝寒豈畏霜天高。閣中帝子不忍別,
揮斥騰六留旌旄。東南持節龍門峻,已騁驊騮起鷹隼。江山勝
概幾羅胸,更窮輿地參星論。覃思日夜煎肝腎,考古精神氣逾
振。欣看鄉望副鴻名,豈等黃金擲虛牝。長安別緒頻經春,風塵
方結綢繆昏。仙舟凝望意何極,敢謂天涯即比鄰。

憶湖樓舊游寄偶樵石城

仙人從古愛樓居,況復湖山畫不如。五載游蹤慚社燕,異鄉風味
共田鴜。虛舟欲泛仍孤泳,逆旅攄懷託尺書。爲問莫愁村裏客,
尚應文酒遜吾廬。

丁宮保師蒙恩賞假一年回籍修墓寄呈四首

兵銷東國尚凋殘,漸起瘡痍慰治安。免胄獨憑孤掌拓,假符終慮
替人難。宜房況迫初冬役,京兆宜無五日歡。豈謂松楸霑雨露,
往還仍戴主恩寬。
前年忽鼓哀絃操,蓐宿淒迷黯鵲華。有子九原能奉母,故山三徑
尚無家。暫謀旅厝非長策,垂老登臺重惋嗟。至道早袪風水惑,
鄉園應勝濁河涯。

鴒原有弟寄江濱，每説桐鄉涕泗紛。歸骨牛眠期故隴，傷心雁影斷衡雲。豬梁兵燹消前驛，楚水人琴況旅魂。便許經營休沐日，修塗應並惜勞薪。

天南今日靖邊塵，亂後閭閻景色新。阡陌漸青群洞霽，獷猺蒙業萬城春。且蘭鎮俗宜循吏，喬木摩霄有世臣。寄語卡龍諸父老，急謀耕讀慰歸人。

風馬集

廖孝子剜肝歌孝子桃源人

母病經冬卧柴褥,拜盡庸醫背人哭。智昏情迫兒剜肝,裹創潛進一臠肉。釜蒸餘瀝猶氤氳,母病忽起如有神。髮膚毁傷已傷孝,大義豈可繩凡民。愚誠感召兩不死,何徒泣筍爲甘旨。街談終慮母能知,浄洗短刀怵妻子。武陵溪水流淙淙,涴血濺作桃花紅。

仙桃鎮早發寄羅少村

破寺龍華將浴佛,雙柑鸝唱獨思君。舊時高會同消夏,西上征帆阻暮雲。每聽民訛慚護將,最難詩客亦能軍。不才虚懾先驅避,雅負相如喻蜀文。

寄王笈甫

論交豈觴豆,況乃定予文。此地原騷國,浮生託酒軍。舊聞徵石笥,笈甫贈《石笥山房稿》。小别悵江濆。待見瀶沱客,新詩重寄君。

寄內

重憐驛馬寒嘶垺，遙憶山蠶正理絲。麥餌送香分餉後，燈花舒燄寄衣時。授經勿再從兒懶，執爨惟當課婢炊。稍喜齏鹽蠲俗累，平安緘字報歸期。

贈向梅修

愁苦爲詞百鍊工，一官何意坐詩窮。短衣匹馬經重險，宵柝荒雞共野風。尚許分曹閒射覆，絕憐衰鬢此從戎。陳留書記無多讓，況有賢聲在漢東。

送鍾鳳喈潛江

清晨戒行李，單車發潛沱。生殺繫毫髮，所貴平無陂。版築捍淫潦，民心原靡他。黠者乃漁利，聚斂如催科。周官重保富，倒持虞太阿。橫索達州府，百里訛傳訛。昨者官軍至，望澤皆投戈。元惡亦宵遁，荒隄枕虹波。惟期革鴟音，高卷南山羅。持用告民牧，毋爲久委蛇。

抵沔陽城

春肅寒牛白草花，郊坰疏雨晚煙斜。陳王故宅無人識，空聽城闉噪亂鴉。

重午將屆幹臣將軍有思親之詩奉和一首

畫鼓朱旗競渡初,更從汭上望吾閭。雲依靜渚長天遠,月照高樓萬井虛。蹤跡偶然勞燕雁,頡頏何意及龍魚。營屯縱避溪南霧,親舍情移下澤車。

上閣少司空

白從謫遠悲王粲,屢聽臨軒召蔡謨。繡璧歲頌羣吠息,榛苓西盡一星孤。徒令故吏懷旄節,獨引南山入畫圖。聞道燉煌仍置戍,可無清夢繞神都。

塞上　補丁卯作

形勝控關門,譙樓御座存。磧沙浮海甸,軍衛閟煙墩。勝國遺弓盡,千山白日昏。懸旌行萬里,努力報中原。
晨發閭陽驛,乾河徙牧羣。天嵌荒戌月,風截亂山雲。峻阪無回轍,新屯有禁軍。舊時征戰地,旅雁不堪聞。
邊牆連虎落,有樹不成村。前站窮廝養,三藩舊子孫。土風宜講武,皇業重盤根。漸喜陪京近,山陵拱衛尊。
句驪朝貢路,京觀鬱嵯峨。使節松花外,秋風苜蓿多。東封皆屬國,天險亞黃河。水草相依逐,穹廬處處歌。

苦熱行

火雲蒸鬱將初庚,轅下安得涼風生。腳韡手版客雜遝,密坐櫛比暗無聲。鷺拳龜縮汗如注，列階甲仗交縱橫。蔭暍無陰立者喘，障日翻借牛氂纓。自寅達午鍊皮骨，老翁七十猶錚錚。門神張髯笑睞目，感此局促幾忘形。風雲呼吸變今昨，豈曰觸熱非人情。殘夜空階響梧雨，夢回但覺蚊雷鳴。

畫魚歌

水族幽陰伏夔魖，能事獨繪龍門魚。鬐鬣噏張勢崛強，懸我武昌臨水居。有時風雨透虛幌，滾滾波濤隨紙上。湘靈乘逐將東行，貝闕龍宮渺難象。葉公龍癖人共嗤，君之畫魚毋眩奇。頡頏變化不逾瞬，胸中鱗甲奚爾為。方今鯨鯢噴溟渤，蚩尤旗搖半明滅。將軍受詔出蘭池，橫海彎弓故不發。黿鼉徙穴蛟螭逃，膠輪浪激薰腥臊。島嶼煙消浴海月，鬼物撇捩樓船高。此時補繪雲臺容，英姿遠懾馮夷宮。眼中何物足渲染，貢之天府昭神工。

昆明池歌

曲江宮殿鎖蒲柳，考古復潛昆明池。江花黯淡沒胡騎，延秋回首徒生悲。宸游但慕驪山樂，蘚剔千門補宮閣。罘罳火盡梁燕空，搜括機絲綴雲幕。采霞題額天邊來，魚龍百戲迎銀臺。將作奇觀屬中使，神工鬼斧閶闔開。芙蓉舊苑參差見，南下霓旌欻如電。夜月仍虛織女機，青春重佩才人箭。是時民力已凋敝，司農少府難為繼。吐蕃陰鷙且窺邊，土木經營乏深計。仙仗崆峒曾幾年，悠悠風日照秦川。經過尚觸夜烏啄，豈合更泛金鳧船。少陵野老卻多事，往往悲歌成麗句。誰識流傳誤後王，遂使逢迎來鄭注。他年仙侶清和舟，攬景茫茫生古憂。上林馬射有人賦，慎勿重憶哀江頭。

大行皇帝挽詩三十二韻

短景滄江暮，驚聞日馭西。齋宮虛臘粥，羽衛直霜蹄。孝德嬌虞並，神功姒夏齊。龍髯攀靡及，鵑血黯猶啼。竟闕高禖祝，頻資冒絮提。偃旗悲海島，袁縞及渠黎。但見黃圖廓，無虞魯祀躋。沖齡摧戾日，乾度撝氛霓。緬昔初登宸，祥躔正聚奎。殛兇憑廟勝，懋學仰璇題。太社方熏鼠，經筵重賜犀。帝紘天不極，武略古同稽。畫室銘公旦，甘泉倚日磾。江淮消野堠，隴坂靖秋鼙。漢奏騰朱鷺，皇威拓碧雞。十年階羽肅，閏歲捷書齎。夾輔頻專閫，羈縻慎囓黎。有懷成鷲鷟，餘力匿鯨鯢。湛露穿霄宴，蒸霖率土倪。巖棲咸附鳳，官守儆維鵜。世盼中興頌，天傾太極低。哀符頒竹使，嗣聖洽洞圭。博陸圖仍屬，新豐瑟獨淒。星辰何慘澹，河嶽忽昏翳。瑤匕空遺劍，書帷尚綴緹。大工停五柞，異卉卻三椑。寶業臻端拱，昌暉定永締。不圖元命速，翻訝昊蒼懠。舊楚餘羈宦，遄齊懍御批。徵書遲驛簡，遺澤振沈泥。劣乏增塵報，寒生戀闕悽。山陵何日謁，燕草正萋萋。

七河口阻風望瓜洲不能度

江雲蘸墨沈金焦，長風倒卷吳門潮。樓殿湧波自升降，吼聲獨訝蛟龍驕。瓜洲盡日不能度，凍雨漫空鎖妖霧。夜深燈火已消歇，綠楊城郭知何處。輪船至此技亦窮，車輪欲轉煙無功。山與低昂困顛簸，白浪滾激中流中。乃知造化有真力，機祆安能與天敵。神功鬼斧極雕巧，舟師相顧猶動色，行人十日一日晴，征帆迤邐過新亭。烏衣朱雀閟春色，莫愁湖上花冥冥。客心去住況無據，憂端忽向江湖生。燹餘民氣未盡振，坐恐旱潦傷春耕。

平山堂

平野春陰合，山堂草樹昏。江光沈雨暈，日氣淡雲根。未覺僧房
冷，翻憐客夢繁。願攜今夜月，西照莫愁村。

袁侯臺瓦硯歌寄酬王笈甫

香姜閣瓦混銅雀，古器況逢袁侯臺。王郎拾得製爲硯，青花龍尾
皆凡材。麻紋斑蝕作蟲篆，知有寶氣騰榛萊。本初未必應圖讖，
一物自足生奇猜。憶昔連雞迫官渡，夕烽烈烈沈妖霧。臨河置
戍勢莫當，長揖橫刀氣垂暮。黑山獵火已消歇，公孫楊燕隨煙
滅。五州精甲潰黎陽，蒼蒼成敗嗟何説。實沈閼伯猶爭併，盟主
餘威難復整。幕府悲涼草檄時，山河豈悟終分鼎。蜚廉桂館無
遺棟，五公四世徒矜重。蜀郡虛盤蛇鳥圖，魏宮已墜駕鴛夢。壽
春得璽亦自豪，黃屋欲壓當塗高。兩婦預爭冊皇后，家風究竟輸
孫曹。我行北指南皮縣，五官賓從昔游譙。名士方貽平視憂，何
況袁家敗瓦片。湮沈縣邈逾千春，置子案頭光燄新。文壇舊拓
秦權七，笈甫得六舟手拓秦權七紙。相視輒喜張吾軍。

水西門瘦馬行

軍遺瘦馬無障泥，寄命路人依水西。鞭箠豈足効遲馳，稍喜旋濘
途不迷。客游緩轡訪蘭若，門前禿柳如寒齏。牽之不動繫且脱，
仰鞍顛倒舒四蹄。大軍昔日橫鞭入，萬里云屯箛吹發。十年筋
力盡逋寇，主恩僅予釋銜策。何如下澤駕小車，花邊竹裏行徐
徐。不然馱鹽歷峻坂，只任束縛無馳驅。此生勞逸且何惜，忍令

烈士同悲吁。由來良樂不數覯,棄置在人非汝咎。皮骨猶存會
騰達,毋任區區戀芻豆。

邳州道中

從古羈孤去住難,燕鴻相惜路漫漫。橫流北徙風仍惡,廢壚花明
日不寒。天贊禹功平世患,春鳴社鼓入農壇。居人未有滄桑感,
秫酒能充野外餐。

虢季子盤歌

周金往往閟秦隴,虢季子盤曾飼豬。徐侯拂拭土花底,剗剔苔蘚
光殷朱。誰其識者恣豪奪,裹盤投劾歸田廬。無專散氏豈足擬,
銘字逾百徵諸書。恩循簿火鳴三吳,搜括珠玉皆無餘。神物失
喜脫賊手,間關乃復充軍儲。將軍殺牛日餉士,百馳牽運爲行
廚。功成渡送入泲水,寶光濯濯驚龍魚。珊瑚碧樹共羅列,將軍
好古情非虛。有時拓寄一二紙,饞眼恨未窺全圖。傳聞健兒始
殺賊,此中滿擲千頭顱。雷紋雲氣極彪炳,血痕浸漬猶模糊。焉
用銘庸斃彝器,古懂近蹟將毋殊。當年藏弄苟失所,如合鐘鼓祠
爰居。一物升沈會有定,高歌吾亦重嗟吁。

徐州客舍寒食阻雨

平野連淮海,風雲古帝鄉。百年佳氣聚,獨夜旅愁長。立馬逢寒
食,征鴻怯戰場。雨晴春欲霽,芒碭鬱蒼蒼。

行次單縣寄晴嵐太守

離蹤越風馬，豈意重見期。七年託柔翰，心跡遙相知。緬昔東蒙游，裘馬盛臨淄。所遇變鳳鵠，棄我皆如遺。惟子秉彝好，不爲流俗移。一歲數寄書，娓娓長置詞。政平訟既理，尺牘緘新詩。文章與經濟，風義堪吾師。伊余滯荆國，獨行嗟路歧。轍窮幸回車，忽復覿羽儀。本圖家與偕，乃爲文網羈。皇言沛渙汗，廷議何差池。逮此負薪役，春晦方載馳。揚舲出江沔，淥水明風漪。初月澹洲渚，静夜鳴龍蠵。舍舟陟袁浦，五日經徐邳。積潦地且瘠，饘宿恒苦饑。清晨憩單父，城郭猶昔時。班春及兹長，萬井營東菑。民俗本獷悍，甘伏蒲鞭笞。至治重身教，言行爲釽揻。虎符得所寄，庶以安邊陲。相睽尚百里，途邇神先之。高樓切南望，應廑勞人思。

重經武城悵念舊游寄龔藹仁方伯

堠火鳴弦夜，孤城對榻時。六軍方卷甲，一字竟成詩。江海生離恨，雲霄望羽儀。不圖鋒鏑後，千里重驅馳。
嚴城初啟鑰，游虜尚窺邊。並轡無佳馬，虛聲誤紙鳶。宵征頻露宿，戰具祇空弮。陳迹模糊在，驚看歲序遷。
長憶臨城驛，嬰城倚古槐。百年龍爪健，寒食鳥鳴哀。碧蘚空遺碣，黃金有舊臺。敢言征戰苦，騁望首重回。
去住無長策，艱難尚轉蓬。皇言原渙汗，客路自西東。故壘營新燕，滲天咽斷鴻。何時重話舊，尊酒與君同。

乙丑駐軍冉塢集丁宮保師見示謁三冉祠詩幕中並已奉和乙亥二月征車宿此仍用前韻呈宮保師

三冉叢祠昔具瞻,夕烽銷盡見重檐。路歧風馬江關別,壁上泥鴻歲月淹。幕府偶然傳翰墨,邊防終竟賴韜鈐。車驅漸與龍門近,且喜宣房尚駐襜。

題招少葊琴鶴圖

湘色璘瑞富笛材,南雲飛盡見琴臺。孤凰百鳥無消息,爲爾情移海上來。

侍宮保師登千佛山一首

濟潔儲百泉,地絡拱畿甸。層城枕石根,蟠鬱勢靈蜿。城南千佛螺,遐眺形勢展。茲晨躅簿領,駕言陟崇巘。磴石交松篁,旭曦敞樓殿。四座生暄風,崿華落衣簟。名山既棲静,乃閲古征戰。更度嶄巖巔,一一勞指點。百年憂國心,豈曰事游讌。

逍遥游琴歌和龔少文方伯

成連海上情,兩儀弄潮汐。壺嶠信縹緲,宮闕忻舊識。改絃事更張,長風與消息。孤凰翔九淵,療饑乏桐實。喧啾百鳥鳴,翩翩厲羽翼。山水能忘言,茲游轉奇闢。
弱水渺難涉,神山安可求。秦皇與漢武,今古誰與儔。擬賦木玄虛，才力噱未道。何以掣長鯨，滿斫珊瑚鉤。水母乃有目，朝蜃噓爲樓。朝昏極萬變，智巧勞冥搜。豈悟人間世，共此逍遙游。緡亭昔張樂，海月方澂鮮。迢遙雲門游，大音調鈞天。琪林拂瑤柱，繩河秋露娟。諸天閴繁響，不識箏琶喧。至今綠綺囊，尚染槐眉煙。浮雲逐飛絮，忽鼓柴桑絃。豈不感飄泊，委懷如自然。揮手謝莊惠，高詠南華篇。

勇士赴敵聲，風雲勃然變。三十奮登壇，儒冠易武弁。叱咤定兩河，剛柔極百鍊。萬里摶扶搖，鷗鷗何由見。軍門鼓吹聞，回眺上林譙。吾知執戟郎，不敵黑頭掾。

丈夫志軒昂，豈能謝兒女。呢呢語未闋，斷雁起前渚。攬衣重徘徊，冷雲已成緒。淒切苦辛行，涼颷入仲呂。人生遠別離，鬱紆猶念侶。何況東山情，迢迢違帝所。此境劇難忘，相逢在羈旅。

津門旅夜

秋入津門尚葛衣，勞勞誰與寄當歸。酒邊頻厭雙雞膳，廉下俄驚客燕飛。海國含沙猶射影，天涯何地乞支機。升沈莫向簾前問，祇合閒身老翠微。

蛟色極天沈黑水，蜃樓噓霧薄丹霄。探奇已歷人間世，有約難回月裏潮。誰謂流杯真可渡，不知鞭石已成橋。高寒極目神仙宅，獨惜金銀氣未消。

奉和宮保師攜幕府諸君子登靈巖元韻

青陽御行鑣，齊魯式前軌。溯河憩稷下，亭云近尺咫。晨摩千佛螺，諸天並歡喜。縣邈江海心，七載勞鶴企。緬昔侍帷幄，相從殣山兕。談笑靖攙槍，罔或相角抵。矧茲六合外，曷敢恣鷗視。

艱鉅每紛乘,慷慨投袂起。獨立森風霜,何假奧言裏。接士乃殷勤,塵席淨文几。屢照鏡不疲,食淡味逾美。百僚資弦韋,民隱擷端委。渺茲陰鷔徒,城府空迤邐。物望方具瞻,沖懷淡金紫。幕府富陳阮,礪行當基此。孟夏蠲鬱陶,行部逮荒圮。靈巖根岱脈,動靜蘊至理。玄石號袈裟,或疑身毒徙。云構般若室,栖禪雙樹底。開山如北僧,碑頌纍萬紙。翠華輦路經,宸游悅山水。行殿掩重雲,野客拾松子。靈府異蓬萊,風徽邁正始。游乘不獲驂,風檣悵東駛。願言海上情,寓懷在鏗爾。

蓬萊道中

極目滄溟遠,孤征況暮秋。冷雲高閣迥,初月一星流。貢異仍遼豕,忘機有白鷗。漸看邊事迫,空復借前籌。
神仙不可覿,陳迹數經過。天闊雲爲岸,山來水自波。鼓鼙誰衛霍,渤澥走羲佗。對此茫茫集,何因憶澗藹。

龍洞雜詩

澄瀛倦綃席,戢影明湖陂。役形在冠蓋,神茶情不移。願言訊幽谷,薄釋塵中羈。蒼龍蟄黝洞,霖雨方俟時。依山半村落,絕壁扃層扉。褰裳度陘峴,結搆何嶔崎。羣墅孕嘉木,丹頰紛陸離。曷用被繒錦,秀色明秋霏。暝煙起梵宇,旅翮東西飛。山僧解蕭客,屈折摩穹碑。巖棲數尊象,蘿薜牽雲衣。虛庭淡山月,余懷將告誰。
山窗解繩榻,霜飆不成眠。攬衣度前榮,客憂紛勞煎。唳鴻警宵寂,跋燭調徽絃。宮羽輒移換,闇解疇能宣。促刺昧更張,感之懷成連。風潮自掀盪,高歌猶扣舷。審音在溟渤,境過情爲遷。

逍遥悟斯旨,相賞忘言筌。

游袟歷齊楚,得失匪任數。我獨有二天,名實愧莫赴。筋力委舟
車,行行日將暮。緬彼鸞鶴交,傾蓋乃如故。聲聱屍益高,窳植
改初度。足嶽在輕塵,添流資墜露。遭際當及時,無傷士不遇。
俯仰謦古懽,顧瞻昧前路。鬱鬱松柏心,歲寒幸無負。
眷言諷鶯谷,俗情良不渝。獼猴騎土牛,乞兒乘小車。遲駛顧何
常,焉用重嗟吁。喻旨逮舟塈,力負猶能趨。刱茲六合内,進止
原紆徐。憑高動遠矚,林籟生清虛。無能劑荊棘,恐貽山賊諨。
求慊衹崑弅,騰美濰淄間。劃家不責効,古誼人所難。朴璞匪誤
投,借鑒資旁觀。夏廷列九鼎,所貴昭神姦。茲山古龍湫,幽險
勞躋攀。所好判真假,滿壁空拏蟠。懸泉達濟潔,下有不測淵。
重足凜莫前,踟躕衣袖單。將車戒塵冥,重爲御者歎。

海天雁影圖爲徐紆青太守題

六年坐挹江天趣,秋涵雁影懸芳洲。自從杯渡返東海,日對蓬山
盟白鷗。龍魚曼衍紛百戲,沙劖石礜驕陽侯。渺瀰豈覬神仙馭,
云是徐君掛劍處。一麾當日指朱垠,繡衣曉拂珊瑚樹。豺狼當
道方埋輪,駿飛發軔凌天津。維綃不覺鳥逝冏,瞖眼已謝持衰
人。鴒原急難嗟何及,鶺鴒失侶徒酸辛。逝將文叔枕痕淚,寫入
空波天欲醉。至今海月夜蒼涼,髣髴斷鴻咽清唳。披圖輒憶湊
陂行,岑參兄弟皆時名。人生友于最相惜,高歌吾欲泂窮溟。

宮玉甫別駕奉檄粵中監造戰船事竟回東
繪長風萬里圖遍徵題詠爲賦長句

宮侯卓犖人中傑,萬里奇古勞雕鑴。樓船迤邐發珠浦,虎門高浪

青巖巉。俯瞰波羅弄初日，頳霞爛映從事衫。出没狂猋歷吳越，神若毋亦歆其誠。巨黿懾跡不足餌，但見島嶼浮煙嵌。健兒鼓棹尚椎結，直指東海懸綃帆。山東水軍久弛廢，疆臣經武終非凡。艨艟韜敵振旗鼓，如假蒙羿搜盧貜。西鄰竭智叩囊底，鈲摐水火窮機鍼。籌邊自古貴先備，願以不戰消槍櫼。況今瀛嶠並澄霽，鯨膾大可供醉饞。是時星火正中夏，海氣溼蟄凌秋嚴。此圖失喜脱蛟色，壯懷賴有蒼穹監。安期仙馭渺莫覯，姓字已向羅浮劖。伊余行邁逾一紀，田園蕪薉須鋤芟。客來約略問鄉事，不禁搖首毛鬖鬖。間關被命更籌海，每維名實憂譏讒。有路即歸勿遲卻，迸將釋爾塵中銜。南天濛闊富阡陌，盡劃蕭艾培松杉。

小禺河陳氏園林

嚴冬指瀛渤，修涂肅征鑣。積雪映寒旭，廢堞穿流飆。道左見園囿，聊用躅塵囂。散彎此游息，騁懷及賓僚。林光振頹景，松柏蠱高標。山窗蘊秀色，不礙凡卉銷。彷彿萬虺龍，蟠拏相護朝。摳衣歷巖洞，毅欲摩青霄。仰看百鳥盡，但見凌雲鵰。遐眺不可極，迷路得平橋。園丁慰行邁，茗椀勞招邀。游傳已無賴，塊壘容可澆。昔來際夏緜，修薄方鳴蜩。霜霰日以零，晚翠終不凋。願假種樹書，去去諮農樵。

寒亭懷古

海天雪盡寒亭霽，平野星低獨夜長。豈有纖塵能足嶽，每遵陳轍尚迷方。人情百變無今古，客路經年雜燠涼。省識一抔斠灌土，艱難誰與話滄桑。

冬發之罘劍華七兄刺史候於新河旅館行復相左賦此卻寄

高衢野館經過熟，東道名城會晤難。十載離蹤江海別，一天行色雪霜殘。重聞減從遄迎切，遑惜孤征努力殫。入境歡聲人樂歲，豈徒光寵在盤餐。

使君報最起膠西，賸客徵歌厭大隄。顧影更慚軒禄鶴，遣懷誰丐牖談雞。長涂零雨移塵榻，古堠寒宵埽舊題。何日升堂重拜母，勞生今已倦霜蹄。

黃縣曉發寄濟南太守豫東屏大兄都尉

朝暾曉薄寒林赭，山雪晴消驛路迷。歲暮氊裘摧野馬，天涯鼓角動晨雞。離情豈共滄溟遠，健筆頻瞻歷下題。海右一亭名士酒，何時重爲慰羈棲。

抵之罘寄謝徐紆卿太守

重傷弱體仍齊氣，忽拜高文注楚材，已擷江蘺騷辨後，更移嘉樹鵲華栽。相逢北海清尊夜，轉惜長沙舞袖回。別語驟從千里寄，雪帷吹墨漬寒灰。

喜聞仲丹得第卻寄四首

艱難一第已華巔，天遣文章誤後賢。收涕且酬宣室對，榮名豈獨甲科傳。江關遲暮分攜日，燕市風雲際會年。遙指公車霜雪裏，衝寒記取祖生鞭。

征裾曾共嶺花明，歌舞岡頭喝月行。瘴海至今涵逸氣，歸涂竟夕起商聲。已看健筆淩秋隼，更欲長竿掣石鯨。眼底鄉人紛甲第，廣文終覺負先生。

往歲北征慙盛餞，舊圖秋禊重題詞。纏緜麗句爲牽綴，感激勞生有別離。短綆豈堪還寄汲，爛柯何樂更觀棋。天涯相惜惟鴻雁，休道南樓去後思。

長安問訊故人來，左昢江湘首重回。正憶醉歌同北渚，已瞻高步到兪臺。雲移渤海虛齊贄，日侍經筵貯楚材。聞道嗣皇方典學，相期何止在涓埃。

直東旱甚吾粵乃苦霆霖感事簡黃公度

每從東海觀南海，旱潦無端入旅愁。華首有臺惟請霽，榑桑旭日不成秋。重聞雲漢憂勤切，遙憶鄉園涕泗流。鯨浪跋天塵蔽野，關心豈獨稻粱謀。

薛季懷書來獎勖過當爲詩答之

天闊春陰蜃氣禎，邊籌旅食百無成。煙颿低亞艨艟黑，寒月孤懸島嶼明。滇海息機鷗自狎，舊巢遺壘燕無情。安危重負相期意，青眼高歌望賈生。

煙臺黎花贈龔方伯

黎花萬山攢白虯，晴曦四射山更幽。海天芳意春不洩，至此乃豁征人眸。碎揉瓊瑤綴邱壑，皓雪比色猶慚羞。安得移牀撥雲甕，夜有香夢淩羅浮。沿山一磴平如掌,花底行廚對屏障。深樹棋聲落子遲,臥沙騎跡隨風蕩。百年此地宵烽發,少保旄旗半明滅。蜃母樓臺俄陸離,滿耳長濤洗山月。風光澹沱如有情,廢堠塌處花冥冥。誰識籌邊古形勝,曾瞰諸島為長城。使君臥閣已三日,感慨花時有今昔。青郊帽影翩遲遲,坐使芳叢攬蜂蜜。海濱韶景春無多,勝游或亦祛塵魔。焦黎噩索夫如何,毋但鍊液呴嚅呵。藹仁鍊氣已透三關。

送藹仁煙霞洞祈雨

東溟不枯旱魃虐,海氣噴薄蒸煙霞。黝洞陰陰墜石乳,應有湫穴蟠龍蛇。絳旛灼日烈如火,馬行喝齧黃塵沙。山堂齋宿永清夜,揮斥電母翻雷車。斯須海眼暗潮上,父老拍手喧讙譁。黑潭起蟄焉可遏,望歲稍慰賢人嗟。昨日垂諾及平糶,絳舟將泛河之涯。道場祝版格蒼昊,一夕甘澍蘇桑麻。秦隄萬木不盡槁,掩映蛟色期春花。桑榆收效未為晚,秋莊漸喜抽新芽。籌荒豈但固吾圉,鐵牌據報來京華。近年京師祈雨,迎邯鄲鐵牌,至輒有效。

寄答蔭田江樓見憶之作

念遠勞迆矚,水牕寒不扃。離悰亙江海,陳跡感晨星。天外槎仍泛,洲邊草獨青。六年同楚客,相憶短長亭。

憶江皋舊游重寄蔭田

磨盡昂藏氣,相逢戰鬬餘。深江塵霧合,大澤野雲虛。穆醴空遺跡,漁歌屢卜居。腹中人已渺,激楚意何如。

隔江成主客,孤詠避時流。倚棹乘高浪,看花到暮秋。文章耆舊
盡,羈旅古今愁。施謝能師友,謂望雲、偶樵,翩如舍北鷗。

百年興廢感,流水自江湘。日肅沈蒲教,門移種樹方。鸛鳴仍寄
垤,魚味已違鄉。歲歲南帆別,冬心赴草堂。

尚有琴臺興,蕭然葭菼中。窗明殘夜水,鐘咽半湖風。客思隨秋
淡,胡歌隔岸通。閒身無遠略,衮衮望諸公。

誰復憐齊贅,吾猶戀楚騷。地浮江漢廣,日近鵲華高。聚散餘黃
鶴,艱難掣巨鼇。海門遙夜月,只解照征袍。

聞羅少村都尉將乞假回里賦此奉訊

幽蘭蘊素偏當戶,喬木蟠柯有故山。未必異才無達命,豈因飛倦
始知還。江回危棧崎嶇外,雲洗高秋去住閒。共識鳴琴招隱意,
臨風翻爲破愁顏。

駔征

妖霧連三里,駔征忽二年。衆情猶戴漢,厚福卻臨邊。鄭國詞何
賴,王庭獄豈偏。四郊多壘日,使節在林泉。

贈陳別駕用杜工部贈高書記韻

越南苦寇逼,庭哭勞王師。懷柔仗邊帥,何以龕亂爲。瘴花萎堯
蝎,妖鳥縱橫飛。行矣事戎幕,牙爪皆健兒。短衣越深阻,翻與
銅柱辭。懸軍極萬里,赫赫宣皇威。寥夜出短檄,阨塞驚前知。
前知在審機,詐力羞秦儀。義聲動酋長,馬首瞻軍麾。主將騁殊
績,既洽鼓鼙思。君才亦騰達,及茲强仕時。謁選赴京國,避近

蓬山涯。惜別已逾紀,握手生歡悲。情親始童稚,恨不常肩隨。
消息況縣邈,無緣寄當歸。海天展良覿,失喜成新詩。

福州大水作

馮相鬥海海夜立,倒卷洪塘春福州。城門壓水不得閉,高浪頃刻
齊譙樓。天地黯慘若晝晦,颶風戰雨飄琉球。全城生死在毫髮,
哭聲鼎沸騰高邱。中丞蒙險御城堞,手胝舌敝紛涕流。生者衣
廬死爲殮,倉皇弭亂防爭舟。豐碑華闕或淹沒,吏行巨浸躬巡
搜。須臾萬族得棲止,護扞兼營饘粥謀。諸軍執戟衛城闉,巨艦
低昂環四周。持節立水越旬日,坐免陸沈寬近憂。乖龍蛟蜃盡
屏息,鐵綆強掣巫支頭。十閩失喜脫魚腹,抗古禹功誰爲儔。

少文方伯近與同館翰林酬唱津門感懷詩疊韻不窮手稿索和悵念今昨聊復步武

溪霧情回下澤車,憶從湘鄂昒鄉間。東游忽復歌梁父,陳迹惟應
酹望諸。何處更窺天女織,當年已負老人書。倥傯風日舟驪外,
猶對滄溟看射魚。

塵冥終古戒將車,空聽賢侯日式閭。尚巧有時窮匠石,借材何地
著荊諸。秦城骫骳償名璧,漢室寬宏恕嫚書。愁絕四郊方結壘,
頡頏誰料及龍魚。

六詔徒聞發傳車,舌人雜遝列爻閭。坐矜天塹通甌脫,遠騖山經
略孟諸。豈謂繞朝空贈策,轉愁蠻獲不知書。渡瀘歸泊亭皋晚,
又見江濆獺祭魚。

千秋周軌盛同車,笑隙曾何到語間。自有風聲通象齒,不聞月魄
蝕蟾諸。大廷賜樂宣金石,萬里輕裝佩璽書。橫海只今誰砥柱,

澄瀛應起北溟魚。

仙人風馬驂雲車，時譜薰絃徹比閭。已擷元音扶太極，更尋真誥叩方諸。縱橫妙蘊屠龍技，談笑閒飛附鶴書。功在黑頭行入相，相期豈獨在懸魚。

主恩豢鶴亦乘車，況復高華邁里閭。應識敵情通菎醬，豈徒夏飲饜桃諸。勛如博陸曾遺傳，策對江都許讀書。誰謂臨平初奏鼓，賞音猶待叩桐魚。

立秋日飲少文権使署齋雨中即事

好雨隨秋至，高堂倚樹開。野饒龍臥久，風急雁飛回。涼意生棋局，瀛談入酒杯。晴光平似鏡，海客漫奇猜。

籌筆移新驛，榑桑日在東。波澄修聘易，山險設關雄。蠻毒憂蕃部，鷹揚倚令公。莫令樽俎地，投袂復臨戎。

煙臺感事酬望雲江陵見懷之作聞望老服導致疾故篇中及之

萬里離惊首重搔，滄波何日濯征袍。百年地習將軍戰，遙夜星瞻處士高。服導但憂成喀血，文章交勖甚吹毛。已看不朽名山業，爭似人間逐臭勞。

三年別後詩初寄，萬國兵前氣未降。豈有魯連甘蹈海，重愁宋玉獨臨江。燕巢不逐烏衣散，龍鼎惟期健筆扛。今日尚堪論遠略，鬱陶緘淚附魚雙。

岱觀夏雲蒸旱魃，天涯海月入涼宵。澤鴻叫野朝哺急，風鶴臨邊夜氣驕。強弩尚難穿魯縞，唱籌何意及秦橋。橋在成山，相傳秦始皇鞭石處，距歷城千里。絳舟泛灕仍修戰，憂樂惟應付度遼。

擬築三城設衛嚴，經營先爲駐帷幨。才難北地誰張段，謳起東門
混皙黔。毒似蜮沙工射影，爭微蝸角忒無厭。剛魖柔魅憑驅策，
歷盡艱虞口欲箝。

單騎猶聞拜令公，洗兵銀海意何窮。安危消息音書外，饑歉扶持
版築中。謀國敢拚孤注擲，當關難得一夫雄。陽戈返影邊聲急，
願廣高文到徙戎。

藹仁方伯禱雨玉皇頂因建小蓬萊閣以答神貺落成之日合肥相國駐節焉初秋節旋藹仁偕幕僚登山賦詩次韻奉和

古有神仙海外求，樓臺倒景展林邱。揮戈兼欲回斜日，掛席何當
濟亂流。款塞衣冠期萬國，上方鐘磬動新秋。由來波浪皆泡沫，
且爲名山挂笏留。

清游高詠每相因，禪悅山光見道真。芒屩得歸無五嶽，酒杯浮碧
納三神。屠龍餘技能超海，轉翮孤飛尚抗塵。白日青雲裙屐地，
好憑歡會證前身。

回首蓬瀛幾謫仙，相逢吟到木樨天。鬢絲未肯隨秋老，袍笏非關
拜石顛。尚有笙歌傳海外，重憐草木在兵前。樓船歸路扶桑霽，
南望新亭豈漠然。

無端旱潦迫東萊，閣夜聲流澤雁哀。祈雨登臺能感格，一年望歲
共疑猜。露盤只合分仙液，廣廈還欣集茂才。贏得史官添記載，
松枝曾導相公來。

黃縣夜發贈村舍主人

天涯雨雪送秋宵，立馬黃沙夜氣驕。迷路幸分村店火，衝風猶挾

海門潮。重煩謀酒移塵榻，轉憶尋詩在灞橋。盡日孤征何處宿，
故山霜葉已蕭蕭。

自煙臺走送丁宮保師移督西蜀行次新河寄藹仁二首

餞秋方罷酒，風雪忽宵征。大澤孤鴻起，長涂倦馬鳴。自憐彈鋏
亟，未輟瑟歌聲。去住成惆悵，安知海上情。
只有綈袍意，相將共險夷。委懷兵燹後，投分歲寒知。易動升沈
感，難忘蒻拜時。木堪逢梗裏，重繹北山移。

奉和藹仁方伯留別原韻即贈課最入都

九牛吾愧一毛輕，憔悴風塵仗友生。獨夜兩看回雁影，十洲同有
白鷗情。冷雲不逐晨星散，海月孤懸島嶼明。頻望京華瞻北斗，
霜天晴色上行旌。
已喜先鞭屬祖生，邊籌況復政初成。雕盤高振搏雲勢，鶩外新傳
出谷聲。千里關山吟眺意，十年江海別離情。相逢忽漫賡驪唱，
轉憶河壖破虜營。
石渠虎觀橫經日，蓮炬曾過太液池。從古詞臣多政績，中原軍事
賴扶持。芻言籌海能韜敵，公望如山願濟時。但慰宮廷宵旰意，
橋陵休更動悲漣。
心跡曾何有異同，歲寒祇覺舊恩隆。艱難未易謀生聚，饑民就食，
近至三千餘。汲引由來本至公。驟喜登樓觀海市，常思歸棹渡江
東。幾時把臂袪塵鞅，肩拍洪厓一笑中。

珊瑚曲爲鄧嶰尹作

鹹潮吹緑明風漪，蛟宮龍堂紛陸離。西施不墮越客手，失喜乃抱珊瑚枝。玉樹爛斒振光采，煙海藏器知何時。王石當年騁豪侈，交柯七尺所見希。炎方職貢越重譯，豸冠漢使仍修儀。釣竿低拂訝巢父，鐵網高掣勞波斯。賈胡愛弄不忍釋，口角流沫掀濃髭。雲母窗開晃朝日，一洗萬寶無妍媸。人間妙手安得之，青玦合綴王孫褵。斛珠鈿合不足憶，痦寐展轉徵諸詩。寶藏沈沈盡蠻語，微波亦或難通詞。空聞貫月泛槎斗，天孫何地遺支機。秦隄春柳瓔珞垂，井闌玉虎牽回絲。路逢君平復何卜，高歌得寶君毋辭。緆紗錦罽慎藏儲，勿令佳氣騰龍螭。君王夜半尚私語，中道況忍生棄遺。仲華拜袞年正當，期與肘印相委蛇。

讀東侯舅氏見懷書卻寄

似舅還同歲，情親四十年。傳來書札遠，漸惜鬢毛顛。相宅名仍忝，窮溟憤欲煎。鄉心逐潮汐，已渡海珠船。

酬偶樵

北征已負浮湘約，假節偏承大旱餘。荒政莫酬鴻澤淚，谷音猶拜鳳池書。每籌邊要虛前席，漸廢詞章悔索居。別緒遠縈江海闊，胡牀風月更何如。

已看隨牒發梅邱，千里賢聲慰遠愁。安得壺尊同北海，尚聞酬唱有荆州。湖壖老樹流春碧，郢上叢篇感舊收。嬴秀多能吾甚憶，空江獨夜漫登樓。

滄洲草碧餞春時，四座清光共酒卮。已盡水鐘猶睹鶴，更招湖鰈約聽鸝。漸看歲月供游覽，何意山川有別離。萬里比鄰聊以慰，臨風重媿北山移。

高會蘭臺接孟亭，爪泥漠漠冷雲蒸。百年聚散如奔馬，一代文章邁野鷹。豈謂襟痕留漢上，重煩詩案抉江陵。固知雅謔原賓戲，更欲忘機副鶴徵。

偶然岸幘對黃花，槎石勞勞更虎牙。孤泳載馳千里雪，三收橫刷二江沙。長康勛在工癡外，公孝名從坐歗嘉。別有蒼茫懷古意，短歌頻辱貺瑤華。

軍諮六載傍陶齋，每聽檐花與爾偕。萬古江河能磊落，滿城風雨集談諧。寒檠暖律幾忘序，美酒離騷便已佳，海角天南試回首，未須勞燕動余懷。

七月十五夜蔭田至沛遂同泛大明湖沿鐵公祠至歷下亭叩匯泉寺望北極閣而返

繩河露初瀉，月浪生微颸。明湖淨如拭，玆游愜幽期。深蘆夾柔櫓，曲折滄浪陂。萬籟此俱寂，芙藻浴清漪。開軒席危檻，佛螺光鑑衣。清言感今昔，宵深魚聽稀。荒祠掩虛幌，燕子東南飛。寒泉掬盈手，欲薦慚委蛇。

歷下一亭峙，水木獨明瑟。蘊真愜所遇，往筮來復吉。艅艒泛夕扉，依然富風物。猶憶量沙年，西風急秋齎。故人湖海來，雲鳥互淹忽。沛上聞谷音，頓覺百憂失。秋禊補舊圖，水嬉當二七。天宇賦澄鮮，不厭菰蒲密。愧乏北海懷，幸綴杜陵筆。言象鎮相忘，留與漁子述。

城柝響漸微，涼月猶在水。繁星麗高閣，舟入松風裏。摸柁叩竹房，水宿鳥驚起。佛火透青光，曙色晃樓雉。緬昔郎官湖，風日共晴美。琴臺薦清波,賞音邁正始。齊楚風馬殊,余懷沖一是。行樂幸及時,薄悟濠上旨。

偕蔭田自沛上返之罘涂中有感並寄望老偶樵

挂帆遠渡滄溟去,惆悵江皋折柳枝。月落黃州公瑾壘,春浮碧漲女嬃祠。三年襲袖有長札,半月對牀無一詩。寄語郢中應不信,相逢況是雁來時。

集小蓬萊喜雨呈湖海主人

偶折松枝麈尾清,結鄰何意傍蓬瀛。金臺雲館求仙地,白日陽秋望雨情。高浪破煙龍戲沫,大田浮漲雁無聲。塵襟久已蠲游讌,難得天涯共析酲。

高秋

風潮動地變高秋,急雨吹涼散百憂。海上乍蠲三伏熱,田間猶祝十分收。流亡蒸疾難求藥,江廣輸情特泛舟。江廣紳商醵資助賑東省,數逾十萬金。聞道太原同苦旱,疆臣淚盡發棠謀。

梅修轉餉入都歸涂枉顧即贈

故人江漢歎羈窮,白盡吟髭學杜功。豈有詩歌能獲上,梅修以詩文見知於孫琴西方伯。重煩轉餉特徂東。相逢雁老深秋夜,空憶鵬搏北海風。回首琴臺葭菼地,離懷彈指酒杯中。

送蔭田登之罘一首

杖策之罘巔,古懽邁秦漢。懸崖瞰深溟,重雲歷脩坂。縣邈逾千襖,山矸石不爛。仙馭翔鴻濛,金銀氣已漫。波澄沈戰聲,射魚矢虛貫。旁魄俯瀛壖,羣島渺如屮。齊侯有遺蛻,攀蘿試流盻。可憐霸業徂,亦若逝湍歡。

登西山與蔭田別

候蟲變蕭序,風濤騰壯聲。山窗敞瑤席,奈此驪駒鳴。蓬萊静朝霏,桐露垂珠霙。暗泉瀉石磴,朱草敷前榮。懽悰甫延緒,重惜賓鴻征。晴川昔聯袂,湖雲同旅情。離跡闊江海,各以塵事攖。惠然際闌暑,失喜皆忘形。回鑣共饘頓,素懷欣相傾。海岱舊名蹟,滿壁蕫瑤瑛。良遊曳秋屐,欲別兹怦怦。滄浪叩舷意,凉徽動淒清。後期幸匪遙,季諾容可輕。贈言乏珠玉,旨哉毋近名。

蔭田別去悵然屢日登高期近寄之以詩

海氣曇曇散夕陰,峭帆南下動秋心。山萸泫露侵離席,洲草連天起暮砧。已近重陽虛雅會,暫游萬里拓豪吟。別來祇自愁風雨,期爾飛鴻急遠音。

煙臺歲暮示晴江諸弟

天涯姜被足爲懽,何意荒臺共歲寒。得失未須論塞馬,浮沈端合攬庭貆。移家地僻甘從俗,去國年深願曠官。嶺外梅花新釀熟,鄉心應已到春盤。

讀何子峩侍講使東雜詠卻寄

侍臣持節泛東瀛，冠珮威儀邁兩京。絕島古遺秦士女，橫濱今識漢公卿。强藩柄削軍初奠，梵刹鐘沈佛不平。莫訝武靈新變服，已將風土入鷗程。

冬日重過五龍潭

往歲籌軍屯歷下，五龍潭外偶登壇。十年種樹經冬秀，百折清泉澈海寬。精舍重尋唐碣在，法幢低亞佛燈寒。時平未肯蠲兵衛，滿壁弓衣倚馬看。

李滄溟白雪樓遺跡

故宅已探秦叔寶，高樓今識李滄溟。四圍軒檻皆臨水，九世孫曾尚抱經。近郭獨營花竹業，擁書平挹嵯華青。未應歷下成終古，詞客千秋儻有靈。

過鷺田新居重悼五橋太守

野水浮煙畫掩扉，蕭蕭寒淥撲書帷。僑家轉得安林屋，舊德何當曳葛衣。風日有情游子淚，湖山無恙酒人稀。已看文箏孚庭誥，東閣他年願莫違。

舅氏城西別業

霏金淳懸碧清閣，瓌寶鴻文漢石園。四座古懽雄海嶽，杜門清趣似江村。深冬萬樹生寒綠，隔岸虛亭落漲痕。長憶圍棋頻睹墅，異鄉猶得共朝昏。

西陲底定即事

捷奏哥龍克鬼章，艱難百戰拓新疆。封貆地險多戈壁，虓虎軍威振老湘。關塞遠連千里幕，宮廷重舉萬年觴。聖恩懋賞隆三錫，元老功名播八荒。

中原龕定更專征，絕漠風沙萬馬鳴。四塞版圖還掌握，百年烽燧靖邊聲。深探虎穴虛遺子，燔盡龍庭豈黷兵。誰謂陸沈甌脫地，重披煙霧覿承平。

雪中約晴嵐晚飲醉歌

譙樓喔喔啼老烏，起視曉色紛模糊。玉妃素鸞光有無，田家臘鼓爭催呼。旱雲三月蒸城隅，小麥初苗垂垂枯。澤鴻猶急青州鋪，祲餘元氣安能蘇。鄰甽況有流民圖，望歲鬱鬱搔頭顱。湖壇祝版精誠孚，素冠減從仍禁屠。三日步禱朝迄晡，詎假符牒師神巫。寒灰吹律將歲除，安得急雪寬農租。老天似惜臣心劬，訶斥媵六如豪奴。瞬眼已見瓊瑤鋪，輒憶前年歌篆湖。斫冰強攫驪龍珠，黃鵠磯頭呼酒徒。素練萬頃明衰蘆，江天樓閣跡已蕪。北來重結蓬蒿廬，南山有徑不解趨。鬼笑啞啞工挪揄，比鄰一客今卬須。能以談諧爲董狐，牆頭過酒供醉酺。有錢得醉約不踰，猛

掣塵輠忘饑驅。萬花如掌霏寒鑪,大嚼況得松江鱸。天路幽險
猶崎嶇,豈以一飽分侏儒。輠談誰復徵瀛壖,陽光莫挽駒光徂。
城鄉處處新桃符,願蠲餘瀝澆望諸。炊餅漫笑先生迂。

除夕雨雪作歌

霰雪霏霏過除夕,歲星臨野生空碧。不肯下視齋房芝,閃閃寒芒
澈瑤席。山河兩戒淨如拭,城頭鴟吻啄瓊液。祇有日觀鋪湜雲,
莫掩青蒼太古色。王母雲旗天際翻,浩唱誰發雙成笛。舊祠太
一開竹宮,更遣素娥供洗滌。一夜懽聲動九陌,滿布春苗不容
隙。萬頃琉璃透眼明,何處纖埃勞拾摭。舊年守歲東海頭,駭浪
驚颷動潮汐。即今靜對椒盤花,隱隱湖光泛虛白。祭詩縛柳奚
爾爲,獨少朋簪喧馬櫪。明朝春氣攬牙臿,松柏經冬翠痕滴。

彝陵水石歌

彝陵山水天下絶,二江流沫如巖穴。或云木柹所浮漬,沙礫石華
竟誰別。漁人投贈供石盆,一泓秋水森森寒。胸中邱壑更何有,
草樹著手皆盤根。朝來髣髴瀜雲氣,平地不合生蒼山。懸厓曲
折剗樵徑,疑有飛泉入清聽。便呼海嶽具袍笏,詎羨奇僵能鬬
勝。自從海舶通荊門,煙颷衝激白日昏。此石由來不解語,出没
隱見逃燒痕。北來壓裝曾有幾,惆悵枚回三峽裏。皴雲千里坐
致難,石魂誤欲鞭之起。君不見頑質堆成八陣功,魚腹縱橫蛇鳥
雄。崢嶸豈肯作近玩,雯華剥裂凌汀風。

正月初五夜得望老通城書略述近況兼寄通雅堂續集卷二卻寄一首

春宵失喜墮雙鯉，默祝鯉魚中有詩。尺素剖視逾六紙，續集到手剛再期。雪窗跋燭讀萬遍，山城信筆嗟何奇。可憐高處僅窺豹，此祕夜郎安得知。

醉歌行贈陳方伯

江流口東宮西上，帝座森寒閟清鬱。鴟梟鳴軛蜮含沙，歸帆竟渡黃天蕩。汨羅極浦飛蘭槳，江水江花浹幽賞。行簏無爲廣楚騷，暫喜逍遥抶塵鞅。外臺老柏已蟠根，去後蒼枝尚應長。海上雄藩瞥眼過，試灼溫犀照夔魍。天路幽險如有情，鸞翮驟鍛人皆驚。安見排風好毛質，不與盛世歸昌鳴。白黑昭然未爲失，東山豈遽遺蒼生。蒼葹蘭苣難同語，高詠滄浪且濯纓。

餞別崧鎮青廉使陳梟桂林

山堂晴碧如林阿，僕夫已駕金盤陀。展別無言但呼酒，舟驪南北勞如何。是時風物猶清和，朱櫻初寫黃罌歌。千佛低眉不成笑，澂瀲湖光浮淥波。使君謁帝鳴玉珂，神羊一角冠峩峩。籌邊新政邁銅柱，無假蒟醬通牂柯。側聞交趾困兵甲，金潾浩森皆枕戈。安有虯髯古仙客，徒使覆轍徵醫佗。雷霆震威迄藩部，妖譏會見銷蒼鵝。舊年秦晉苦旱魃，詔挽東漕輸絳河。澤鴻嗷嗷待哺啜，盡起餓殍蠲沈痾。長材活國特小試，已樹偉績資觀摩。移節南交莫辭遠，此地曾苗珊瑚柯。民氣初蘇伏莽净，下車可以除煩苛。訟庭淺草著新緑,顧斫利劍梟蛟鼉。搏扶萬里試回顧,彈冠載酒行相過。吾生於世猶蹉跎,醉酣往往呼春婆。匽師變幻不可紀,故山祇合尋檗蘿。兩粵連圻一帆渡,勿以聚散尤羲娥。桂林山水甲天下,相逢一笑朱顏酡。

祈雨歌

麥田既髡秫田禿,三月不聞簷溜聲。乾風作勢攪林木,欹枕但咶鳴暗鳴。中丞祈雨黯垂涕,更乞靈巖地宫水。山驛炎埃一騎回,蒼龍鼾睡鞭之起。虞淵初薄繁星高,首夏已鬱薰蒸勞。宵深黑雲塞天軸,雨意似此曾屢遭。夜窗驟覺礎蚤闢,尚疑黠鼠吸春甖。呼童秉燭急吹滅,溼漉衣裾怯寒凍。是時城柝亦微噁,滿院篴棚珠亂瀉。膚寸崇朝寬近憂,桑榆或許謀秋社。青齊泛灑曾幾年,低徊往事深煩煎。安得雷霆拓威烈,盡劉旱魃蘇八埏。即今零雨振枯槁,鐵牌罷走邯鄲道。江湖廊廟有同情,中丞今日猶步禱。

初夏宴匯泉寺

跨湖開梵宇,清境到來難。卧柳蟠隄固,叢蘆翳夏寒。堞樓晴翠溼,山閣晚風湍。城市車塵外,相逢且盡歡。

游仙詩

仙仗移槐眉,先聲播青鳥。帝王何營營,望祠拜雲表。靈藥丐長生,轉訝寰宇小。窮日宴瑶池,霧縠雲旖繞。時聞散天花,笙磬特幽眇。金銀幻樓臺,隱見或分秒。侍從諸才人,執戟逮昏曉。

臣朔甘誹諧，桃實豈云飽。因茲悟要道，毋但驚矯矯。

詠史

典午既沼吳，椒掖富佳麗。羊車碾芳草，鹽脂漬文砌。君王何容
心，望幸愜深計。漫爲此坐惜，況召南風厲。揣摩極臣寮，拜塵
若不逮。

大雨集小滄浪酒半忽霽簡同舍諸子

沛南雨足朝氣清，高柳矮荷俱有情。鳧鷖散亂野航出，雨外微微
絲管聲。如此湖山度炎夏，綠雲彌望屯秋稼。臨流呼酒滄浪亭，
何處振衣杜陵廈。佛螺潑翠涵湖扉，鏡波淡沱澄須眉。滿湖菱
蕐若新沐，北極星壇開夕霏。泛淥依藥忌通悅，每埽巢痕攬華
髮。竹裏持廚錦水遙，何況庾樓江上月。即今海岱富文章，鐃歌
萬里騰河湟。胡星斂芒歲星朗，且釋盾鼻尋謨觴。

偶樵望老見示所和蔭田閏三月三日晴川閣修禊詩漫成一律

江皋陳跡已蒼茫，喻旨山川繹老莊。尚有詩歌成被禊，更延風日
入流觴。洲邊一鳥悲今昔，天外雙魚重寄將。根觸年時高會地，
雲乖雨絕黯迷方。

七月四日雋丞方伯鐫秩南還鈕閏生學使贈詩爲別次韻一首

五年秉憲留循績，孤棹浮湘有故家。蒼狗白雲原幻境，輕鷗秋水

已天涯。洞庭廣樂聞中悟,海岱謳思去後加。歸路紆回霜信近,
晚香還得證黃華。

疊韻呈鈕學使時學使方有錦瑟之感

龍文彪炳光齊魯,鶂埕蒼涼念室家。塵壁遺袿驚兩度,河梁杯酒
感無涯。中年哀樂臨歧發,千里離悰望裏加。別有深情詩句外,
固應風誼振黃華。

秋登千佛山感賦

塵冠重濯清河水,曾侍春風坐翠微。雲物變秋棋局換,嶰華留照
屐痕非。江回錦棹龍門迥,露冷珠泉燕壘稀。尚有黃華供採擷,
樓臺依舊客心違。
暝煙山閣綴寒蛸,磴道回飆草樹交。萬里去思鐫石墨,百年名伐
昈雲旐。愁生皋壤飄秋蒂,獨叩行廚塝舊巢。風景不殊文酒散,
僧廬久已罷推敲。

秋闈

秋闈棘撤夜闌干,黯黯霜鐘月色寒。豈有文章皆達命,固應衡鑒
付才難。幾人曾記鈞天奏,何地能逃棃室歎。煙墨有情須著意,
相逢休作曝腮看。

送趙菁衫清江

極浦連雲秋色遠,重收山水入蓬窗。西風祖道情難遣,盡日高談

氣未降。古有壁經傳魯殿，天開圖畫在吳江。因君易動南帆興，萬里心旌渡海幢。

送別東屏大兄陳臬河南三十四韻

豐鎬隆華胄，雲霄煥羽儀。一麾初表海，三策已匡時。門蔭昭蟬珥，風猷邁色絲。瑯琊懸水鏡，清濟拂春旗。坐歟無官謗，澄懷結主知。上酬宣室對，獨振歲寒姿。白鹿曾徵瑞，神羊豈炫奇。但令嘉樹植，遑惜斧柯遲。冷斫蓬山雪，窮摩太畤碑。既消朝脣氣，屢拯澤鴻饑。善養張弧志，非關好爵縻。抑強懲蠚本，懸法恤蒲笞。歗歷孚中外，公忠茹險夷。抗宗標柱石，舊第拓蘭錡。感激悲庭誥，艱難凜帝咨。坐憂邊蠚毒，隱燭觸蠻欺。風土編畺域，公手著《畺域見聞》洞豁竅要。邊防慎國維。星環天北極，境拓地西陲。風喉嚴神戶，煙屯散月氏。前籌堪證遠，安席不忘危。縱有投壺暇，仍勞警枕欹。幾年明月共，千里德星移。詞賦梁園貴，歗鈐洛社資。漸看兼節鉞，從此敞襜帷。祖德麟振兆，公曾祖乾隆五十九年開府河南。孫謀燕翼詒。椹鴉潛革響，竹馬喜交馳。卓薦賢聲最，祥刑呂訓垂。自然成鸑鷟，焉用問狐狸。元氣河山永，新恩雨露滋。召棠凝岱色，園菉挹風漪。久洽仙舟契，難爲祖道詞。翱翔瞻翽鳳，惆悵付歌驪。天路希回顧，寒飆迫去思。慚非枚馬客，安得數肩隨。

神溜歎

大河日夜天無風，誰鞭雷鼓驅群龍。吾山髮髵走神溜，嗟爾客車何蒙茸。由來轉餉有官道，易以蓬樀如束槁。餉艄橫艙吏役散，瞪目中流叫蒼昊。鹽艘觸浪方呼喧，蒼黃引索期哀援。黑月狂

湍豈相顧，孤帆脱險終生存。驚定檢裝闕六鞘，一僕隨波葬魚
窔。是時州宰眠正酣，水路艱難非所料，客行跋疐投東阿。堂上
詰辨兼揮訶，潛商前站急郵報，盡蠲官謗歸神河。

送別麻竹師太守湘中

洞庭淺草浮春沫，沅岱行鑣悵暮雲。海内尚聞嚴戰備，天涯何意
數離羣。別愁攖拂驪歌外，前路回翔雁影分。去住總關時局計，
聽雞遥夜倍思君。

奉題鶴巢廉使詩文册子

嘉陵山水愜幽尚，即事攄情動高唱。當年美政已莫儔，雅懷更邁
淵雲上。性靈能寫筆能狀，二江浩淼供駃宕。朅來握手明湖壖，
疏柳叢蘆共游舫。清談往往瀝真髓，時抉箴言儆予放。豈獨文
章交有神，歷盡蠱叢見清曠。

寄丁宮保師一首時聞子美世兄得第

樊棘營營散野陰，憂讒無改救時心。慈梟瘴闈窮巖霽，和鶴聲清
萬籟沈。鈴鉞風稜昭白簡，經籛光曜接泥金。艱難事業歸庭誥，
豈獨春華弁翰林。

珍珠泉竹枝詞

亞字闌干敞四圍，中留一角浣長裾。珍珠滿掬不盈飽，仍買饅頭
喂大魚。

飢鷹啄魚綴高柳,觜爪竝用潛昂頭。兒童擲石誤一擊,拍手翻爲緣木求。

亂石牆高新抹粉,晴波相映特鮮明。翠禽點水自來去,如此風光不解鳴。

烏皮韡子撑短篙,攫取桑椹供老饕。回灣曲曲繞堤去,已到紅闌橋外橋。

清晨拾得白蠟桿,刺波避石皆無難。新堤放板種肥藕,繞望東宮如上灘。

枯枝臥水不忍折,挂住船篷船若旋。玉帶河壖忽傳教,泊岸斜趨秋葉門。

前年半蓋房几間,遠疑巾集近馬閑。今年架度補窗楅,到此不覺皆歡顏。

臨流疊石置邱壑,洞後忽展茆檐風。秫畦半畝雜薯穀,閘口宜添水碓舂。

聞道南巡曾駐蹕,材官猶識外朝房。日長閒煞行宮樹,時襲爐煙生遠香。

竹林西盡石新鋪,勝賞天然好畫圖。泛綠依紅風味雋,未須重問庾肩吾。

詩鐘行淄河道中寄趙太守

詩鐘健者金彭姚,趙幟屹立當河洮。懸香畫晷互評乙,拍案噴飯紛呶嗷。命題戲著佛頭糞,下筆或怯重陽糕。推轂名卿伏佳讖,排雲羅漢猶時髦。詩鐘警句。佒色揣稱妙莫比,神勇宜可寬二毛。澉園高會互相憶,況乃僕僕陵炎罶。東升海日烈於火,馬蹄喝齧輪鐵焦。時得野廬暫喘息,疑庇廣廈聽咸韶。暮投旅館屜供頓,餔啜差異醨與糟。矮牀蒙毯藉葦秝,蚤蝨穴此成倉敖。深宵雜遷攬衾席，奇癢安得麻姑搔。虺雷繞屋勢逾鷙，喧寂不許片刻逃。或云晝夜遞行伏，深叢卻怪飢狼號。朦朧晨起急短策，早涼高樹時一遭。前站連天瀰淫雨，溼蟄復此薰腥臊。泥涂僕瘁每相失，俯仰車中如桔橰。陸行念舟既屢屢，焉有佳句酬吾曹。珍珠泉畔維輕舠，曾約望夜同遊遨。神仙縮地儻傳秘，茲行無事嗟塵勞。

青州道中寄李太守

雲門東望日初烘，海氣曇曇接岱峰。貢石世猶探禹跡，熬波今已拓齊封。平臨百雉來朝爽，靜懾長鯨偃夕烽。聞道山堂方課士，可能風味似詩鐘。

假寐珍珠泉館聞窗外投壺

昌黎嘲鼾但琢句，豈悟投壺衰眾聲。雅歌無人祭遵死，黑甜感此心怦怦。假榻無緣得警枕，眼底鯨濤遼海鳴。籌邊走傳致飛將，桑蜀蒸野方東征。況聞兩河重苦旱，餉軍切願祈秋成。老羆臥道轉寒峭，譙門撼浪陵滄溟。由來馳驟寓縛束，艱危一局勞孤撐。封侯燕頷侈奇骨，餘力恨未剗龍庭。書生慷慨策時事，高論宜令今可行。舍中嚷嚷亦復爾，移牀何地鍵松扃。

大明湖觀水雷歌

漢家肆武昆明池，誓窮胡羯宣皇威。開邊自昔賴飛將，秋風鯨甲增邅思。歐洲火器入中土，盡變古法矜新奇。製爲水雷備狙擊，朦艟鐵鎖皆離披。明湖秋水方漣漪，垂柳初赭寒蘆肥。隔堤樹的懸紅旗，霹靂到耳蒼煙飛。傳聞湖水澈海眼，先聲或已驚龍蟠。從茲測量達溟渤，千里決勝嗟何疑。更瘞陸地接前響，幻境直與心推移。二金發電拓西學，呼吸一綫千鈞垂。材官爭濟快先覩，小船重載翻傾危。嵽華橋頭馬闌隘，北極閣外人喧馳。忽憶當年藥局火，祝融餘燄留湖碑。至今涼夜賽神鬼，猶有河燈張水嬉。無端海徼急傳箭，霜颷未得休王師。沿邊設險有先備，閃鑠時見深叢罷。豈能爲國務相忍，勤求利器維其時。鬥智鬥力漫復論，長技至此人難幾。他日銀河洗兵甲，銘庸寶爾如鐘彝。

登樓

羽檄飈馳已變秋，高瞻遼海獨登樓。乘槎空復談三島，鑄鐵何當聚九州。戈壁極天回使節，松花新柵入邊愁。由來京洛多豪俊，豈合安危付道謀。

九月望日登千佛山同趙晴嵐

題糕節過詩不豪，興來適與名山遭。長歌肯使白日墮，放眼輒指黃河高。寒燠經多證僧臘，去住靡騁嗟人勞。從茲且蠟幾兩屐，載酒更約柴桑陶。

送伯瀛返里

干戈猶見老萊衣，燕雁寥天只代飛。瘴海鳴鼕連大漠，深秋把酒對寒霏。十年奔走艱難共，三徑荒蕪去住違。誰掣長鯨開霽色，鵲華握手重依依。

瑠璆曲贈龍山孝廉

繩河霄迴瑠璆街,轔轔何處流金騧。驀地鞭聲蠟花燼,夜光忽墮
先生懷。新涼翠被漫復御,車茵怪底盤涎蝸。轅駒至此欲喘息,
可憐屋角頭深埋。行枚零雨或相憶,蜎蒸桑野非其儕。穆滿徒
聞豢八駿,造父奇技難爲偕。和鸞逐代女牛鵲,勞軸未忍供薪
柴。萬籟沈沈噤群吠,仰視哉魄流雲階。銅籤罷警金吾牌,清游
駃騠良足佳。灞陵醉尉儻相值,應易呵止爲嘲諧。

次韻晴嵐白秋海棠

雲藏佛峪見秋花,瀟洒閒緣蘸露華。絕世美人能本色,廣寒仙子
亦移家。綠章敢翊仍通奏,玉質由來不著瑕。相賞直從香界外,
風懷休問浣溪紗。

伯瀛行後重寄一首

臨歧吾亦感蹉跎,日馭颷馳奈爾何。戀豆漸憂長坂峻,搶榆深惜
歲華過。邊聲到耳頻搔首,海市無心入醉歌。下澤少游如問訊,
漫言今已白髭多。

來復集

麃園即事

池水生夕煇,林風動秋籟。庭卉净如拭,清境與心會。籬西白荷蕩,香色互晻藹。高柳猶濃陰,鳴蟬轉無賴。鷄鶩馴階除,安識寰宇大?引泉灌黄華,礌石自縈帶。暑雨昔蒸鬱,卜居幸郭外。杜門事幽屏,猶復苦炎燠。新凉挹朝爽,漸可斫魚膾。湖山在窗几,煩慮盡沙汰。

珠江竹枝詞寄鄧伯瀛

嶺南天與四時春,珠女珠兒異樣新。莞席涼生支髮枕,萬花殘夜看橫陳。

孔翠船篷事已虛,仙人從古好樓居。香江潮趁珠江月,夜夜金銀氣未除。

穀阜潮音接嫩秋,一時絃管尚班喉。月圓人静鐙闌後,無復琵琶譜粵謳。

蓬萊閣和吴筱軒星使

蓬萊高閣駐征驂,滚滚寒濤滌劍鐔。海氣夾城連漠北,邊風吹雪到江南。盤雕已壓旄頭餤，捫蝨難爲稷下談。猶託後車同走傳，敢云形勝舊曾諳。

人日簡晴嵐

春宵往往饜醯脯，思避官廚嚼豆腐。水母之目玉版禪，晚菘春韭集華俎。天旱冰魚不易得，津門凍結射潮弩。吳江誰復誇蒓羹，北客惟知貴羊乳。前年比鄰冬徂秋，除夕踏雪能橘游。簪花細雨動春酌，路人錯指爲仙舟。摩挲庭樹負此腹，前席幾曾供一籌。自從氣墅傍林汲，水木清華閒掇拾。回望城闉如隔天，指動無緣恣鯨吸。曳屐偶然過歷山，客來不速難掩關。磅礴解衣輒呼酒，談諧閒作皆歡顏。百忙有暇輒相憶，九九消寒仍會食。銀花火樹爛春城，聽歌更醉仙桃色。

菁衫撰戴村壩碑成躬往量度尺寸行後大雨賦此奉懷

戴村三壩既蕆役，將鑱貞石垂高勳。龜趺螭蓋製作古，染濡大筆徵奇文。弧子秋歌非所擬，傴塗眇準尤紛紛。宋白遺跡具州乘，開卷或亦多闕聞。文成何曾務點竄，紀實已不乖毫分。經營慘淡百量度，征車乃竟馳河濆。手握慮俿挾周髀，亂石滾水工衡勻。靈龍蜿蜿接土壩，新祠奕奕虹堤垠。周遭故步證腹稿，巨細自古宜躬親。釽捌固可質泉老，撰刻焉肯誣手民？行鑣昨發箇山驛，遙睨岱麓仍晴曛。秫叢如銜夾車轂，旅況應畏炎熇塵。晨興大雨天欲漏，溪壑盛漲沈濕雲。泥塗安得絡秀飯？暑熱不任林宗巾。當時預料有此境，弭管未免先逡巡。他日爲文例窮攬，脂車所至皆齏辛。斯文況與河嶽峙，願扛健筆酬勞筋。

麻太守挽詩

扶病浮湘去，行蹤重拮据。傳聞虛左席，馳驟迫徵書。一酹田橫島，重尋賈傅居。治安方對策，幽憤更何如？

大府郵書至，憐君尚積痕。軍諮勞水驛，臣力盡江華。有鵬隨春棹，飛鳶跕浪花。酬知多難日，屬纊竟浮家。

憶別春將暮，湖山舊酒場。醉歌慚贈扇，肘後數探囊。得失仍齊楚，文章付老莊。天涯成永訣，遺愛在桐鄉。

尚有褒忠疏，哀榮亟海隅。史編循吏傳，廟祝羽林孤。一始終無命，三問或有徒。秋墳山鬼夕，何以慰來蘇。

蝎虎將軍歌

將軍龍伯之藎臣，頃刻千百能化身。或云蝎虎特靈異，爰居一鳥難爲鄰。初聞夭矯綴高樹，俯視湖山乏佳處。縣令博物非好奇，第一山前忽相遇。吏卒懽騰報大府，暫假旛旐擬行部。絳盤輕捧置油幢，材官護從仍負弩。入廟爲壇快先覩，樂神更獻天魔舞。香花繚繞振鐘鼓，城鄉瞻禮日旁午。將軍喜脫團花袍，繡黻斑駁光毿毵。連夜愁霖黯千佛，扶鸞乃願宣神勞。果然見首不見尾，金猊宵寂風蕭騷。經旬又報將軍至，諦觀略與前者異。護以筠筐蒙以綃，軀殼無端忽僵逝。庭前不復喧笙吹，巫覡相看色顙頳。旋聞再降華陽家，癡童鞭撲紛驅箠。寸繩束縛及爪趾，主人跌足潛驚呀。療瘡急乞藥王藥，別敞道場置龍勺。新壇近接都護屯，瞥眼真龍繞戎幕。香火同龕特屈蟠，忍使將軍氣蕭索？往年樇石宣房宮，搴茭遇此無險工。武皇高詠神哉沛，畫壁還應問蕫公。

佛峪祖筵別幕府同僚

秋盡凡卉彫，霜林亦蕭槭。選勝及龍洞，相悦祇松柏。齋廚芋秫滿，雛僧迓行客。西堂老樹瘦，上有古仙液。開檻盡一酌，振衣跨龍脊。峭巖夾雲湫，商飇絡寒碧。黝洞何森森，幻此劉累宅。崇朝雨未遍，禱祀有奇蹟。由來耐幽討，往已曳秋屐。旅翮方彫劼，列巘仍丹赤。藉用觸鬱陶，琴韻散林隙。前游一刹那，塵境異今昔。歷盡嶔崎觀，但見白雲白。

回鞭指佛峪，高下淩煙霏。澗石涓細流，山風吹客衣。蒼翠鬱奇氣，松頂凝冰澌。沿崖望瀑布，寂若無聲詩。輒憶夏秋交，萬馬曾奔馳。濯纓歌滄浪，白雲空際飛。元冬閟群動，暝色留禪扉。懸泉清可掬，孤花媚秋姿。塵談極夜半，鐘磬猶稀微。壑舟力能負，微恉庸可知。

被命承明時，逝將遊皖南。黄山富雲海，可以供奇探。近畹九華垠，秀色開晴嵐。猇州接燕爪，掩映桃花潭。靈臺既屬伯，迆邐停征驂。爕餘民氣敝，濟治非所堪。漁榔警江夜，匪惟檀輻慙。念此重惴惴，無緣事清談。眷戀此間樂，未飲先醉酣。豫萌溯迴思，況宿浮屠三。齊煙蕩溟渤，海氣方曇曇。微管動深歎，帷幄鈞同參。居恒幸注意，臨事無弛擔。

華嚴盛修竹，二勞久相望。東遊極紆回，斯願何日償。假節幹東海，夔魖固潛藏。一謁陽主祠，曜靈低榑桑。旱魃乃經歲，澤雁紛悲惶。無能妙撫戢，小惠頒糜漿。秦隄萬株柳，暵甚禿且僵。緬惟橦樹意，望若增慨慷。籌邊重置戍，築臺臨崇岡。堰塗事方亟，使者移華陽。空囷復何指？悉索傾衣囊。艱危幸盩役，所欲綏巖疆。既趁禽夏侶，徒矚安平鄉。行行去海岱，逮此尋謨觴。上清渺雲際，此別殊難忘。

三年共盾墨，憑几珍珠泉。叢篁翳潤石，晨夕生蒼煙。綺疏鑒文
漪，魚鳥相周旋。軍書得休暇，釂飲頻張筵。詩鐘出荷蕩，好句
將浪傳。譎觟更投壺，不礙松間眠。坐令觸熱人，望之若神仙。
靜對忘燠涼，安知時序遷。驪駒儵在門，重叩江皋舸。秣陵試回
眄，離思紛勞煎。萬古庚樓月，遜此風光妍。殷勤謝同舍，況茲
歲寒天。努力崇令名，相期在華巔。

河間旅夜寄呈宮保師蜀中

勤王隨節此臨戎，少保旌旗在眼中。十里執殳心戀闕，深宵卷甲
氣騰虹。懸師拱衛經三月，急難忠誠鑒兩宮。當時摺批有"該撫此
來，朝廷已深鑒其誠"之諭。重過舊時征戰地，柳圍如幄障西風。

保定喜晤仲丹同年

失喜靈光到眼前，杜陵憂國有新篇。相逢海若窺邊後，重話江樓
煮雪天。騷辨正聲稽鬼籙，歲寒尊酒若前緣。懸知此別勞追憶，
萬里關河緩著鞭。

沛上將發貽書少村屬招望雲幕游皖南昨晤仲丹保定言兩君竝於九月病歿鄂中感悼成詩呈仲丹

尺書竟付山陽笛，萬里驚聞楚些歌。已恨離惊多歲月，齊傾酸淚
注江河。苦吟憂國供衰病，醇飲懽場迫醉酡。共切平生師友感，
西華蹤跡更如何？

感事再柬仲丹

良覿詩從歡墨露，舊游書並爨琴亡。江樓清謔秋雲渺，郢上叢篇楚水長。往事豈堪雞酒誓，才名終惜麝脂香。憑君指與晴川路，洲草漫天有白楊。

自保定返沛行將赴皖留贈仲丹

冠蓋畿南將餞臘，文章耆舊更逢君。感時已寫秋懷淚，君作《保定秋懷六首》慨乎言之。別意無憀急景紛。回轍載過廑石宅，敝居沛上寓園，即儲廑孝禹石處。挂帆遥渡敬亭雲。爇餘江榷妨詩興，難乞騷壇典一軍。

懷雲門粵中

神仙謫後歎蓬飛，負米饑驅去住違。大有詩名齊諫草，未堪慈綫紉衰衣。雲帆滄海懸孤月，遠市盤飧隔翠微。望裏九華將攬轡，攄情先爲寄當歸。

保定呈黃子壽丈

征塵乍拂叩經幃，滿壁滄洲一振衣。投老未忘韜敵志，杜門早裕濟時機。之罘尊俎曾遺跡，河朔文章更識微。忽漫銜杯仍惜別，歲寒心事肯相違？

保定留別鎮青方伯

量移已識主恩深,奇石輕裝出桂林。萬里建屏三輔地,寒宵別酒百年心。臨江豈有然犀術? 入冀思攜市馬金。況是蜮沙銷瘴後,漸看芃黍布新陰。

保定道中答張埜秋學使

詞臣持節出燕山,海岱儒冠盡笑顏。絲竹莫辭尋壞壁、文章久已分清班。高天雁訊醒沈滯,朔雪鶯和互往還。每過驛亭詢候吏,使星明徹斗垣間。

離緒經秋易地同,舊聞新語酒杯中。詩人憂國仍今日,海客談瀛變古風。祇合治才籌社稷,重愁歧路有西東。魯連臺畔霜華老,極目寒雲盪遠空。

哭望老追悼偶樵

蕭騷陳迹楚江潯,車笠交逾江水深。禿頂漸生仍促壽,積憂成喘悔工吟。天教峴首增新感,地接長沙渺嗣音。通雅堂虛薑露泫,千秋猶見故人心。

鄂廬苦竹已黃埃,更望襄陽賦八哀。江渚聚星原應運,高秋他日愴登臺。定文元解存書札,歎逝悲懷酹酒杯。有道貞珉誰健筆,九原靈魄尚遲徊。

小謝嫠孤方託命,何當賓舍黯招魂。新墳舊淚天涯遠,襄水巴河白日昏。骨肉兩家仍旅寄,哀歌千里竟同論。可堪秋禊琴臺後,風雨年年齧石痕。

挽羅都尉

英姿卓犖羽林孤，騷國棲遲傍左徒。曾共醉歌酣北渚，屢聞涕淚說西湖。蓋臣骨肉中年折，將伯艱難萬里呼。豈悟郵筒虛驛使，脫驂餘痛酹江芙。

河間逆旅主人話西捻時事

禹門臘盡失冰橋，驀地黃巾萬馬驕。往事兩河堅置壁，高勳三輔不崇朝。漸溫社酒扶田父，難得罝符屬度遼。休養十年荊杞盡，鼓鼙猶記共寒宵。

贈獻縣王綸階明府

宏濟艱難賴楚材，修涂握手旅懷開。畿疆已解秋場樂，河朔親操版築來。水利有書藏畫室，歲寒呼酒對琴臺。殷勤尚指滹沱柳，記取勤王手自栽。

過德州追悼晴嵐都轉

童騃無奈一州何，萬古猶傳刺史歌。強項聲名齊岱嶽，白頭衰病迫西河。頻年門祚迍邅甚，濁世人情毀軋多。今日北堂誰負米，冷雲津樹黯蹉跎。
塵榻曾懸木石居，酒尊重酌歷山廬。中間消息縈江海，時局艱難誓笠車。纔挂南帆憂葛陂，記從北驛走丸書。棘荊劚盡幽蘭隕，清頌碑成恨有餘。

平津館故址

征車寒月夜，高館讀殘碑。老樹當窗瘦，危椽逐雨移。嘉名仍漢相，治術失經師。太息琴尊地，何人與護持？

自保定返濟旅中示從弟子豫

來往滹沱道，蕭蕭櫪馬鳴。朔風人易老，沛水古來清。旅食鷗邊好，塵勞鳥渡輕。家山梅信早，春在越王城。

漱六山房別夢堯觀察

桐竹蕭疏漱六泉，杜門一客手韋編。古來著作河汾富，江上離蹤雨雪天。到處酒尊同臘餞，述征詞賦在春先。殷勤獨有湖山約，重惜勞筋結墨緣。

登岱

岱岳淩寒將歲暮，天風盡日閧松濤。暗雲不解流漸凍，磴石能盤萬仞高。近摘星辰徐曳履，橫瞻江海罷鳴鼙。殷勤且爲東皇餞，回馬重過已二毛。

重過岱麓聽泉山房感舊寄少文方伯南海

曾共山窗倚石泉，秋花寒豔徹諸天。呼輿更度秦封碣，拂席仍參面壁禪。滿地干戈聊䋞馬，一龕鐙火笑蒸蜩。此情可復勞追憶，彈指前塵十七年。

紅花埠題壁

小隊連鑣導出疆,便從梅信渡維揚。山程有願酬鴻爪,江路消寒
趁蟹黄。海岱愧無塵露補,詔書猶促皖公裝。相逢縱免逃竿笑,
桑下浮屠意未忘。

袁江

漫天雪意到袁江,静對妻孥話水窗。經壁十年依魯殿,南雲千里
扣吴艭。山回蘭槳宜秋屐,春送梅花渡海幢。漸喜征途鄉信近,
即論風景已無雙。

明孝陵二十四韻

布衣劉季後,崛起鳳皇城。帝業餘抔土,孫謀遜北京。兔兒隨月
墮,燕子掠江横。靖難如遷鼎,尋源卻祀祊。祠官嚴守冢,公輔
竟屯營。石馬黄旂渺,銀鳬玉椀驚。一王延似續,十族了阿衡。
開國心何壯,封藩慮未精。坐令詒厥地,翻急朔方兵。籧步留松
棟,花臺接畫甍。殿廷仍古制,隧道失今名。緬昔雄圖拓,諸艱
歷試成。中原頻鹿逐,淮上嚜狐鳴。皇覺虚游釣,鄱陽苦戰争。
青田工借箸,白下駐前旌。慷慨誅羣盜,從容奠八紘。規模思衆
建,刑賞逮公卿。威劫胡僧貢,奇分妒婦羹。金陵鍾王氣,寶曆
焕周正。虎踞龍盤廓,夔言虺諆明。神州逾玉斧,仙露冷珠莖。
弓劍淪陳麥,風霜有斷楹。撰文慚炯表,法曲變商聲。聞道南巡
日,猶邀御製榮。

洞房曲寄青草堂主人

洞房昨夜西風徂,美人消息生菰蘆。侍兒掩鏡擲危石,鵷雛被嚇鸞凰孤。銀河耿耿渡青鳥,猛觸沙影相驚呼。匽師丹桼瞬消滅,百變詎博君王娛。聞道承恩敕騎馬,深宵猶度宮門下。掖庭龍愛邁三千,虢國風姿自聲價。杜陵詩意何蒼涼,新聲祕曲能心寫。若使江南逢李蟇,沈香舊事如鉛瀉。

得藹仁廉使書述越南事並寄一詩援筆奉答

欲同二陸賦愁霖,滿地江湖萬里心。盡日正廑霆竈慮,寥天遙接豸臺音。金鐏氛急論新戍,銀海兵銷眎故林。稍喜籌邊舊袍澤,豈徒棠茇振清陰。

蕉花歎

庭前蕉花綴新蕊,吏卒翩然貢奇瑞。或云蕉露能長生,宵深樹底潛飲啜。豈知蕉實盛南方,花開包綻如蜂房。深紅大葉閒清豔,絕勝美人翹曉妝。今年安有學書暇,半掩綠天隨雨灑。江堤水決萬家愁,誰向波臣索秋稼。蘆邊澤雁方嗷嗷,初冬風景生蕭騷。災祥豈復解花語?彗光近壓長庚高。

過薛廬

寒雨經冬欲釀春,山窗花事特精神。南朝金粉消磨盡,描畫隨園尚有人。

張子衡廉使枉過見惠鐵瓶詩鈔因爲酒相餉賦此贈別

江干車馬簇如雲，幾見詩壇薄一軍。高會難逢應置酒，憂時多感輒論文。近從旱潦占星氣，遙溯岷源證異聞。廉訪言尊甫注《禹貢》，"彭蠡既瀦"去水旁，以偶上文"桑土既蠶"，可謂新義。湖海關河征戰後，鐵瓶無恙又逢君。

秣陵途次恭送陳中丞移節山東

南來曾餞河梁酒，北發仍登江上舟。往事春風吹馬耳，新懽明月照烏頭。近畿旱潦關全局，表海勤勤邁八州。聞道宣房方急役，不才何以借前籌？

愁霖

積潦初安宅，愁霖更病耕。頻驚山鴟急，倍觸澤鴻情。瘴海方韜敵，江湖幸戢兵。艱難天道邈，不敢問陰晴。

奉答仲丹枉顧見贈之作時仲丹將游秣陵

眼中人逐江湖老，北馬南帆況二年。感舊且澆中聖酒，增榮新泊孝廉船。杜陵涕涙惟憂國，橫海艱難尚控邊。曾上度遼時事策，肯教吟望寄山泉。

仲丹見示上湘陰侯相詩奉同四首

玉門騎火相公回，宏濟艱難應運來。已抉風霾扶太極，更縣聲教
逮無雷。天山絕漠三湘績，瀚海炎沙萬井開。上下古今誰比數，
豈徒勳望慰廷推。

出膺符鉞入鈞衡，黃髮皤皤萬里征。涑水先聲強敵懾，西山爽氣
庶僚清。湘天橘課虛千樹，京宅芝祥蔚九莖。敢以休徵弛國計，
籠中時復記三明。

東南彙鑰古皇州，又見慈雲駐石頭。江海重嚴置圍備，昕宵仍切
雨暘憂。功成版築泥行樏，勞慰川餐鏡裏舟。柳色春旗頻按部，
天教婦孺識元侯。

極目麏泠厎氣驕，漢家銅柱欵飄遙。陽戈返景終回日，鐵弩憑流
急射潮。樽俎折衝開近局，敦槃盟信又今朝。旁求屢誦宮廷詔，
應有長才佐度遼。

仲脩大令惠池上小集詩卷越日至其地風景良佳賦此奉簡

西湖翦取入城闉，池館清虛愜古春。醉裏琴歌能鎮俗，宦餘鮭菜
未全貧。小山叢桂風流歇，皖水騷壇月旦新。眼底樅陽連海氣，
登臺遙憶射蛟人。

七月十五夜月

盼到團圞意興多，鬢毛誰惜已消磨。人間風景年年有，天上星躔
夜夜過。走馬蘭臺傳畫筆，掣鯨滄海動漁歌。江秋極目無兵氣，

何處銅鉦賽伏波？

秋曝

江皋秋曝菊花遲，隔院芭且綠引帷。澤國囂聲餘涕淚，客窗叢絮
急機絲。畫鞲尚欲調鷹鷲，對酒惟應食蛤蜊。晨望呂蒙城似甕，
冥冥塵色簇金幾。

朱侍御雪夜繃兒圖

空山風雪饗柴門，病榻不耐兒啼喧。深宵調藥嗫呱泣，隔鄰寄乳
勞朝昏。巾幗艱危有明識，繦褓倉卒皆慈恩。百年題詠未湮滅，
清徽久已光輴軒。

題湯雨生遺像

當代湯都督，榮名溢九州。魚西埋碧血，江上閃旄頭。典闕淩煙
畫，哀纏楚些愁。英風仍爽颯，寫照有朱游。

三月三日陪黃將軍奎星閣禊飲

高閣臨江花木深，邊垂多事此登臨。未應主客矜詩序，卻喜將軍
共淺斟。漢室樓船方絡繹，越裳翡翠幾浮沈。白沙新振漁團鼓，
老去夷吾有壯心。

秋日口占示雲門

鎮日長安急電書，司農仰屋促軍儲。已看海上傳神箭，不見江南返使車。宣室大言空復爾，榑桑銅柱竟誰如？茫茫昏祲何時了，稍喜農秋尚有餘。

七月既望爲陳副憲畫扇輒題其後

一片溟濛景，何當問拙工。涼生蠲扇日，隨意畫秋風。

蘆溝晦夕

旄頭罷宵月魄晦，蘆溝橋水何渾渾。冥鴻不受宵弋慕，櫪馬猶爭莝豆喧。土牀攤書送涼夜，壘堠擊柝連秋原。晨興酹壇聽贊祝，已振朝氣開天門。

秋懷

拍張侍清讌，審分徵殊榮。洴澼叩囊底，擇術羌非精。愁霖鬱腐草，蕭序滋營營。盧犍慎一擲，所志非近名。通介昧時尚，極論嗤倒綳。謑髁工笑人，發發涼飔生。誰謂淮陰壇，毋慮軍皆驚。

蘆溝橋祭礮歌

八旗列幕環秋原，竈突睒睒無馬喧。晨星初稀祝版下，紅衣八礮蛇鳥蹲。設壇獻斝薦羊豕，香煙繚繞凝天閽。都護峩冠翼雁序，載拜頂禮惟王孫。腰下珊瑚綴寶玦，案前錦韝鋪文鞴。羽衛濟蹌佩神箭，城烏嘿響開朝暾。太常禮官但鵠立，燔柴一望皆忘言。須臾神礮連珠發，火光迸射鑽崖垠。自從火器入中夏，五兵毀棄如敝褌。鈲攔水火騁機巧，般輪墨翟難具論。鳥槍遺匭落印度，誰繹中法探其原。方今閩海正摧敵，鹿耳打狗紛營屯。長鯨噓浪老蛟泣，氛祲晻曖芭蕉門。馬江木柹久飄沒，死綏有衆逾虎賁。騏驎飾皮鼓不竭，巨魚漏網舟已吞。從茲妖霧漬臺北，捷書時聽紅旗奔。江海置堠逮邊朔，四郊多壘忘朝昏。諸侯善守守境外，其奈天險虛籬藩。願移此礮鎮五虎，大闢霹靂招忠魂。

送別荔秋副憲得告歸里

之罘曾遲客星槎，歸日同看太液花。垂老壯心仍擊楫，採風殊域證傳范。入秋蹤跡成鷗沫，謀國憂勞付蟻沙。此去應無駭浪觸，便從瘴海望京華。

袖裏瀛洲海客談，月移杯影忽三三。潮來久狎忘機鳥，冰後猶纚獨繭蠶。豈待據鞍知馬援，未能九詣愧劉惔。殷勤好謝烏臺樹，莫拓銅柯到嶺南。

九日恭將軍怡園

玉門新擁八駿還，更對黃花暫閉關。萬里壯猷留雁塞，十年高會憶龍山，將軍荊南舊雨。簪萸風味無今昔，油碧邊聲到珮環。倍喜度遼人未老，不曾酣酒亦朱顏。

答夢堯觀察

耳後尚聞喧貝錦，眼中聊復見旌旄。主恩滂沛無中外，時會憂危愧去思。棲寂適來孤注地，高情猶眽晚香詩。升沈久已秋雲淡，莫謾從君證偶奇。夢堯星學甚精。

海國

海國秋濤蹙弩機，樓船心志已深違。空勞上客籌薪突，太息祠臣曳鐵衣。劫後山窗多草木，焚餘電奏盡珠璣。何當戍夜臨高閣，鹿耳門前未解圍。

今朝

馬江樓櫓付寒潮，登陸魚龍夜色驕。南國頻年驚海立，漢廷前夕問星搖。鶯簧每雜胡歌裏，象譯終愁客路遙。將帥近承恩澤渥，曳柴消息到今朝。

課奴闢西墅編籬引水補葺亭榭展築四椽將次蕆役

短籬宜種菜，枯樹未黏藤。土瘦春難潤，池凹水不澄。近郊聞夜角，佇月護風鐙。戢影干戈際，終慚入定僧。
石骨仍空洞，波紋自短長。路歧迷蝶影，地僻謝鶯簧。密雨茅衣補，微風櫪豆香。何曾富丘壑，聊與耐炎涼。
蟠屈葡萄樹，西來溯漢初。開邊勞戰伐，得地自扶疏。乍許迎仙仗,還欣蔽席廬。異花終遠致,衛霍近誰如?

撥泥新插藕,計日約看花。長憶金鼇路,虛乘太乙槎。味回香界遠,愁逐野風遮。魚戲從南北,清涼未足誇。

矮屋枝梧就,風簷燕不來。遠迷殷浩閣,近接魯連臺。江海宵烽歇,春城曙色開。自怡惟薄劣,焉用巨川才。

題伯愚仲魯昆仲秋夜讀書圖

阿大中郎地望清,封胡羯末久齊名。木天高綴塤篪響,知否秋窗夜讀情?

三洲集

香港放洋寄酬倪中丞運甓齋贈別之作

方舟一夕如百年，風濤曷用生憂煎。已從人海脫豺吻，眼底滄溟
高接天。歸神日母見猶隘，誰挾軌量窺昇驥。輪機竟有縮地術，
瞬息萬里能安便。有時昏霧塞空闊，手抉驪頷無深淵。清時奉
使邁歐墨，壯游亦若尋河源。皇朝聲教迄遐邇，豈徒燕享隆加
籩。殊恩銜命過鄉國，晝行衣繡紛呿傳。籌邊屢就疆吏酌，表海
何假神人鞭。使符在肘迫期會，臘盡一謁瀧岡阡。北山猨鶴重
騰笑、鱸魚蒓菜爲賓筵。長安攬轡朔風急，黃浦擊楫春波漣。運
甓齋頭再回首，騷歌穆醩何纏緜。懍悰乍補郢中唱，圖畫更叩珠
江舷。春城萬樹擘新綠，臣佗黃屋生寒煙。漢文柔遠逮南粵，陸
生風節殊翩翩。我行水陸十萬里，誦詩專對慚昔賢。況聞他族
屢尋釁，已冒白刃張空拳。吾民生計極海外，百十萬衆如連蜷。
安得樓船予保衛，折衝樽俎虛周旋。金山瞥眼變虎穴，往來空復
憐夔蚿。昌華夜靜月光白，應念握節餐寒氈。

使館偶成

去國經三月，乘潮歷二洲。誦詩驚暮齒，聞樂動邊愁。昏旦殊星
軌，山川速電郵。孤臣持節地，滋愧拓懷柔。

墨島華人宅,勞生甚太西。干戈他族逼,去住舊途迷。客邸無梁燕,天涯有曙雞。空留盟約在,何術慰殘黎?

倪中丞書言受代後薄游羅浮避暑年內入都奉寄二首

三年嶺海極星軺,詔許趨朝暫輟符。尚有仙山留羽葆,已袪塵障滌冰壺。高齋久運陶公甓,夜徑無憂謝客誣。秋度雷池仍北轍,江鄉傳遍荔枝圖。

郢中酬唱幾人存,故里經過共酒尊。寒琯急程虛臘社,簪花清夜在鈴垣。高情淡繪河梁色,別意深逾雨雪言。固圉談瀛他日約,每憑星度望京門。

寄景蘇太史五首 景蘇去年隨使之志甚勇,余以春闈高第相期,攜仲蘭以行,屬榜後電達,果捷南宮,入翰林,喜慰距躍,形諸詠歌。

人世無鬱湮,聖處求在我。龕虛慎藏器,寶曜豈終墮。虹蜺麗天衢,餘爍盡凡瑣。纏牽累千里,往行虞黿跛。雙丸有遞嬗,時至皆奏可。舊年會京師,相從志何果。毅欲窮瀛澥,更不避破硪。桑蓬神既王,穎脫券操左。婉勖就春官,漫窺龍女嚲。仲也秋興闌,且共倚風柁。初冬辭府庭,別愁殊駊騀。相期蔚羽儀,余懷特惬妥。春駰挂兩洲,逾月泯顛簸。使命達多同,費詞甚炙輠。陽夏方鬱陶,電寄百珠顆。清才竟騰騫,水鏡吾亦頗。

漢家昔開邊,哲輔秉殊識。韜斂衡彼己,知不抉藩棘。含謨屢吐忠,柔服戢蛟色。孤注憨一擲,豈曰盡臣職。煙痼痛莫劃,繁花策分植。毋任古泉刀,歲流萬千億。深維苞桑謀,克殫股肱力。荏苒垂百年,蕭規猶可式。世態多雌黃,詆訶甚苡薏。察豪顧遺睫,空談非爲國。懿惟黃童姿,幼穎徵薄蝕。蘭錡拓高第,金華勵雲翼。清塵嗣苕苕,惟應述祖德。

觓觓今將軍,雋譽盛年噪。傳家承賜書,超距喻跨竈。主選抑權要,分巡恤倪耄。既枋陪京纈,屢秉邊廷纛。東垂初畫畺,重煩懾鄰魃。於赫宜僚勳,愧彼鎮西傲。遠圖振宏緒,夷險精不眊。努力康世屯,天眷宜美報。相知逾紀羣,稍稍窺閫奧。匪惟東閣懂,眛義阿所好。新穎伴晨苞,美濟白華操。重聞勵志堅,高矩在庭誥。

才難古所歎,埏埴經歲時。大儀洩靈奧,蔚此星鳳奇。頡頏及韋素,褐玉猶自怡。況承七葉貴,豐鎬流德暉。華年匹苟羨,地望過僧彌。石渠與虎觀,祕籍容鈚搋。要荒備掌故,王會昭令儀。地游亦中學,河圖足搜遺。郭璞注山海,餔啜仍糟醨。諜勞貫槎斗,述異尋支機。高鳴應歸昌,曦色開槐眉。勖哉百鍊鋼,一砭謏髁嗤。

承明備顧問,自昔欽儒冠。論思託忠雅,志道羌非難。淵雲掞天葩,亦垂瓌麗觀。毋但凜溫樹,且煩籌治安。咸同盛勳閥,發軔原清班。乘時補周袞,終當格虞干。善蘊四時氣,倒挽千尋瀾。豎余仗漢節,殊域輕風湍。地懸乏金奏,貌合虛珠槃。曾是極坎壈,可以蠲憂患。雁帛緘新詩,聊攄平生懽。

感述一首

賤子初述征,太歲在癸亥。饑驅南北走,廿年託江海。殊遇忝列卿,三月旋復改。翩然應使星,奇游賦硍磊。乘傳過里門,負弩愧時宰。桓桓今陶公,聖心久嘉乃。梯航勞鈚搋,鞭策及駑駘。兩承廷旨頒,方略特博采。遠謨亟籌策,誕論辟疑殆。歧涂紛百島,亂流期眾匯。所見匪參商,紙尾濡筆待。乘暇酹松楸,山靈鬱崴嵬。到家已餕臘，絮聒盡細猥。老妻久病創，垂死猶健在。
阿琬甫彌月，得乳幸不餒。女孫八月生，嬌抱戀膝骸。是時冬已
深，前庭蔚山苣。嶺樹歲不凋，紅棉亦著蕾。親串相勞問，笑指
髭盈頰。弟姪尤依依，粲如羣玉蓓。遠別得暫歸，應知天澤愷。
歲龠催暮齡，百年可能倍。遠慚蘧玉賢，撫著惟祇悔。春盤對椒
花，觥筵謝賓宷。轉憶桑蓬初，征颺敢余怠。驪駒已在門，大兒
欣舞綵。里鼓喧神壇，百戲極傀儡。童時釣游處，滿綴貨郎鎧。
亦若麒麟楦，聲貌特炫紿。鄉音雜村唱，敢言若將浼。吾家汾江
西，傳世乏梅蕭。先臣有敝廬，迄未拓爽塏。粗求故宅完，莫識
原田每。況茲戒盜嚴，取憎無實賄。憶昔困箕張，奇鬼饞大魄。
已澈投杼疑，餘焰尚牙欸。豈徒委荒裔，直欲恣俎醢。天皇固聖
明，委曲亮臣罪。屢對明光宮，引咎甘痱瘇。節符畀甌墨，詔敕
灼霞彩。補益微塵露，居行忝覆載。苟能宣威信，誓與格欺詒。
重舉萬年觴，庶幾澆磊磈。歸耕會有時，勿慮樗材瘣。

酬吳華溪

饑驅廿三年，倦還十七日。更行四萬里，征裾迫寒律。老友晨星
疏，生落且莫悉。巍巍魯靈光，惟此楗石室。已釂司命醉，稍喜
足音密。握手良覯難，勞歌疑義質。袖中覆瓿物，衡鑒煩一一。
厚貺珠玉言，頗頌彙征吉。殷勤示模楷，琳琅壓行帙。怪底海客
船，夜夜光芒溢。每維同調稀，彌悵飛鳥疾。祛寒偶說餅，述征
擬焚筆。豈無茂異科，顧不使絕域。燕頷歸玉門，高論但皇驕。
時序驚獺魚，世屯異蚌鷸。惟當秉丹赤，豈合雜詭譎。森羅萬鬼
瞰，觸足盡罟罼。鼉然屢踏卵，闇甚襌處蝨。百憂既紛挐，危涂
輒奔軼。盧仝月蝕詩，狂草屏風柒。茲行鶩三洲，壯乏屠龍術。
玄髮羌無情，霜風恣梳櫛。何來天姥鞭，尚指帝車七。占星晌鄉

國,旅愁赴秋蟀。招隱有鳴琴,詎容自摧室。

美都秋冬之交陰陽寒熱一日百變客窗積悶偶爲短歌

連旬濕霧紛迷冥,欲雨不雨晴非晴。萬木蕭騷漸黃落,受風垂柳偏青青。蒼蠅蹈隙爲蹶興,既凍欲死旋飛騰。授衣捐扇兩無著,只耐濕蟄相薰蒸。西人日餤金雞衲,得此能令脾胃洽。或云霜降輒清爽,沈鬱無緣至冬臘。環球氣母誰先識,日月今年無薄蝕。郭璞曾箋山海經,脚根惜未逾西域。獨憑健骨陵風磨,余屬往往生微痾。寒熱豈爲瘧鬼擾,起居總拂先生和、暫齲塵牘滌煩臆,略徵風土非勞歌。

朝邑師相休沐數月矣感舊述懷奉寄四首

廟堂曾記共艱難,滄海橫流淚未乾。縻骨莫調黃鳥舌,受知親割白騾肝。徙薪空效籌邊策,虛擲終貽仰屋歎。去國日遥孤憤切,每從天外望長安。

秋烽閩水蹴頳魴,鑑澈昭聾慎改張。海舶禁軍時益餉,河壖急賑歲幾常。諸司紙尾稽蓤緯,絶塞圖經拓鬼章。悉索錙銖勞挹注,天垣猶幸戢欃槍。

肯使殷憂屬至尊,百年出處有公論。河汾講學非遺世,豐鎬翹才亟養源。錢法亦從司馬復,黑衣宜廣觸龍恩。天心人事誠高邈,骯髒朱游愧別言。

寒宵分手易前期,努力加餐只自嗤。行邁四洲垂老日,交聯萬國隱憂時。攣麟虛炙名王膾,斷雁愁牽典屬詞。縱免裂裳潛記載,遥瞻銀漢迫歸思。

鄧子俊歿已逾年客冬遇乃弟於廣州乞貲鐫遺稿既諾之矣使槎迫促未竟其事追悼故情爲之愧悐

廣州城邊臘月末，有客癯如霜天鶴。懷袖緊抱一寸稿，云是阿兄枕中物。開卷神光未磨滅，太息清華隨電沫。張果生年已高第，槐花無情淹玉褐。嶠華曾續壯時游，魯壁殘叢同拾掇。臣斯奧妙獨瞯取，大有書名振吾粵。山東南下黃山驛，岱頂陵寒訪殘碣。紀行吾亦爲長句，屢向詩龕乞衣鉢。雲龍追逐何足云，江館蕭條苦相屈。逾年養翮復虛發，公車倦倚吳淞月。頓塵氃氋惜華髮，仍假書城作生活。蟲魚密注忘朝昏，江山得助寫沈鬱。我時應召航海北，旅遇談諧特奄忽。京居無狀將廢黜，相約還山啜薖蕨。豈知人事極百變，歸颿先已返蓬室。丹藥何曾解駐顏，大謝無端竟成佛。死生離別嗟何卒，文采風流猶恍惚。耦耕無田縱違願，環寶何當遽湮沒。新恩奉使過里門，倥傯不見西華葛。王程既迫行路難，方寸追思時突兀。可憐天與六朝骨，秘帙縹緗羅散佚。舞桿故技終不捐，薄見詞章特其一。橫馳詭遇或騫騰，冷懷頗懼不堪七。封禪何時索所忠，遺篇暫閟李園棻。江集寄詩吾尚慙，酬爾名山竟剞劂。

九日恰卞莊橋登高讌集橋畔酒樓簡同游諸子

龍山已逾四萬里，儵遇佳節思黃花。客心蓬鬱百無賴，且聯鑣靮驅金驒。異鄉風物但誌怪，虹橋峻版差幽遐。沿岡匽水露紅葉，枯松深樹仍槎枒。誰移黃鶴營邱稿，牽綴秋色摹中華。游人車騎亦雜遝，衣冠竊訝來枯槎。既乏茱萸負霜鬢，且倒葡萄尋酒家。開軒垂柳映椳鏡，寒潭皎潔山之涯。興酣登陟鍊腰腳，東極雲海無纖瑕。憶昔燕臺兩重九，眡愁惜別徒咨嗟。何似沛南老佛峪，嵐翠撲席詩籠紗。摩笄山閣客三五，平疇千里皆桑麻。忽從海外展游眺，怦怦今昨何紛拏。一時賓從盛文采，審音竊顧齊曠牙。每逢樽俎得良助，即題糕字羌無差。故園兄弟互相憶，略免風雨催租哆。此中嘉會不易得，詎侈朱綴喧鳴葭。登臺緩轍誰康樂，岸幘臨風有孟嘉。

聞豫東屏大兄都尉重擢湘臬奉寄一首

每為投人惜夜光，星華重喜曜三湘。回旋莫厭長沙袖，錘鑿真成百鍊鋼。亂定東南仍宿莽，憂深氛祲迫榑桑。臣心早裕安攘策，往事毋須慨筍梁。

鳥約鐵綫橋歌

高橋鐵綴八十丈，俯瞰海門瞭如掌。層展四里橫五衢，機輪車馬紛來往。中間橋柱類石闕，揉鐵成絲稱銖兩。但為巨絙挽浮梁，質力剛柔輪爾壯。傳聞糜費十六兆，經度五年竭冥想。國儉商勤無不宜，落成亦或假官帑。行人每過須投錢，持較工資尚迂枉。橋下依然爭渡喧，誰謂利權能獨享。當時算法極豪黍，水無魚臘陸無象。高插穿霄低置磔，迴立長風鬱蒼莽。祇應鬼斧矜花旗，近與歐羅鬥宏爽。儻移鐵鎖渡神仙，兩虎守之不得上。

鳥約鞠花會冒雨赴之歸而作歌

電鐙照澈氍毹光，繁音肆奏鳴曲廊。游人雜遝樓上下，四壁黃花醉晚妝。搜羅幾及八百種，殊方珍寶如星鳳。遷地能良信足奇，餐英翻爲湘纍重。就中一二如錢小，云產芝山衆陰洞。相視輒嗤鄒魯闊，孰使諸洲開眼孔。孤芳淡極難終閟，落落秋容誰伯仲。鄉心昨夜催東離，峀矼南山相與期。晚香堂外舊憑眺，二儀爲汝回寒姿。天涯雨雪豈能虐，護花有屋皆玻璃。從茲佳色遍瀛海，生氣日繁常健在。折巾一角花滿頭，猶約山莊就新蕾。西人植物能專精，每以嘉賞爲殊榮。亦知美產盡華夏，相對渾忘羈旅情。

渡海看山莊鞠花留飲及夕而返

殊方惟汝結閒緣，地僻何時始受廛。莊主人爲英籍。海外村莊多板屋，冬初薯蕷足賓筵。晚香略得齊民術，佳色能回處士天。竟日淹留酣野趣，轉嫌鞍馬立花邊。

客愁

客愁沸鬱誰與驅，樂事惟有觀羣書。眼昏意眊輒搖眩，故籍新本空紛拏。脩涂幸免室家累，今夕悔不談客俱。何當大叫呼五白，有時避近爲良圖。

烏波園林觀倭人所畫毬馬圖

墨洲地饒産肥馬,豪家避暑開毬場。是何圖畫特神駿,櫜鞬靺鞈皆華妝。諦觀卻出倭人筆,角勝追風勢颷疾。規模似仿仇十洲,阿堵傳神嗟未得。東洋於我爲同文,描摹書畫尤紛紛。中唐以後數來往,可惜不遇曹將軍。自從變服崇祆教,電火舟車惟襲貌。舊時六法將失傳,誰向此中更窺豹。

烏約畫報刊牛馬雞狗諸狀其面目則今總統與外部暨諸議紳也神理逼肖戲爲短歌

古今立國重風化,此圖人畜何不倫。似牛非牛馬非馬,雞犬幻作桃源春。畫工慘淡惟肖似,匪以侮慢傷君親。更爲傳説志羸壯,簡中或喜傳其眞。誰闢天荒置芻牧,角蹄齒翼皆能馴。

瘴海行

中西政治各殊制,況乃粵民深畏官。縣牙已是夜狼國,往往炎天生暮寒。忽張巨手借民債,强援西法生波瀾。税屋貸縞已紛雜,禮失求野良可歎。泰西國俗豈盡富,官民相親每相顧。柔茹剛吐羌無聞,直與公家同府庫。有時戰鬬急軍儲,萬姓輸誠不知數。既無吏胥上下手,亦免宰官睚眦怒。還璧雖遲有子金,田間一卷如錢樹。要知政貴民隱通,舂陵卷軸何蒙茸。周官保富有明訓,虞軡歌薰微聖衷。南方元氣已凋攰,復此曼衍驅魚龍。君不見江湖魚菱刺船客,毋挺觜爪矜雷封。

大盜一首

咸陽有大盜，斌媚爲妍姿。久客長安市，洞澈嬴氏基。寵榮甚崑弁，識力高秦儀。王侯樂容接，與語甘如飴。亦具賈胡智，巧黏珊瑚枝。從兹武庫寶，一一皆質疑。髣髴嫦嬛地，得此宏博師。朴璞不自辨，被弄如嬰兒。譬若鼠鑽角，入深無出期。赫赫汧渭風，根脈憂潛移。似夏鑄九鼎，鬼物羌無遺。軒皇重氏族，非類庸難知。專精衛炎漢，古惟金日磾。

鳥約返華盛頓涂中口占

老松蒼鬱麥青青，閉塞成冬雨尚零。阡陌曲闌團野色，溪橋叢轍補荒經。銷寒佐饌仍冰水，煮電懸鐙誤曙星。且暮征途涼燠雜，山窗吾自負書螢。

高樓

高樓幾日聽胡歌，海氣冬暄奈藥何。雁斷不隨明月到，蠔甘爭比故鄉多。漸看老病愁明鏡，百鍊覊危攬太阿。舍北尚餘楊柳色，後凋何似傍靈和。

讀新唐書六首

唐政寬閎許犯顏，每聞讜論出清班。從知額叩龍墀血，卻有高名弁八關。

烏鳶曾進疊游箴，北虜西戎寄慨深。豈謂選權歸掌握，人瞻牙頰卜升沈。

宮市漸聞斸白望,餘威無復榜雞干,能回妲尹薰天餤,不在危言飾衆觀。

非衣一夜蹙歌謠,太息元勳已再朝。它日囁嚅勞罰爵,朋讒根抑忕無聊。

十三橋續世難求,重入中書武備修。當日黨人紛爾汝,何曾真惜百維州。

仙樂霓裳肆舞時,江西送客舊題詩。游蹤已度同文外,幾見人傳黑水碑。

十一月初九日羑都大雪

裸壤燭陰同此雪,漫天闊遠任飛颺。祆祠凍合晨鐘瘖,議院寒回石像僵。何處褉裘觀近局,亦思呼酒滌愁腸。近畿秋潦疏銷盡,應見紛糅卜歲穰。

雪車行

雪車無輪無襜帷,髴髯京東狗爬犁。一馬二馬從所挽,疾驅岡嶺如莊逵。車茵頓賈容偶坐,去地尺咫圍狸皮。黑奴碧眼工執轡,光明萬頃浮蒼麑。轅駒蹄齧不受羈,叫躍驚起牆頭鴟。周遭闤市但一瞬,狂颷未許生冰髭。更從高處恣憑眺,樓屋滿揉瓊瑤枝。重簷石獸凍欲裂,袒肩天女神不移。西人雪後喜游驂,往往狹路爭先驅。被髮小兒鋼作屐,滑跳雪地相喧嬉。若使梁園得此景,會見枚馬增妍詞。灞橋驢背渺何處,邊軍鐵甲良可思。客途忽忽歲云暮,擬假鄒律回寒吹。

髮花歌

西人意匠工雕鑽,墮髮作花遺所歡。下爲瓶罍上枝幹,妍姿偃仰如雲攢。紅黃白黑間殊色,細膩不亞文綺紈。玻璨金屏襯倭錦,萬里仿覿春風鬟。輒疑祆教祖墨翟,摩頂放踵羌無端。殷勤投贈況兒女,豈有古意儷溱蘭。瑤光廢寺儻傳祕,或與海外爭華觀。

過華盛頓紀功碑

手闢兩洲開大國,創爲民政故傳賢。一時薦舉成風俗,間歲謳歌託衆權。海上飆輪惟固圄,林邱弓劍似生前。泰西得爾誠人傑,白石穹碑銳插天。碑方而頂銳,高五百尺,環球僅見。

次和倭使九鬼席間見示之作

張罏條經歲,六出花初飛。快晴昢園圃,積雪凝寒暉。客愁百無俚,誰與寄當歸。

重贈九鬼二首

遠策皇華鐵,焉知行路難。歲時異昏晝,風土雜暄寒。旅況冰蠶繭,鄉心獨雁翰。羨君同拭玉,饒有室家歡。
不盡殊方感,同文幸有人。筆談攄契闊,詩句重清新。憶渡東瀛日,剛逢大地春。芝山風景麗,天與結芳鄰。

贈柏立

中美通使初，已資勸贊力。伊余握節旄，所遇盡叢棘。石泉諸華人，鬱宛未昭晰。西歷逾三冬，塵牘若山積。險艱吾不辭，所期廣忠益。

承聞丁太保師靈櫬自成都啟殯歸葬山東愴然有作

遠聞丁太保，歸葬鵲華山。舊德姜璜後，孤忠蜀血殷。祠堂新柏瘦，塋道素車還。終古桐鄉淚，河流日夜潺。

七里岡前路，遺袿有旅墳。合窆原古禮，達義證前聞。故事書能定，崇班議不紛。心喪廬墓意，海外望齊雲。

沛上沈災久，方營槥石謀。東歸真化鶴，靈趾護眠牛。治命黃鐘外，哀歌澯別秋。星芒隨隴度，佳氣鬱松楸。

籌筆今誰嗣，悲鳴獨杜鵑。豈徒鹽鐵論，遙助水衡錢。活佛終歸化，宗臣久控邊。疊垂多事日，殄瘁百憂煎。

寄輓周小棠少宰

國是紛紜候，班聯始盍簪。共維宗祐計，莫慰矢人心。報罷仍同日，公才豈陸沈。屢承宣室對，終未鑠精金。

閩臺方急戰，闕下集羣言。涕淚衡全局，精誠動至尊。竝時惟兩疏。御前毓慶聯銜一疏。萬古有公論。若許籌薪突，無煩抉海門。

丙戌除夕

海外今除夕，風光百事疑。舌人工囈語，黑鬼佐年炊。雨雪頻看節，高樓亦祭詩。遙知兒女樂，懷鏡卜歸期。

丁亥元日

犬馬難酬戀闕心，崆峒仙仗迥千尋。兩間元氣無中外，絕域星躔變古今。頒朔儼符邊帥例，述征重愧太常箴。春風已度重洋水，勝裏花妍醉欲簪。

鳥約西發

柳條吹綠客颿西，萬里濤頭路不迷。初日佛鐙懸鳥約，殊方使節度巴黎。行空誤欲同天馬，紀候多情祇曙雞。經略兩洲勞部署，皇華隨地許留題。

渡大西洋

已屆清和月，方迎絕域春。冰山潮汐泛，暄序暮朝新。眠食能無改，琴歌若有鄰。衝波惟達命，見岸轉愁人。

巴黎石人歌

巴黎石人狀天女，繫以省會歆其神。自從割地普魯士，石亦柴立同遺民。繁花作圈綴衣袖，似乞靈覦威強鄰。或云人心示愛戴，虜没不改鄉園春。紀功碑坊重華侈，赫如第一拏破侖。傳聞德兵初入國，特繞名蹟周三巡。至今城堞矮如礎，黍離隱隱留酸辛。三年拜賜勵薪膽，補牢日夜增兵屯。蚩尤帝號一朝削，蠶食故態空嶙峋。政由民主動睽異，置君如弈如片鱗。議院紛拏急仇敵，半載兩易諸廷臣。伯靈將軍故不發，歐洲局外多高論。國之四維法莫悟，風聲久已輸倫敦。政俗淫囂卻好客，聊與餐玉炊桂薪。園林鐙火涵墨色，高歌弔楚非過秦。

巴黎行館次和陳將軍

漢使頻勞貫斗槎，梯航從古仰天家。海飆西渡如奔馬，野獵何時紀殪豝。高步共登雲外塔，探奇兼騁地宮車。班荆失喜仍真率，客路春橋緑樹遮。

長愧分巡忝十州，京塵蹭蹬觸延秋。珠林豈合巢孤翮，殊域何當問八騶。每話時艱思大樹，尚聞河決迫岡榴。山東水災尚劇。使規輒願從君拓，樸茂風光逐墨洲。

日斯巴彌亞城觀鬥牛歌

班牙健兒好身手，裹鐵結辮與牛鬥。鑰匙高擲牛欄開，絳帛紛拏牛疾走。健兒長戟騎瘦馬，牛觸馬腹腸併漏。譁然墮地人争扶，急導牛行簇前後。牛數被創力漸微，紛持短弩投創口。牛痛辟易勢莫當，一人手劍飛過牆。紅旗護劍混牛目，奏技絶愧公孫娘。覷牛疲極忽揮劍，劍靶深入牛不僵。就中群馬已盡倒，半死半生遺栅旁。層樓歡喧競拍掌，如獲凱捷真擒王。此邦風尚乃嗜此，云以肄武非殘傷。兩角豈足敵叢刃，人能猱躍能兔藏。依然鬬智匪鬥力，徒手難縛吁其傖。釁鐘猶復廑仁術，祆神戒殺空語長。

日都即事

如水車馳趁晚風,漸看芳樹萬鐙紅。園林絲管簪裾地,兵衛更籌酒醆中。無數侯門先避暑,屢聞冲宬在離宮。繁華原不關强弱,一樣巴黎俗尚同。

自利華浦回泊鳥約

兩洲天險各崢嶸,海勢無風亦不平。大地如毬飇與轉,候潮有信表同聲。禹功豈斬重洋水,王會新開絕域程。自是漢家威德遠,使槎來去總澄清。

奉酬袁爽秋農部都門見懷之作次韻

東華振朝曦,樓殿映金碧。氣涵六合外,鑠古富圖籍。耿賈與苟陳,勳華邁三戟。籌治各肫摯,瀛談或格格。妖星閃旄頭,冥慮逮沙磧。遲哉東山墅,失喜折蠟屐。不才辱清選,負乘笯羲易。崑崙萬國西,論都拙旁魄。惟君擅幽討,畫地據墳索。奧義拓山海,一一究絡脈。直廬飛電書,主者皆悅懌。時會際艱難,曲突非上客。既迫珠崖蠲,尤嘖玉斧畫。鄭僑去古遠,謀野果誰獲。憂端滋紛拏,變起閩水役。芭蕉隯重門,五虎汗爲赤。無能執伯役,空復草蠻檄。長安秋氣初,風月異今夕。闤市噤莫噓,蜮沙已潛射。盧仝月蝕詩,付與金蟆譯。豈徒廣離騷,行將委霜鏑。六師方張皇,微生安足惜。乞外元祐時,敢謂鍛鷥翮。出門對黃華,依稀龍山幘。惟期靖邊烽,所欣非刉璧。倦彎郭隗臺,濁酒鄭莊驛。衣囊極蕭騷，尚餘宗布冊。回盼閶闔門，睒睗仙仗隔。長憶曲江頭，未暇泛蓮舶。觍顏擁高牙，懽笑祇臧獲。畿南氣木強，鎮俗乏宏益。大河方橫決，耐此鄘經釋。璧馬接吾山，神沛境奇闢。負薪迄東夏，幸不虛牝擲。詔書忽西來，恩波回太液。持節兼兩洲，誦詩未三百。匪憚橫海槎，復愧東堂炙。折衝樽俎間，斯與戢兵革。勞軸遍瀛寰，迅甚飛梟鳥。南北今花旗，古懽闕鐘石。地室懸金奏，迢迢設壇席。海道雜倭俄，曾蹴餓蛟脊。僑氓垂卅萬，往往見窘迫。客子常畏人，調護靳良策。或曰名王賢，要當略心跡。張爐既逾年，幽滯始大白。嘉篇拜瓊琚，義與群經壁。重惜津梁疲，繁花拾束陌。罇盉排眾瞽，文字喻痂癖。發函龍氣濡，學步忘跛躄。襲袖三萬里，頹放每自責。歸艎春渚情，何時共安宅？

費城百年會

高會還期後百年，長林閱盡古烽煙。一洲創霸終開國，庶政從民闕象賢。合眾戰癥猶漬石，得時機器亦回天。座中祭酒工持論，南北花旗已渾然。

客館

客館西風海日昏，祇憑星度望都門。談天舌已將衰澀，憂國心從異地繁。創古別開秦晉局，他時空寓惠莊言。重溟不剗機心巧，應有忠謨翊至尊。

九秋既望西曆則十一月矣使館宵寂奉答
周子玉監督疊韻見懷之作

秋懷詩意動昌黎，蕭摵林光況海西。有酒衹應澆塊壘，行舟何似
傍清溪。天連故國風濤闊，星泛三洲島嶼迷。同客異鄉勞記憶，
一函珍重壓龍犀。
豈有嘉謨及遠黎，空勞重譯拓歐西。樓臺蜃氣仍三島，瘴霧蔦飛
類五溪。秋到氊裘宵不寐，地懸金奏景多迷。遙聞鼙鼓昆明急，
海外何時見水犀。
羈孤殊域盡殘黎，東度花旗逮泰西。旅趁夜潮雲似水，饑驅山雪
夏盈溪。經年調護鷗盟冷，歧路紆回雁帛迷。誰拓禹圖扶太極，
朝天一例貢文犀。
中天羲馭炳重黎，星曆奇編弱水西。日閏祓年將改歲，春回客思
在愚溪。節旄不共風霜落，且望翻憐伏臘迷。暫遣短歌蠲百慮，
硯暄疑有辟寒犀。

聞河決鄭州柬倪中丞閣相國

大河南決逼淮徐，蟻穴金堤潰鄭墟。三汛防秋虛壁馬，百年積淤
縱枯魚。告功他日仍圭錫，急賑深宮有璽書。驀地流亡勞撫馭，
中原兵事故前車。
蘭儀銅瓦變非常，荷澤侯林續未央。神溜北行趨牡蠣，漢歌經歲
踵宣房。齊煙翁作黔婁粥，魯縞寒生織女襄。竝入司農籌策裏，
何堪杼柚蹙南糧。
捻幅游氛水患來，餓殍饑獷已塵埃。豐工薪屬成虛牝，梁壁烽青
入吹臺。行部詎嗤長孺戇，壑鄰應謝白圭才。經營冬日勤楗石，

何處江淮果瀉災。

鐵簫歌爲顧敬之賦

盡搜劍戟作農具,蚩尤五兵其奈何。更爲簫管協古樂,殊域從此徵韶歌。緱山鶴馭渺天際,槐眉久不宜雲和。焙笙日給大官炭,雅鄭伊惜殊白科。顧生海外得精鐵,天然冶煅供摩挲。截箇穴孔中軒律,持較嶰竹羌無訛。高樓昨夜振奇響,疑有孤鳳翔寒柯。秦時仙史去古遠,重惜吳市空蹉跎。此邦絃誦漸向化,將以牙曠期羮佗。客謄迢遞四萬里,扣舷亦復陵滄波。此材錚錚況黝澤,安得鐵體相吟哦。堅剛百鍊指可繞,志士自古皆磷磨。越石城笳此其亞,蔡家羌拍徒婀娜。攜歸赤壁漫吹澈,江上孤鶩今尚多。

觀瀑英美界上忽際秋中雨夕無月援筆作歌

五洲瀑布此奇絕,層湖遞瀉濺飛雪。客游忽忽秋已中,誰閱清宵一輪月。夾岸長林低亞風,陰厓滾滾噓白龍。雨師電母恣奔射,勢若摧斷雙飛虹。旅懷蕭寂似僧瘦,閒倚虛檐望北斗。五雲宮闕衆星環,正是曲江潮漲後。前度南樓尤勝情,胡林引興江花明。黃州烏鵲已傷別,卻耐絕域持漢旌。此邦乃復有山水,幾日置身圖畫裏。就中三島最幽秀,縮地能神儘攜去。百年曾屬佛蘭西,斷塍廢堁蒼鼪啼。至今英美各分土,鴻溝視此天一谿。生憎夜夜吳剛斧,不斫貪狼斫桂樹。銀潢耿耿靜不流,老蟆屢荷天孫恕。霓裳仙樂聲已遙,淋鈴峽夜增蕭騷。胡雛解說廣寒樂,不識人間八月濤。

臘日

臘日齋宮煮粥時,雪花如掌遍京圻。舊豐掌故涵仙氣,絕域流光急旅思。冬迫最愁薪不屬,時鄭州堵築決口。陽回差幸律能吹。從來歲事中西異,一例羲輪似馬馳。

可憎

萬事可憎無過老,殊方兼泛未云勞。泰西壇坫由來舊,漢室冠裳此乍遭。從古懷柔虞螫尾,一時端委極牛毛。若非霜鬢迎秋早,底用臨風祝大刀。

雪

高樓霙雪自爲鄰,松老擎空綴白鱗。邅戀漢官原典屬,賦成右客更何人。最難獨夜如銀月,遙數東華戲玉晨。客裏圍鑪鮭菜缺,水仙猶作故園春。

水仙

冰雪精神付此花,清芬今更識中華。洛神自有凌波襪,漢使虛勞貫月槎。短景晨鐘知歲晏,寒香一榻似山家。西人解事時分餉,儷美尊前雀舌茶。

十二月十六夜北花旗都城月蝕幾盡

月輪薄蝕今初見，異域蟆精性或廉。握算登臺西士學，摐金伐鼓漢官占。山河景色遙能印，中外星躔度不兼。試望京華瞻北斗，銀潢光潔護垂簾。

歲暮雜感十首

回腸蓬鬱百無端，久客將春強自歡。歲晏每煩壇坫會，宵征獨耐雪霜寒。極天無雁鄉思闊，瘴海然犀國計難。況是大河楗竹日，空勞鹽鐵拓桓寬。

伊古荒陬緯度差，載憑孤館酹椒花。圖成王會輕滄海，望裏春旗是漢家。短景催年遺臘鼓，故山鳴埂悵星槎。旅懷闃寂寒縈碧，一例桃符換歲華。

長笑勞生行不已，可能盡日飲亡何。中流會有擎天柱，異域應無斫地歌。功業怕從明鏡看，精神潛付命宮磨。問年亦欲忘羈旅，皸手經霜凍輒呵。

未妨胡越亦同舟，剝繭抽絲迥不侔。自塾角巾存漢臘，愧無書卷壓牀頭。攜將太古中天月，照澈殊方四部洲。三十六人皆壹志，固應定遠拜通侯。

藩服年前萃北京，萬家煙樹擁春城。最難阿母憐方朔，安得諸郎享陸生。翊漢幾人真辟穀，廣騷隨地可餐英。察豪見睫成虛喻，明月前身盍鑒衡。

榑桑漫喜靖秋烽，海外荒經日盪胸。前代使規留緬甸，東偏藩衛俯箕封。瓊茅霧裏飛勞燕，甘草畦邊半駏蛩。從古懷柔仍設備，早年充國已明農。

唾手桑榆未可知，臨風豈獨鼓鼙思。籌邊有道非孤注，互市探源在漏巵。温嶠尚嫌更事少，謝公翻悔出山遲。富强要義培元氣，誰誦周家補衮詩。

齊東蛙黿幾經秋，八月狂湍決鄭州。羊報尚遲紛電奏，蕉彈空復勘霜酬。疆臣涕淚舟檣外，星使勤勤璧馬收。聞道江淮新築堰，恐煩經略及黃樓。

相逢樽俎混朝昏，五九寒銷律漸温。未落節旄禁雨雪，後凋松柏似鄉園。辭年司命誰謀醉，頒朔藩臣解拜恩。客裏同文何以慰，筆談原不僅寒暄。時韓使至美。

絡繹車雷曳曙聲，一洲都會卻非城。故鄉雲物憑牋記，垂老塵勞借酒醒。戀闕豈徒龜左顧，守邊猶遜雁孤征。東皇亭育無私意，春到人間白髮生。

倭使鶴川以詩餽歲走筆次答

殊域年光已再逢，轉慚文史負三冬。崎嶇海外張膽久，迢遞春華借酒慵。長憶枯槎隨月泛，漸看芳樹著煙濃。新詩壓歲成佳話，相惜天涯燕雁蹤。

次和錢涵蓀大令禊日陪游鴉靈頓之作

春回大澤變寒林，佳日清流一寫心。豈有錙軿臨洛水，更慙觴詠遜山陰。地當南北兵爭後，座對湖山客感深。同在異鄉修禊事，獨憐霜鬢漸侵尋。

年來滄海已無波，晝夜雙丸自盪磨。盛世不求徐市藥，遠圖今拓魯陽戈。暫袪春困尋湍竹，漸見烽屯綴野莎。記得挂帆黃浦口，無邊煙景漾波羅。

聞鄧鐵香引疾惠州吾鄉少一達官感歎成詩

玉牒勳華洊列卿，諫書稠疊在延英。金臺物望鴻臚著，桂勝邊籌界畫成。忽渡歸雲騎瘴虎，跂看幽谷出遷鶯。梅花香澈仙衣繭，廊廟江湖合有情。

謙懷自許衹工書，凡百經權迄不如。失路尚蒙楹帖惠，津門見惠一聯，題識高絕。臨池況在敦槃餘。已看高座成三獨，更望油幢餞後車。乙酉四月，鄧鴻臚與錫司寇津門議約，袁爽秋隨節。霖雨相期盟約外，近來潮信固徐徐。

自鳥約舟發秘魯風浪顛簸之餘得詩三首

赤道南騧傍日宮，崎嶇世路總難窮。低雲截水疑分港，盛夏乘潮愛逆風。孤塔瘴沙曾見岸，柁樓昏霧尚浮空。翻憐漢代尋源者，如許津涯卻未通。

斷虹尚作連宵雨，睡起晨窗倍鬱蒸。閒共舟人談島嶼，豈知行子戀觚稜。星楂久與文身狎，海舶能教白髮增。萬國載馳虛寸報，悟根彌愧定中僧。

測繪西人侈地球，混茫無際遍三洲。濟川才亦憑機運，追日狂非擲杖投。創古別開王會局，問涂早伐鬼方謀。已看南國漸聲教，穩渡滄溟謝石尤。

齒痛借用韓昌黎韻

微生曰艾年，搖落僅一齒。閒中默自叩，不溢上池水。餘嘈猶及人，曷嫌馬同紀。自茲涉滄溟，談辨每風起。相依匪蘇舌，振聾澈宋耳。折衝在樽俎，齮齕消彼己。歐洲既回鑣，南颿卻疲阤。颸輪近赤道，胸熱鬱礌硙。乍蠲暈眩疾，齒痛乃相抵。咀嚼若無權，況動䵍齾指。行庖具盤飧，海味頗豐美。孤征別兒女，誰歟勸匕匙。牛湩和麥飯，直咽不待餲。煩煎極宵旦，眠酣或暫止。同舟一西醫，乞藥憬然喜。敷調痛略輕，醫言術窮矣。業此有專家，奏技想爾爾。何堪更受咍，髮膚等傷毀。使符跨三洲，老病無可委。口腹安足云，剛折喻名理。

將抵哥浪有作示涵蓀同賦

同舟吳越義無歧，蠻語參軍卻屬誰。有口便如蠅附驥，忘形遑計蚿憐夔。柁樓獨夜看孤月，斗室長天耐瘴颸。行篋共欣書卷在，蠹魚翻爲慰羈疲。

自哥浪登車至巴拏馬沿涂華人結廬售雜物境狀可憐

石磯沙岸勢洄漩，椰葉深深別有天。每到誕登艱寸進，海輪將泊，遲徊審慎。薄嘗瘴癘或前緣。鼇山竟竊愚公術，浮海將通博望船。渾沌有靈終不死，重憐畚鍤苦迍邅。法人鑿石於此，集資浚河，役者多斃，上年有周三桂訂募華人六千赴役，余咨粵查禁，香帥懸賞千金得周三桂繫治之，此害遂止。

到此使程纔強半地屬高林卑亞國，乍聞鄉語轉無聊。貿遷絕域無南北，飲啄炎埃極暮朝。百歲只應銅像健海岸有哥浪銅像，即開闢此島之人，五丁無此役車遙。欄簷板屋嵐霏裏，愁爾生涯祝後凋。

旅興

旅憩巴拏馬，風光迥自殊。家家綠嬰武，日日黑醍醐。蒸食黑芝麻，可以解瘴疾。奇詭挖河器，蒼涼益地圖。此鄉多瘴氣，何意涉征途。

寓樓即目

寺外東西一角山，依然蒼翠聳煙鬟。風沙晴雨能爲虐，廛市舟車不設關。瘴海軍容兵似乜，窺天祅教俗仍蠻。絕無風物供游記，稍喜鄉庖破老慳。華人酒樓足供旅食，惟價值甚昂。

鳥約頓殼蠏炸食甚美旅中偶憶及此戲爲短歌

花旈水族渺莫纂，有蠏供庖卻無籪。依然八跪翹兩螯，一殼稜稜特縣頓。由來肉好無團尖，作勢橫行特虛炫。龐然蚌腹不能容，輸與蠣奴絜長短。似堅非堅毛不毛，安得柔腸助旋轉。介甲徒滋吏部頤，嫌名莫釋趙王怨。西人炰炙兼薑椒，寒毒何由到廚爨。蠔甘慮有南謫謀，擘此差償老饕願。

四月晦日自巴拏馬登舟夜泊太平洋待發偶成五首

征途煙瘴裹，又渡太平洋。圷土原大限，群山鬱古荒。鬼神歸斧鑿，通塞驗颿檣。一水三藩接，源頭卻混茫。

遲客舟仍泊，鐙明兩岸沙。怒濤喧萬馬，急電閃金虵。晦魄昏沈
盡，深宵鬱熱加。明朝望鄉國，妒煞石榴花。

負此清和月，馳驅瘴海間。窮荒鶯不至，頹俗犢能閒。麥飯他洲
產，椰漿病榻餐。遥憐小兒女，尚解祝刀環。子剛來美，琬兒盼余
早歸。

南北花旂路，西人亦畏涂。樓登多難後，鄭光禄曾遇兵亂。旅泊一
星孤。近訊慳魚鳥，繁機悟轆轤。舟人上下貨物機聲聒耳。極天煙
水闊，能滌客愁無？

不作投荒想，居行興自饒。有星皆拱極，此水況同潮。此間潮水
消長，與吾粤時刻同。炎日飛鳶趹，脩涂候雁遥。椶櫚蚊蚤外，風
物卻蕭條。

德化李中丞歾三年矣偶觸楚游泫然有作

江館簪花話雨時，每從閒冷證襟期。愁生風馬仍傾蓋，庚辰中丞
展覲，約會長清杜家廟。歸趁春鱸卻訪醫，癸未中丞引疾就醫揚州，涂
次蕪湖，叙談數日。一別揚州空寄淚，廿年騷國感相知。回飆縱許
謀雞酒，悽絕牙臺跡已滮。

使槎道中敬展丁文誠公遺像感賦百韻

當代淩煙閣，千秋有道碑。山頹邦國瘁，風義古今悲。勳邁麒麟
上，神傳鷔鷔姿。山庭仍表德，屋陋固無欺。萬類誠能格，諸艱
試靡遺。沛南分手後，蜀國耐讒時。四至言何遽，孤標涅不緇。
光華昭月旦，忠亮澈天知。初政空彈射，公才協羽儀。井鹽拓邊
計，秦法變堆離。害馬裁鄉局，貪狼革陋規。風雷森號令，冰雪
照鬚眉。龍象終歸化，鷹鸇早鍛威。貢頻通藏佛，兵不黷潘夷。

屬有俄都約，將修鄭國詞。抗章明彼己，浮議折煩支。毅欲枯槎去，曾非好爵縻。長編繫南越，玉斧謹東垂。時局隆置寄，宸謨奠月氏。世皆欽犫櫟，公豈示權奇。微管宏猷著，來王遠驛馳。節樓誠佼佼，沙路顧遲遲。錦水憂誰嗣，青齊重法思。近聞河瀆決，更惜大雲移。易地仍歌芧，繁音久戢鷗。雲宵煥毛羽，地望蔚蘭錡。良冶孚熊軾，新陰接鳳池。歡生文度膝，慶衍漢宮飴。已洽顏庭誥，宜廣衛武詩。春華偏早殞，梁木遽中隳。空展宗臣像，哀纏董子帷。椽材三語拙，帳下十年隨。壞壁經親授，明臺鏡不疲。春風回渙別，秋月印臨淄。薦士勤通奏，臨戎或賭棋。敢騰高足譽，深負黑頭期。再和靈嚴什，重瞻日觀厓。長裾千佛笑，塵鞅一官羈。行部經滄海，籌邊慎始基。不才躬版築，設險固樊籬。幻市噓朝蜃，深叢臥老羆。秦隄嚴戰壘，蓬島映雲蕤。高握諸山轍，寬容萬竈炊。經年同刻鵠，半度忽歌驪。作輟渾無據，憂虞恍自貽。贅斾緣重役，假節拜臨歧。海幹聊庖代，圩臺尚斧斯。不成方柄鑿，果引曲鍼瓷。達命安蓬梗，籌荒泣豆其。未能懲魃虐，空復問朝饑。惠只黔妻粥，慚非晉惠糜。侍行虛禮器，感遇怯囊錐。豈悟東風便，猶勞化雨滋。江颿纏皖口，北轍儵燕坻。物論驚三接，卿階副一夔。莫宣干羽舞，翻觸酒弓疑。孤擲嫌虛牝，增防戒漏巵。微生原負乘，風會競南箕。未許依鼀蝀，惟應食蛤蜊。庭花鄰晚節，畿麥課春葘。蓬玉荒村暝，蒙莊柰室欹。大名防河，屢經蓬村，東明則蒙叟故居也。負薪當伏汛，優詔到河湄。尚畀三洲使，周爰萬國諮。張艫輕鳥渡，肅駕認槐楣。詎洽盈廷望，何當絶域辭。天心欣再造，日曜炳重熙。溫語矜蒙謗，澄懷正受釐。載陳中外計，敬備廟堂施。塵露羌何補，居行肯避危。秋聲沈腐草，孤泳戀卷葹。粉社經過暫，松阡涕泗洟。越臺方歲晏，祖道漾春漪。故事逾二宿，前因證兩伊。述征兼陸海，附驛叩封圻。去國書難盡，宣風節自持。倍愁違杖履，安望勒鐘彝。徐市仙蹤渺，臣佗竊號卑。脩涂無蒟醬，逾月達花旗。
單使艱籌策，僑氓待撫綏。石泉冤幸滌，山岊跡能追。石泉洛士
丙冷也，此案美廷賠十四萬七千餘金。弄頰從樽俎，攻心費鈲揻。相
逢非馬服，右武但魚麗。器極般倕巧，機應織女窺。荒經箋璞
象，異派補桑鄮。壇坫希諸夏，冠裳拓四維。昭聾皆入覽，戰守
或相資。函丈言猶在，皇華事敢嬉。紳書重譯證，緯度尺天推。
太息星芒墜，彌傷歲月差。涼生方朔贊，愴甚武侯祠。符採徵威
鳳，魁梧異植鰭。英光留日角，盡瘁驗霜髭。范蠡曾金鑄，平原
亦繡絲。大名誰伯仲，遺痛及偏裨。三峽哀湍暮，雲臺霽色熹。
靈旗驚白雁，宿草冷黃鸝。舊治饒嘉樹，殊方識紫芝。愁遺嗟一
老，難遇況人師。典自丹青重，功真帶礪宜。自慚顓寸效，何以
答宏慈？

夢中忽憶趙次山得詩四句醒後續成一律

故人已渡黔南去，險遠山川驛路荒。尚有諫書留畫室，定開尊酒
對龍場。羽林不爲孤兒惜，獷客能知太守良。白髮倚閭聊慰藉，
量移清頌遍奢香。

過惠愛礮錢涵蓀旅殯處可命比亞國島也

花旗南島國，此恨汨羅知。舊淚如何注，歸魂絕域遲。愴幾同馬
革，幸不付鴟夷。黯慘西山日，秋墳重可悲。涵蓀祖母尚在。

九日自秘魯回次鳥約

到處登臨有漢臺，海槎新歷瘴鄉回。神仙掌上濛寒霧，人鬼關前

換死灰。鳥約入口處西諺曰人鬼關。此水屢同秋燕泛，故山遙聽鞨
華開。行滕暫與繁憂歇，夾岸波光送酒來。

鷓鴣

磔格鉤輈意自迷，詩名得爾重留題。越王殿裏春蕪没，湘女祠前
苦竹啼。別久怨深泥滑後，北來聽誤板橋西。塞垣遷客難爲賦，
養氣何當似木雞。

旅興

短景寒宵雁帛稀，天涯何處乞支機。敝裘倍爲蒙茸惜，屠局多因
黑白違。豈獨冰霜增旅警，每從今昨證吾非。中天留得商山老，
休道人間野蕨肥。

戊子除夕抵古巴

豈有虚名遍地球，客行未已歲星周。漫天風浪催殘臘，一夕星河
渡兩洲。往事詎堪聞蟻鬭，歸心時復祝烏頭。北書電語差堪慰，
冬盡神功沛鄭州。臘月十九日，鄭工告成。

三月六日譯署電及瓜得代偶成一首

尊俎經年六幕浮，兼臨無術拓懷柔。蜮沙久已浮寒瀨，譙羽行當
度石頭。骯髒漫爲邛市卜，氤氲不識紫壇秋。豈徒白髮羞明鏡，
來去征驂只載愁。

四月十三日避暑文勞礮臺客館

買夏曾何散鬱陶,未應新國尚蓬蒿。層樓月上箝簫澈,外海潮回壁壘高。朝暮陰晴撩客感,山川阨塞要人豪。此間樂事原風馬,有酒惟應廣楚騷。

吉士寄廬山居早起

山樓倚高樹,邂逅成綠天。草茵接柱礎,朱實縈前椽。陵晨眺綺疏,雲障紛蜿蜒。脩叢復錯互,下有良田阡。落落虬鬚農,牛後呼蒼煙。羣動立訓繞,相對忘蹄筌。後圃有童丱,縛繩為鞦韆。菜畦雜嘉卉,曉色尤鮮妍。市聲既淼遠,掃葉烹清泉。勞生得暫憩,沸鬱從可蠲。

己丑九日大西洋舟中

舊年九日南颺客,西發仍登海上舟。風物入秋多異趣,波濤無限動邊愁。祇應人事回天塹,重惜時艱付道謀。虛牝黃金頻寄慨,勞生況已雪盈頭。

七橡樹石室歌

英倫西偏古石室,一姓縣歷七百年。周遭園地將萬畝,茂林出沒雞鹿千。驅車遠矚類城堡,當關露立雙銅僛。院落寬平示真率,層樓樸茂能高堅。經堂鑪火製作古,滿壁圖畫皆幽妍。華瓷一枾徑五尺,寶此如戴中華天。就中洞房特華侈,云昔曾駐名王鞭。鍥金帷幛鏤銀几，雕櫥盈尺珊瑚橡。彼都亦復重喬木，氣象迥異兵家言。主人懷舊特招飲，美洲同使。領導登陟忘勞牽。窺戶疏花倚文礎，藤蘿徑曲青蜿蜒。是時秋暮猶晴暄，送酒尚憶柴桑船。客游倥傯印爪跡，漫勞西士歌高軒。

秋泛添士河距英都百里而近同游者徐進齋梁鎮東子豫弟

英都秋霧晝昏黑，咫尺不辨人馬形。機筒溼煙雜海氣，郊扃百里大始青。添士河壖特蕭爽，游船奇麗紛來往。秋林著色錦屏風，鑑澈纖鱗嶺木飀。此中經歲無風濤，方舟矮榜隨所遭。買夏人家富雞犬，離宮別館陵雲高。中泓蓄水設涵洞，髣髴套塘相遞送。牐門啟閉運機柚，去岸漸低船漸動。推窗引興頻舉觴，安得此水浮歸艎。雨中一客尚垂釣，絕流應亦無賴魴。

水晶宮行

白頗黎屋高瓏玲，飾人觀聽訛水晶。百貨駢闐雜百戲，應接不減山陰行。酒池肉林間茗椀，歌臺舞榭無市聲。偶然小立購所適，機輪繡畫頃刻成。窮雕諸像森羅列，亦有異種相爭獰。羅馬火山滅復現，光學欲令神鬼驚。寶藏雅重諸葛鼓，會振奇響昭精靈。抵暮繁鐙亂星斗，隔衢煙火明如晝。噴珠併作十色光，瞥眼樓臺付芻狗。漫將奇拔擬阿房，太息牝金付烏有。車馬喧騰客漸歸，鐙窗掩映猶陸離。花團錦簇有深意，守宮儵訝銅人肥。

巴黎鐵塔歌

佛郎爲國務奢靡，示禮示儉皆無因。製爲鐵塔垂百丈，玲瓏釘綴銖兩勻。中分三級下四足，地震不倒雷無神。絶頂飛牋達諸國，下層會食容萬人。初爲溜梯但斜上，儵乃直躍虛無根。只聞機栝密傳響，出戶髩髯摩星辰。拾級能升視腰脚，螺旋尺路仍紛紜。憑闌眺矚抄障翳，俯視舊宮如蝨褌。高樓船櫂互起伏，衢衢市肆區以分。會場百貨已闐隘，民主之國咸來賓。創茲異境實營利，安有寶氣騰金銀。塔簷滿識省會字，兩州已割猶云云。敗亡仇讐固不釋，感奮未易期頑民。三年拜賜竟何日，徒飾觀聽資鮮新。神工鬼斧會衰竭，造物忌巧天所嗔。歸涂忽譁塔尖動，仰視空際方流雲。歸時有譁塔尖動者，蓋雲移而塔與俱移耳。

十月初十夜自巴黎至馬賽車中不寐口占留別陳將軍

倦翮知還路尚遥，冷雲孤月送寒宵。三年肝血成虛擲，萬國戎機未盡銷。過客光陰同野馬，故人尊酒換金貂。何時共聽蓬山雪，歲晏鄉園有後凋。

十月十二日舟過地中海

地中海峽海中山，飛鳥浮雲日往還。間道可通非要隘，舊時設險有雄關。居人近識漁畋業，羈旅情移去住間。長此晴波平似鏡，可能勞軸得投閒。

舟中次韻越南詩僧阮清高

天涯忽結雲水緣，矯如玉樹臨風前。歧涂漫隕揚子涕，跨海且拍洪厓肩。固知皈依有真藏，能滌煩惱惟枯禪。滄桑陵谷飽流覽，歸日合補荒經箋。

重疊前韻二首

倦游應訂買山緣，桑柘光陰在眼前。歸計未須占馬角，年華久已愧鳶肩。殊方豈有談天客，瘴海宜參面壁禪。近事相看憂憤迫，重憐行脚富吟箋。
難乞支機一石緣，升沈莫漫卜簾前。邊陲到處蒙蛟色，帳下何人任彘肩。落盡節旄仍典屬，乍撩絲鬢或逃禪。輪颿有路天無塹，王會增圖廣舊箋。

同治己巳春越南鴻臚寺卿阮思僩字雲麓納貢來京曾於仲約宫詹席上和其留别詩頃清高僧言其健在賦此代柬

都下相酬二十年，北南蹤跡遽茫然。衹應昏祲銷銅柱，重聽高歌共酒筵。戰事回思增白髮，歲寒相惜有青氈。勞勞深負乘槎意，但乞媧皇補遠天。

紅海行

日光蒸水成紅波，隆冬盛夏無殊科。窮荒不入木張賦，神若毋亦

傷蹉跎。回部盛時得控制,頻年已見英人儺。作法煎熬質非素,
澆螢奈此青光何。老龍蟄伏不解熱,白魚沸鬱紛跳梭。衆山蜿
蜒乏寸草,或如疙秃如頭陀。往往六年始一雨,猥云地茁珊瑚
柯。佳人有紙不成染,誰復擲鐵張空羅。傳聞陸地接西域,伊昔
博望應經過。惡風駭浪寄槎木,奇蹟孰與前人多。近日輪颿回
颷迅,百千萬里一刹那。陳跡尚留好望角,異事乃有新開河。髣
髴神仙縮地術,授與西士供揣摩。從茲中外共一水,聲教豈獨班
南訛。古稱尚德不尚險,玉帛可以銷干戈。虎狼强貪蠆蠍毒,臨
風吾重思廉頗。

十月二十七夜印度洋書所見

黑雲列障天漫漫,萬星忽向中流攢。雙輪激水碎如火,金光燦爤
生奇觀。或云此水近赤道,琉璜熱氣蒸其間。輪鐵碾磨精燄出,
起伏閃爍隨波瀾。二丈以外輒無覩,蠅頭細書能就看。或云驪
龍戲珠沫,坐令窮海成寶山。豈徒照乘振奇采,迸射昏昧森芒
寒。離婁象罔求不得,貢麗焦贛占無端。此中光怪亦泡幻,絕域
從來多險艱。

印度貝多葉經歌

貝多葉産西佛國,卻類木簡方長形。紋理細膩色光澤,寫出般若
楞嚴經。蟲行鳥跡讀難曉,楮刻未許誇分明。梵書可以説文證,
抉微摘奧惟聖清。白馬西馱結善果,直與柱下同流行。夫人斧
斯樹已倒,培根賴有牛乳甖。擊木人來解相避,承壚傴戟非嚴
兵。因香生識不言界,豈悟買客紛縱橫。白龍雙耳儵淪没,煙蕪
舍衛非故城。英人豪奪自爲政,迦葉卧起宜不平。鵬鶩能馴蟒

能淚，豈曰象教無精靈。由來佛法但平等，泡影起滅安足驚。恒河沙數有此劫，回殊玉女天魔精。獨訝人情務穨惰，沃土不善謀畬耕。遍地繁花盡罌粟，流毒中國如長鯨。亦有棉茶足衣食，蠅頭利薄非所營。遙搽隔石度人意，應付佛火焚毒莖。大椿惟供得眼用，一物自可遺令名。柯林葉繪羅漢像，至今此樹伴冬青。浮屠桑下不成宿，慨念空王聊述征。

十一月初五日舟泊星駕坡左子興太守極東道之雅別後奉寄

剖符沖要閱人多，握手平生奈別何。此水譯言中國海，漢家恩及老夫佗。倦游聊復談邊備，往事惟應付醉歌。輒喜使君聲實美，已敷文教邁南訛。

七洲洋風雨作歌

連宵風雨摧狂瀾，平地不合生山樊，濤頭卷白千萬疊。皎若急雪層巖端，已聞颶起小呂宋，電語飛傳達西貢。鬐胡憨與風伯爭，濃煙猛噴機鍼動。羅經指北桅索鳴，殘虹猶向天邊橫。晨晡會食縛繩架，柁聲淒緊輪葉輕。前日法輪從此返，禿龍起蟄思一飯。船蓬瀾柱恣爪攫，溟濛中有紅光蜿。何曾此水稱靈湫，礁石出沒勞冥求。西士測量隱鬪智，天道究竟非人謀。按圖尚喜朱厓在，太古蜯精留壯采。皇華自昔度瓊南，紫筏凌波豪氣倍。茲行逾月如江船，墨歐奇景皆雲煙。七洲微險已天幸，鄉衯眼底應懽然。

不易集

墨州使旋道出潞河留贈許榷使

日邊佳氣蔚崚嶒，持節當關最上層。懷舊有書傳海外，紀恩新詠
到東陵。別離不壓雙丸速，憂患能教白髮增。絕域得歸吾已慰，
脚根終遜打包僧。

三月九日即事

法曲鯖筵四座厭，紅氍蠟鳳澈重檐。勛高靖郭誰崑弁，奇晰東方
誤藻廉。月裏銀繩千里共，春回崧嶽一峰尖。焙笙給炭承恩久，
休問銅街第幾籤。
清時高會兩難逢，況復邊亭儤夕烽。冠珮金臺皆勝侶，文章玉海
本詞宗。幾人顧曲悲笙鶴，有客逃竽避酒龍。三斗始朝皆異數，
昔游自笑憶黃封。

春郊觀西人賽馬少憩天寧寺簡僚友

望歲豚蹏祝社頻，蔥蘢新綠上城闉。農田已足如膏雨，馳道應無
障扇塵。表海樓船仍肄武，李節相方經略海軍。太倉紅粟總盈囷。
時方釐剔倉儲。塔鈴閱世無今古，仰答昇平會有人。

約季度試後游西山

京室既安宅,蕭爽迎朝曦。頻過太液池,荷露清如飴。及兹邊事寂,不礙同調稀。澄瀛闃蛟色,素食惟蛤蜊。静言感羣動,西山凝寤思。霜林不成約,坐悔塵中羈。逝將挈短策,雲泉相委蛇。邱中琴有籥,下澤馬自肥。微義早能澈,近名徒爾爲。秋士棘闈裹,遇合徵坳螞。矮檐數宵漏,風味良可知。會當淩絶頂,共醉黄華時。

黎蘗侯太史視學秦中將發索題所藏方流先生山水册草草踐諾即以贈行

山水清暉正共論,翩然持節度龍門。露華曉挹銅仙掌,花氣晴薰玉女盆。轓跡已探秦碣祕,高文終賴兩京存。漫嫌羌笛生離緒,應有情懷寄故園。

伯瀛久病又有西河之悼深用馳念近得手書卻寄一首

雲流雁斷死生疑,老病何從得國醫。往事登臺殘淚注,游蹤澈夜弱肌危。長生衹有沈蒲教,多難應編勵志詩。日景再中存舊説,安知貞疾不期頤。

送别仲約按試畿南

文章河溯易爲雄,青選由來況至公。已負盛名工相馬,未妨小技校雕蟲。按行周召分茅地，會變荊高擊筑風。歲晏金臺頻騁望，無端離緒託賓鴻。

次韻仲約涿州行館和章

星軺計日到天雄，舊有黃華識魏公。陳跡未忘譙羽鳥，論文無取夜聲蟲。三冬足用宜名世，一路吟詩稱采風。秋後畿南仍望歲，漸看晴雪上征鴻。

季度以醉司命日謝余餽御田香稻哈什馬賦詩索和率爾奉答

旄綴依然戀帝鄉，未妨租穀不盈筐。禮部歲終分地租，紀文達有詩紀事。今年左侍郎啟公以地畝奏案未洽，高陽相國相約不分地租。塞垣臘後雕弓戢，熱河教匪近報肅清。僧寺春回貝葉香。季度新得唐宋元明人寫經，甚樂。藥妙祗愁蟆漸瘦，季度以哈什馬可配藥助氣血。稻肥誰為鶴謀糧。相逢司命年年醉，飽閱魚龍百戲場。

歲暮太廟祫祭侍儀歸得季度解嘲詩因復賡和

雲開宵奏邁仙鄉，瑞靄娥臺紀玉筐。鐘磬漸從珠斗澈，衣冠猶染御煙香。春城曙色催花信，佛火寒炊有芋糧。記取十年尋爪印，不徒清譽弁詞場。

壬辰元日早朝太和殿大雪季度疊前韻索和

清時觀道在觀鄉，保障非徒課蟹筐。袞職載賡山甫頌，朝班新接合公香。早春欲暖豐貂珥，快雪應資仗馬糧。他日書云勞史筆，已占多稼徧山場。

季度前詩自云解嘲戲答其意

醉裹乾坤尚有鄉，高談時復喻傾筐。法華風颭心旌動，佛果春留齒頰香。重拂舊痕丁字渡，儘饒旅食故山糧。解嘲不合刪賓戲，竿木隨身昫一場。

季度以余忝攝春官不階科第形諸詠歌五疊前韻奉簡

每爲鱸魚憶故鄉，邊籌坐愧水承筐。頻年遠驛詢梅信，何日紅雲擘荔香。勞軸詎愁薪不屬，囊鉅幾類臼無糧。偶同科第從人羨，耄矣難追粉墨場。

正月四日六疊前韻和季度

休道京華是異鄉，雪窗花氣襲筠筐。同舟裙屐皆仙侶，入室芝蘭總國香。自昔柘枝工醉舞，可能松實丐餘糧。春官桃李還相屬，跂聽人誇選佛場。

前意未盡七疊前韻簡季度

客行曾訪語兒鄉，罷浣溪紗尚滿筐。已慨霸圖泡幻影，應思禪悅色聲香。旃檀座遠誰持戒，蒼蔔廚荒未斷糧。唐宋元明經卷在，目中原不厭懽場。

正月五日山東京僚春團演劇與季度同觀季度八疊韻索和即事奉酬

雪裏椒盤釀醉鄉，生機已逗賣花筐。九霄麗影調仙梵，百歲奇談抶古香。高會先春無算爵，明日立春。大田餘畝況棲糧。略同社飲扶桑柘，歌詠昇平爾擅場。

山左薦紳年來相遇甚厚輒憶沛上舊游九疊韻示季度

勝游長記鄭公鄉，綠滿郊原積滿筐。伏女經壇綿絕學，東皇瑤席振天香。鐙明十里嬉春會，沛上春鐙綿延十里，海內所無。家有三冬問字糧。最是海濱耆舊盛，古懽隨地可逢場。

吾鄉吾邑有榜探而乏狀頭鄉人屬望季度春闈將屆爲詩勖之十疊前韻

熙朝科第說吾鄉，百斛龍文溢寶筐。北人考具曰元寶筐。活意曉徵新竹信，聞根夜澈木犀香。受釐近訪安邊筴，白戰應儲隔宿糧。海內文章歸阿士，嘉名端屬少年場。

季度疊韻成詩督和甚嚴退直餘暇薄答其意十一疊韻

銀花火樹遍城鄉，春在田家采綠筐。三輔已無洲雁賑，九衢頻撥甕蛆香。消寒不厭詩爲餌，樂歲何憂玉作糧。久飫官廚艱寸報，稍欣鼙鼓靖沙場。熱河獻捷，賞功甚優。

爲國孔安畫扇綴兩詩

舊游長憶晚香亭，竹榻蘆簾草樹青。不渡惓堤仍坐嘯，琴歌時對讀書螢。

分手河梁泛海槎，歸朝猶得共黃花。碧油幢引并州去，難縮離愁是塞笳。

五月望日季度下第航海南還贈別四首

羲馭具朔晦，禹甸雜險夷。鸞翮有時鎩，晨葩匪常姿。躓埕亦偶爾，得失庸自知。虛憍得卿狂，黯慘嗟臣飢。持此謝時輩，空貽槌腳嗤。齊物不足論，達旨宜可師。願言眷松柏，歲寒相與期。深宵月欲下，拂石調焦桐。鳳城富芳樹，漏靜來薰風。大音邁皇古，知希非道窮。蘊茲淡泊懷，毋損黃鐘宮。曩餘振奇響，亦或砭宋聾。成連不可作，吾思柴桑公。

挾策排天閽，逝將歸舊廬。舊廬昌華西，叢桂何扶疎。海程跨輪舶，談笑呼龍魚。籌邊列層障，不礙蜃母噓。偉此秦漢蹟，遑辨囂佗居。酒酣漫奇騁，蜮沙仍鬱紆。鏡清侈新詠，潮信原徐徐。良覿已有期，此別何足惜。獨慚北山詩，鞅掌負晨夕。汲古謝修

綆,研經蔚專席。僧房絕囂塵,班香溢四壁。得酒相招邀,旅懷
有詩適。往往雜談諧,送難不嫌逼。無端博士驢,袒肩汗爲赤。
春朝疊歌詠,韻語清可滴。秀贏偏多能,所至安可極。會當搏扶
搖,高騫垂雲翼。擲筆望歸舣,何時戢蛟色。

季度客津門屢有書來寄答一首

別懷駃騠寄丁沽,蹤跡何當類賈胡。海外亦知名士貴,天涯終慮
客星孤。已看雞鶩嗤餘子,未必驪駒待僕夫。慈綫紉衣前日事,
歸期先報倚閭無。

秋懷詩簡常熟尚書

四序秋不嚴,金莖飽承露。氤氳紫壇煙,林皋盡嘉樹。芳草寄王
孫,陽戈已云暮。望舒澄清輝,曾徹延秋路。銀繩高沆瀣,頹雲
亦潛渡。蕭槭生幽懷,江湘盼蘅杜。且乏蛤蜊食,遑補鷦鷯賦。
臣斯工篆刻,奧恉鐫空山。惜哉長城畫,匪惟車府孱。伏波范銅
柱,將以威百蠻。何如但鑄鼎,取足昭神姦。秦漢代綿渺,古意
猶鬱盤。磊落注蟲魚,略不遺叢殘。金石況不朽,刮垢磨蘚班。
豈徒蘦白辭,能令觀者歎。
清宵不成寐,林籟流絲桐。靈根昧牛鐸,無緣協黃鐘。更張抑何
遽,闇解疇能通。宮羽輒移換,翻咎伶倫工。尋聲析雅鄭,喻旨
徵昭曠。不礙百鳥喧,孰爲孤鳳容。延陵去古遠,觀歎歸鴻濛。
加髀不知倦,爲利蓋已微。削趾以就屨,或曰能知幾。白藏戒蕭
序,恤緯宜孤嫠。風蟬噤寒響,代馬空西嘶。山居既秋穫,窺戶
來貁貍。墐塞匪常功,矧復蠲藩離。重維綢繆初,倍瘝農人思。
夏潦迫畿甸,舟楫將告勞。仍歲麥收歉,澤雁紛嗷嗷。河淀且潰

防,急役宵鳴鼕。牽茭復爲粥,所資惟泉刀。周困或虚指,綵櫂誰與操。秌塍蒸淫草,饑蝗重游翔。金颷滌殘暑,曾何劃鬱陶。室虚祇生白,仰視長庚高。

遲盦大司寇屬題天女散花圖

菩提花雨徧諸天,老去維摩已半禪。悟澈伊蘭香識界,世間無相不神仙。

天孫雲錦濯文漪,妙法傳衣本老遲。長笑泛槎河畔過,客塵無石慰奇癡。

次和壺巢京兆崑崙關題壁圖呈遲盦尚書

崑崙絶壁仍蜿靈,高歌直令神鬼聆。伏波無人武襄老,巖關惟此新詩銘。君家世德徵山庭,馳驅許國無少停。蘭錡畫戟度南嶠,邊籌久已鍵吾扃。翩然謁帝來燕陘,黄華香裏搖鸞軨。恩加大尹拜新命,吟眸虚盼君山青。鳳城驄馬臣所經,詎憶桑下邑灘舲。胸羅寸錦發光怪,蛟龍欲攫涎留腥。詩囊幾墮雲鶉廷,温犀手握難逃形。壺巢灘行覆舟,行李漂没。即今神蟲盡飛遴,近幾雲稼秌不零。畫圖韻綴瓶生瓶,常熟首倡,遲盦和之,凡七疊韻。海棠院宇修篁廳。卧遊展卷自怡悦,肯使勞逸嗟蓬萍。臣叔不癡言自馨,起居近仍勞宸聽。遲盦足疾乞假,近將告痊,壺巢每召對,輒蒙垂問。松柏回春履聲澈,竹林佳氣昭辰星。

疊前韻索瓶生尚書題運甓齋話別圖並簡遲盦壺巢圖爲望江中丞繪贈

虎頭妙畫能通靈,説義祇許知音聆。倪迂健者眴仙去,懷舊已悵

琴臺銘。年時奉使過楚庭，詔籌邊事許暫停。運甓齋頭樹猶碧，
麈談夜叩軍門扃。畫法仍皴南北陘，別愁奈此驪駒軿。畫行衣
繡路旁羨，寫韻差幸留丹青。尚書進講朝橫經，萬荷深處移畫
舫。西苑嚴冬敕騎馬，衣袖不襲冰魚腥。文章世德孚宮廷，進賢
冠合先圖形。安石碎金每散見，什襲豈復虞飄零。紫芝白龜同
此瓶，米家船敞玻瓈廳。題詩一諾靳未踐，彌令往跡慙浮萍。崑
崙疊唱旨且馨，遲盦冬夜欣同聽。觸茲索迪衍長句，漫憂寒迫庫
樓星。

喜雪再疊前韻贈壺巢京兆索和

齋宮祝版歆羣靈，宸章朝下神人聆。天公玉戲從所至，尹笧一夕
鐫新銘。柳絮因風颺謝庭，璃瑤碎揉不肯停。白鵬皓鶴奪鮮素，
試煮梅花窗掩扃。瓊樓朗澈西山陘，貂裘有容馳車軿。田家豚
酒匪奢望，麥苗失喜平疇青。勞勞盍亦稽農經，黃蘆淺瀨牽漁
舫。葛衣箬笠傍煙語，盡撇塵尤躅銅腥。心跡何分野與廷，江湖
憂樂終相形。今年南北困旱潦，恩頒銀粟周孤零。憶昨過從慙
挈瓶，尚聞春撫籌寒廳。怪底城鄉但説尹，充饑誰復思楚萍。相
門舊德蘭斯馨，清訟碑留椎結聽。尖叉寫韻畫眉暇，已望農壇酬
信星。

承光殿玉甕歌簡遲盦尚書

金源琢玉作大甕，蛟鱷百怪紛蟠拏。前代寶藏視似鼎，神物畢竟
歸天家。鏤石為亭置文礎，堅光貞耀涵瓊花。團城高高切霄漢，
露盤仙掌安足嘉。松扉雲棟恰輝映，古氣磅礴開中華。璇題巍
煥重比德，翰林賡和徵無瑕。方今聖恩拓柔遠，使臣絡繹歐羅

巴。端拱承光受朝賀，寶星花珮紛如麻。千羽兩階百獸舞，史官紀實蠲矜誇。每逢覲典得展眺，輒憶五洲曾泛槎。狙公蠻母恒河沙，載書填委煩梳爬。雍容槃敦示修睦，懽聲從此沈邊笳。金鼇曙色蒸晨葩，鏡瀾遠澈紅海涯。太液晴波接天際，威稜久已宣荒遐。萬年舉觴際嘉會，班聯玉筍瞻軒霞。

常熟尚書疊崑崙圖韻爲題運甓齋話別圖縷及墨洲使事因疊前韻酬之

墨洲運會鍾鴉靈，南北花旗戰定紀功之地曰鴉靈頓。地懸金奏曾數聆。折衝往往及樽俎，何暇遠近燕然銘。武功伊昔征犁庭，三城既築兵始停。蠻蝤絕塞富紅柳，玉門隍外嚴晨扃。南置鄂博如連陘，馭朽遑恃車有軨。虎狼蠡蠹日復夜，萬古不改天山青。誰探奇績箋荒經，渺瀰耐此空波舲。節旄不墜風雪老，發篋輒帶蛟鼉腥。威稜幸已宣王廷，夔魖魍魎難遁形。僑氓卅萬得調護，石泉冤淶猶涕零。石泉諸案，美焚逐華僑，殘忍之甚，疊與爭論，美始賠償三十餘萬金。載書朗澈瑠璨瓶，忽爾高束東西廳。戊戌與美訂善後四款，總署初謂妥協，旋以各口怨謗閣置東西文案間。從茲彼族自懸禁，美遂援庚辰專約自爲屬禁，杜絕華僑，余方兼使祕魯，無由面爭，愧甚，華人生計風中萍。蘩菔豈合回芳馨，悠悠毀譽安足聽。今年金山華人深悟前約未成爲悔，絡繹稟陳，抑何見幾之晚也。感君題贈得真摯，披圖吾重慚使星。

遲公足疾將愈昨辱題圖猶及養疴情況戲疊前韻奉答

軒黃祕帙垂蘭靈，玉楸新解人共聆。何來海外虵顚角，越南産犀角能去腫。乃獲奇捷鐫盒銘。憶從休沐修黃庭，招呼明月杯且停。偶逢秋儲或坐隱，未許麴生潛叩扄。下堂拄杖如山阤，陳情屢乞懸車輞。殊恩稠疊但給假，經冬松柏彌青青。天花悟澈維摩經，遲公近製《天女散花圖》，題詠甚富，鄉枌虛憶南池舲。太醫承旨日診視，收效兼採鱣魚腥。走馬胎膏，桑寄生煨白鱓，治足疾最效。宵衣事事謀樞廷，幾將鑿壁窺神形。六九寒消宿疴散，趨班不訝霜髭零。從茲勿藥躅鑪瓶，便詣西苑過南廳。金吾待漏處。太液橋邊漫騎馬，三篙曉渡初生萍。東華居近霏蘭馨，舊圖新詠良可聽。碎金更覿春帖子，未應鬧殺酒旗星。

二月五日敕賜廷臣坤寧宮喫肉

玉階仙仗翠屏開，華轂朱輪割肉回。春在九重多盛典，雪晴萬戶淨纖埃春雪如霽。已看金石宣雲陛社稷壇祀禮成，應有詩歌邁柏臺。臣朔漫爲饑飽計，拜恩況是出羣才。

廉生以乙酉病起示同人詩索和伯羲既和之矣壬辰除夕病起復依韻爲之意味深長讀之怦然分呈兩首

好古平生意罜然，公琴久已考庭堅。最難纓弁紛華地，別敞詩壇淡定天。名世豈惟高士傳，耦耕不藉水衡錢。誰能束縛供馳驟，偶啜糟醨欲放顛。

傳經心事總翛然，繞指真鋼百鍊堅。眼底歡場惟嗜古，睡餘清夜尚談天。中年憂樂慵看鏡，玉海文章不鬻錢。問訊干孫託芳草，春宵鬧殺柘枝顛。

六月十二日苦雨

麥秋方得歲，暑月忽愁霖。請霽頻承詔，蠲租即賜金。近畿仍水患，多難豈天心。急切謀安集，應無澤雁音。

懷襄崇禹績，灑澹迫堯年。易下綢繆淚，惟期泛濫偏。炎蒸龍伯國，秋入杞人天。旦暮城隍外，浮生託渡船。

屋角懸飛瀑，通衢響急灘。簿書期會急，車馬去來難。宵禁虛魚鑰，風旌驗鳥竿。賦才誰二陸，寸管百憂攢。

未應長晝暝，漸覺淫雷瘩。庭院疑川漲，江湖肯陸沈。談天將澀舌，仰屋竟何心。杼柚無消息，盈虛略可尋。

北駛河流壯，宣房歲有歌。龍門來汛猛，蠣嶠積沙多。遷徙方生聚，薪茭耐折磨。畺臣親督役，羊報近如何。

津沽河淀外，版築創新工。伏汛金龍降，昏霾璧馬空。安危關右輔，勞苦澈深宮。近接神壇路，先瞻海日紅。

十三日辰初雨止詣午門宣浙江江西湖北考官詔旨歸賦短篇

曉起趨丹闕，鑾輿請霽回。液池經雨白，山靄自西開。典試皆殊眷，時艱盼治才。年年宣詔旨，涼綠上容臺。

前門積水數尺晨霽甫消晡陰復雨追悼潘文勤

長憶庚寅夏，籌荒暑雨中。電書紛乞米，省局準捐銅。濟治能虛己，拯危本至公。宅過潘太保，遺愛峴碑同。

連日大雨仲約方在貢院校八旗童試奉懷一首

連天暑雨使車回，更敞龍門玉尺裁。庭院濃陰蒸瘦菌，文章秀色上新苔。窮通骨相休言命，豐鎬衣冠易選才。耐得經旬深閉置，不知請霽有高臺。

次和廉生雨中即景

急雨連霄處處窪，城南愁絕碧筒花。輸他鎖院衡文者，花乳浮甌尚煮茶。仲約方考八旗童試。

新苔碧色映銅甌，安得晴霞似錦鋪。燕市追思滂喜德，活人不使米如珠。謂潘文勤。

爲孔式如商派一差大農復餞檢官簿洙泗之間有先達者矣賦此代簡

洙泗有先達，因用貽素書。所期振懸緒，匪惟歌無魚。經壁音希微，葛藟資春噓。歷朝所賜田，湮沒成荒墟。家禽飢脫瑚，老檜空扶疎。華冑能習勤，或亦光舊廬。況邀伯樂顧，空羣皆良駒。長揖謝林薈，輒爾占茅茹。

奉答重黎觀察登知稼樓見懷之作

塵世難逢去後思，高樓空復峙湖湄。十年慚觸紞如鼓，千里遙傳感舊詩。望裏九華仙子宅，情違三宿梵王祠。樓在永福庵西。懸知秋稼如雲日,醉倒山公白接䍦。

光緒癸巳夏德小峰中丞述職來京以令曾祖韜光蠟屐圖徵題爲賦長句

靈舒有遞嬗,邱壑多回姿。弢光舊裙屐,古德稱鬚眉。密竹共泉冷,修叢誰護持。哲牧嗣清塵,誦芬良在茲。蘭若既重落,金色勇蓮蕤。絳跗映朱蕚,美灼晨葩詩。當時主客五,津梁皆不疲。添豪亦偶爾,已繡平原絲。緬惟承平日,政暇神自怡。道咸盛文藻,風物猶雍熙。苕苕六十載,孫謀徵燕詒。監司逮開府,東南遍謳思。勤勤述祖德,七葉光蘭錡。來朝稅炎軥,乃獲瞻羽儀。握手平生懂,臭味齠澠淄。捧圖索題句,謏陋慚妃豨。宮體況茫昧,達音庸識微。高挹山庭標,頓釋世屯嚱。三洲昔旋節,曾泊西湖陂。山花落酒釃,楊柳搖春旗。猥乏濟勝具,靈鷲虛委蛇。展卷動遐矚,勝因從可追。聞香輒生識,恍覿曹溪衣。性根得淨業,寶筏無窮期。江潮海日觀,萬古常昭垂。

秋夜齋中蘭花盛開

秋高夜漸永,籟寂蘭氣清。喻懷在空谷,不聞鴻雁聲。

江建霞翰編太夫人竹柏圖

貞壽無窮期,承慶永晨夕。阿兄諗平生,爲圖竹與柏。孤根勁節天所憑,風霜鍊性成堅冰。南極星精隱調護,階前玉樹開雲仍。有子才如景純錦,筆花家範猶醴陵。然藜博得五花誥,輒憶寒夜篝機鐙。北堂仍歲拓嘉蔭,古義直可齊桿藤。承天池影固清絕,孤山二詠差能説。披圖几案生涼颸，耿耿明河濯孤月。

遲公近索南皮相國畫山水十二幀常熟尚書各爲題識中述消寒之約綴及鄙人遲公因屬署檢復促爲詩爰賦短篇

遲公愛畫真入神，新得南皮十二册。韻齋題詞清麗絶，盡洗風煙歸咫尺。公卿精神國元氣，獨惜消寒靳浮白。春前得雪慰遐思，玉龍鱗甲紛紛擘。懽聲樂歲徧都下，展圖撫景彌淵雅。高風振嶽雨沛川，萬柳陰深開廣廈。置身已跨蓬萊巘，別有情懷寄桑者。谿壑迴姿散鬱湮，江山無盡供陶冶。由來健筆天所成，最難主客皆星精。安見勳華炳中外，碎金未許垂丹青。模楷何煩刻玉楮，雅頌長此留宮聲。書籤琢句疊相屬，敢隨妙畫誇通靈。

春夜宿嘉會堂

重簷雪後漏沈沈，春氣難回獨夜心。平準尚饒寒女帛，鑿空誰拓卭人金。何年風雨謀桑戶，殘臘冰澌綴竹林。荆楚歲時非佚記，颭塵荏苒到如今。

遂園禊宴圖中冠服足徵掌故比從均齋尚書假觀承屬題句

漢家掌故幾人知，絶妙丹青識羽儀。曲水園林宜禊飲，憑春耆舊有新詩。玉峰花氣涵書局，湘月清歌付酒巵。輒憶翠華臨幸日，由來江左似蠶岐。

黎光禄挽詩

鄉里徵名德，殊方拓遠謨。憂時霜鬢早，講學道心孤。濂洛關閩意，英俄普法圖。經營多事日，攬轡重踟躕。

一典南安郡，城危氣特豪。教忠原母訓，脱險得天褒。簪珥充軍實，韜鈐憚賊毛。茅簷諸父老，猶惜舊鞽刀。

臺澎威惠著，蠅棘動歸帆。儒術能爲武，英風迥不凡。海礁明坼埃，門薤猛鋤芟。晚督樓船役，翻思白木鑱。

養疴林屋裏，田舍豈初心。蒿目江河下，棲神澗壑深。輟彈荒外涘，時散里中金。有子皆登第，遺書定可尋。

長憶蘧廬夜，文窗對客開。廿年成永訣，當代失公才。活國仍留策，援鄰久澹災。平生風義在，潮汐寄餘哀。

贈東使歸國

頻年拭玉駐京華，雲水相鄰儼一家。高會無端折楊柳，歸途猶及酹櫻花。紫宸春覲留佳什，黃海波平息暮笳。遥指蜻蛉川上路，有人計日望浮槎。

辦道謠

朝辦道，夕辦道，略撥涇泥墊浮土。居然廣陌如砥平，應卻官差互相告。笨車重載禁勿行，鞭絲帽影翛然好。無端夜雨忽傾盆，不見黄塵見乾草。金棺昨午頓前驛，豹尾旌幢光可數。泥滑愁污校尉鞾，潦行預戒中官縞。猶是先皇椒掖恩，豈視人間北邙悼。春風彈指一刹那，玉盌銀鳧惜不早。漸看天脚仍放晴，改道傳牌瞬飛到。村農荷鋤日杲杲，捕兵督役交馳騖，急拔新苗不遑掃。秫穗初垂穀尚青，但求免觸官家惱。籲天兼乞雨勿來，不爲差徭事祈禱。

紀行雜詩十首

夾道修叢閟野風，煙郊車馬日憧憧。路旁村婦蕭閒甚，髮白猶簪木槿紅。

晨挈輕裝踏雨行，障泥何惜潦縱橫。錯河橋斷船仍渡，伏暑終虞瘁墊牛。

白潤東行盡淺沙，青青荷葉晚風斜。宮前松色仍蒼秀，慰喝祠官特煮茶。

募軍曾渡遼東去，回首前塵廿八年。燕壘壁痕無恙在，慚無健筆拓幽燕。

臥看盤山三十里，竟從雨罅到州城。晡陰已渡觀音閣，平地江湖頃刻成。

旅榻塵堆壁半欹，漁陽舊說麥雙歧。蚊蠅蚤蝨方司令，差幸嘲嘵不解詩。

濠門古戍午煙微，龕路衙官阻水歸。忽雨忽晴天蕩蕩，青山失喜入窗屝。

誰掣飛泉激亂流，陸行應更念虛舟。危橋深澗黃昏渡，綠雨漫天見寺樓。

對飲何緣約老兵，蘆簾障雨一書縈。薊門從古無山鷓，泥滑明朝漫戒行。

萬重山翠盪晴雲，長日蟬聲泂不聞。行過石門回首望，幾時飛去石將軍。石門峭壁石如人形者二，帶道兵領余諦觀，並言近存衹此，對山一像已飛去云。其下有石將軍廟。

初冬蔡村行次酬新吾世兄留別詩

東閣郎君香案吏,往還形迹久相忘。習家池上清厄美,郭隗臺壖別意長。從古鵷鸒偏被嚇,蔚天喬木已圍蒼。宦情卻被侏儒笑,典去朝衣始辦裝。

六朝煙水氣常清,濁世何當有盛名。掌上未逢天外使,膝前遥隔塞垣兵。山川莫喻人情險,風雪懸知驛路平。一語贈行應自慰,不曾賣賦綴金籯。

論都旁魄豈馮虛,昏眊慚無諫獵書。地上騏驎西苑馬,天邊貙虎北門魚。已看七校能爲武,始信長安不易居。聞道成城資衆志,風雲應爲護儲胥。

陰陽短景速孤征,霜雪寒宵度野營。淚盡四郊多壘日,愁生下澤故山情。嚴冬漸覺寒蟬蛻,熟路無虞櫪馬驚。十萬邊軍遼海外,可能征北是長城。

草枯沙白莽蕭蕭,鐵甲將軍夜度遼。幕府舊連箕子碣,女戎兼騁楚人腰。寒碪木葉空追憶,風馬雲車未易招。禿柳當門生意澀,茫茫昏祲幾時銷。

潞河涂次偶成

潞河寒月澹無痕,鼓角聲遥暝色昏。豈謂凱歌遲塞上,重煩乘傳度津門。客中安得神仙枕,國是仍咨岳牧言。漠漠風沙桑野外,渡頭鐙火自成村。

從弟子豫自長崎回滬近始遇之天津

毒流蠆螫竟稱戈,草木兵前奈老何。三輔風塵同調少,十年江海別愁多。代謀賴爾曾飛電,赴敵何人急渡河。三月底子豫即電告東洋派兵赴韓,總署飭查,汪使以爲訛傳,且詆訶之。邂逅津門多難日,幾時重聽摸魚歌。

涂中書所見

鷹揚宴罷客歸時,油布車箱滿箭枝。膂力已隨刀石盡,功名未許雪霜知。青山不改登科制,黑寺終爲肄武期。誰謂弓藏緣鳥盡,無煙礮藥早矜奇。

送別易希梁太守鄂州

舊時煙水共浮槎,歲歲西樓看菊花。負乘繁憂生島國,一麾離緒到天涯。胡牀月色游蹤老,鐵鎖江防感慨加。黃鶴白雲仍健在,郢中酬唱更誰家。

西山

秋盡西山稱偶游,盡臠騎從託扁舟。相逢共騁安邊筴,馭遠翻增仰屋愁。肯盼強援疏本計,儻從前席借新籌。春來遼左仍征戍,早晚邊城雪涕收。

滄海

無端滄海忽揚塵，谿壑應回大地春。慷慨暮年誰烈士，艱危時局有完人。豈徒棘瀏渾如戲，難得丹青爲寫真。日市名香仍媚嫵，未妨長作玉池民。

題黃小宋壯游圖

張艫曾泛五洲槎，二十三年一到家。輸與使君圖畫意，山窗鄉信逗梅花。

遼海軍書晝夜馳，相逢偏在歲寒時。錦衣藍面非真訣，合補惷惷夢夢詩。

乙未三月八日奉題閻文介公慕槐仰梧書屋圖卷撫今思昔追悼何已

誰謂人間有陸沈，百年喬木失層陰。滄桑劫歷先臣宅，風樹寒摧仲子心。講學河汾仍述德，遂初山水更遺音。撫軍枋國平生事，圖畫蒼涼屬故林。

萬牛回首棟梁摧，西望榛苓賦八哀。論定應從恩怨外，時危幾見管蕭才。已隨紙尾籌邊後，復覿旄頭徹夜來。山海戰聲連朔漠，獨無風鶴到泉臺。

當戶幽蘭合被鋤，翻輸籬槿得扶疏。歲寒相惜惟同調，宵旰增勞在謗書。往事未堪論塞馬，近憂何止慨淵魚。風雲猿鳥虛神筆，露布經年盼電車。

榑桑偃水激滄波，東道朱蒙可奈何。木柹近浮殷浩閣，雲旗終返魯陽戈。竭來風會誇蟬翼，故相門庭但雀羅。空聽杜陵悲大廈，須知萬古有江河。

晏海丞自關外回京述牛莊戰事

短衣射虎當殘冬，戰場白日生悲風。升天隕地亦偶爾，紛紛人狗皆爲功。田莊大纛標元戎，檄文彪炳陵長虹。海城一夜敵兵出，儀衛瞬息逃無蹤。杜陵詩史及諸將，遼左軍儲資大農。指揮尚執玉如意，或爲猿鶴爲沙蟲。祇惟東坡善學啞，未應宋國甘長聾。游氛從此益恣肆，大言炎炎惟書空。

過新吾寓齋寄懷

化石橋邊吏隱居，春秋華實意紆徐。吳中方續圓圓曲，海上誰箋夢夢書。詞苑久違文度膝，嚴城虛挽鮑宣車。綠波碧草江南路，洗馬神清玉不如。

挽趙菁衫觀察

亞夫營裏日相過，澱水風光一剎那。同舍故人精藻盡，論文知己鼎元多。菁衫哀啟，平日論文，推陸鳳石、曹竹銘兩殿撰。振衣登岱無纖翳，列戟如雲自獻歌。傳世共欽文筆美，酒狂分屬更誰何。

新吾詩來及馬關之役重寄一首

撩撥繁憂付短吟，罡風澈海不成音。同文外史言何益，賴襄，廣島人，有《山陽外史集》。述異吾妻鏡可尋。虎穴幾時歸定遠，蛉川無地駐韓擒。臨邊將士皆騰飽，鏖緯民脂內府金。

四月十一日途行書所見

悄無絲管閔春宵，憂樂從知付度遼。新澤已加雙捕虜，橫空惟見一嫖姚。漫天榆莢難爲寶，夾岸桃花肯見招。九九腸回仍買日，倍慚生事遜漁樵。

叔憲先生撫麓臺長卷筆墨神韻俱到欽佩無量辱徵題詠爰賦短篇

煙螺積重陰，齋魚澈高嶺。修薄翳深箐，客尋之字徑。咫尺亦云遙，奇探動觀聽。惟應結山居，此中可棲靜。

壺巢京兆見贈李叔士仿楊龍友畫李香君像賦詩索和依韻兩首

河東豔貯絳雲樓，爭似芳痕白下留。客棹興回春雪散，桃花扇底不驚秋。

琵琶詞筆已翻新，借鑒中郎別意真。繪影豈惟龍友擅，廣寒仙子有宗人。

戚武毅寶刀歌和王祭酒乙未春，祭酒回籍辦團，萊陽令所贈也。

慨從火器入中夏，坐令五兵如敝褌。將軍舊勳隕東海，寶刀歷世波紋新。大開幕府鎮遼薊，蘭錡衛士皆駪駪。沿邊城堡聲息接，

夕烽照澈珍珠門。敵國風帆餓鷗箭，不夜村人仍晏眠。威稜遠
邁晴蛉川，牙檣勝績成山巓。當時枋國非太岳，此才豈易追淩
煙。丈夫事業在遭際，愚愚夢夢威武毅詩集名止止、槀曰愚愚、居曰
夢夢。聊言詮。備倭遺墨昔瞻眺，髣髴靈旗天際翻。無端蛟蜃
竟登陸，廿年說劍增憂煎。茫茫昏祲未盡息，安得石馬騰雲端。
祭酒堂中拜遺像，英姿爽颯蟠玉尊。投壺餘暇事柔翰，詩文專集
尤翩翩。祭酒今春秉朝節，投袂抗疏歸籌邊。自佩韘刀歷鄉國，
晝行衣繡猶爭傳。縣令占星等雷煥，寶氣隱隱歸輶軒。豪情脫
贈使得所，銀函在手徵前緣。方今武庫急新器，學製不止魚雷
船。空言檉楚或非計，洗兵銀海知何年。百鍊精鋼指可繞，紀效
應爲南塘箋。帶牛佩犢更何事，片石足補媧皇大。

乙未臘月十八夜壺巢京兆齋中觀伏虎韜 劇感賦其事簡遲公

長安夜色何漫漫，焙笙炭爐虛金尊。竹林今夕展嘉會，乘醟顧誤
宜言言。姤潭一婦應圖讖，華冑從此傾軒轅。大雌牌示悍如虎，
畢竟狡獪輸飛仙。外侮紛乘悉自召，頃刻庭户如兵喧。閨堂狂
索本狙詐，呵叱萬態交相煎。移家輒詗寇能避，來勢不僅圖銖
錢。翠珠金釧忍作質，賄而更使銀山蠲。傾箱倒匧迄不惜，藥碾
遽報途行顛。是時訟累苦未息，青衣吏卒猶拘傳。鐵索銀鐺漬
粉汁，主僕不得相周旋。虎皮羊質氣已餒，機巧適足增釁端。或
云貴人可緩頰，解紛往往資仲連。翹妝破涕特歡接，所願急難紓
目前。貴人忽復作毛遂，求鳳無待琴心宣。可憐縞袂善眉語，意
外結此桑中緣。蘼蕪故夫漫復道，破巢翻喜身獨存。洞房一夕
生寒煙，驀地湧出修羅天。城隍寶殿亦幻耳，諸相畢現難爲顏。
古來不少牝雞孽，賈禍亦或群魔牽。傳烽請獵玉且改，未若此劇

聲情妍。試叩龍華訊因果,梅村豔曲編圓圓。山僧有偈不肯説,
雀躍魚睨幾忘筌。上方鐘磬月將曙,拈花但作如是觀。

寄懷李新吾南中

雪虐霜饕木自喬,柘皋波外盡蘭翹。經年兵氣仍包虎,海内文壇
合射雕。求野漫營騷國賦,撫時倍惜客星遥。封胡羯末從蕭散,
眼底江春送畫橈。

沈石田灣東草堂圖歌次和遲盦

雲騢舊指方壺東,瑠璨萬頃浮鮫宫。陰崖欹岸盡黯慘,浪花噴作
煙冥濛。平地頃刻成蠶叢,安得善御泠然風。卧游至此憶宗炳,
杜門不礙寒飇衝。草堂十畝春無窮,山水繞屋青重重。沙明水
净豁霞色,髣髴仙洞桃花紅。笋雞菜把能常供,養和一室顔如
童。清談魏晉且不屑,漁父未許尋前蹤。人生此境誰與同,畫圖
觸手欣奇逢。頓蹇憂患託毫素,詎假燕筑擫醋雄。新歌得寶言
非空,樂志能宜惟石翁。每懷二妙勤饞沫,雅嗜竟爾兼魚熊。

二月晦夕雨雪善緣庵待漏

春城噓暖雪花飛,郊樹生寒綠意微。蕭寺梵鐘知客到,深宵芋火
遲僧歸。連雲宫闕瞻天近,入望田塍得雨肥。稍喜新軍嚴壘撤,
不勞短後雜朝衣。

題善緣庵壁 庚申之災此庵獨存,住持僧述舊事甚詳。

到門無犬有桃花,翻笑漁人得路差。劫换秦灰徵梵力,煙銷楚炬

見山家。旛風曾戢豪酋燄，寶月常懸玉珞華。過眼滄桑誰復憶，休論猿鶴與蟲沙。

僧寮

夜色沈沈雨意連，僧寮景物重幽妍。枯槐聚蟻非無地，叢棘攢蠅別有天。居好不嫌題夢夢，曲高誰與和圓圓。人間未輟棋枰劫，到此宜參面壁禪。

仰屋

仰屋頻年一炬中，九埏計籍散秋蓬。重憐吏卒成焦爛，敢向邊軍語困窮。補袞幾人扶日馭，徙薪從古賴天功。瀕危留得金銀氣，劫火原非武庫同。

三月朔日送仲約親家靈柩南還

卅年簪筆直承明，憂國紆籌負盛名。長愧不才供唾罵，那堪死別見交情。傳家尚有書連屋，弱息能教祿代耕。南去素旗誰表德，虎門潮汐寫哀聲。

俄使座中有狗能歌卻無節拍但襲歌者尾聲亦異物也產烏汾潃

鸚舌猩言總未真，胡歌屬狗迴傳神。近悲燕市虛屠客，誰識秦關有盜人。鐙火琴尊原異俗，柬西疆索竟爲鄰。時平談謔多歡會，漫騁詞鋒雜酪酕。

庵居

劫外鐘魚偶結鄰，連城新綠總宜春。已虛齋課勤陶甓，聊欲庵居避庾塵。憂患飽經詩膽澀，去來無戀酒腸真。精鋼百鍊難爲繞，獨愧溪頭種樹人。

遲公正月十三夜有詩索和久未報命庵居清暇賦此奉呈

老去閒情未易降，早春花氣動晴窗。千年鶴瘦猶堪睹，百斛龍文已獨扛。應念僧傳絃外響，遲公近悟琴理。添香人識畫無雙。遲公近得唐靜巖卷，姬人乍閱指爲麓台，遲公爲賦《減字木蘭花》一闋。何時共醉煙波曲，滌盡煩襟唱大江。壽農適有書來，偶觸及此，擬錄此詩寄之。

二十二晚戶部火吏議罰俸一年蒙恩抵銷感賦

檀輻原應愧此詩，故山況是薙花時。輪邊久已艱籌策，曲突何當失護持。尚拜恩綸糜月廩，敢云勞軸荷天知。頻年宵旰宏慈渥，每念涓塵涕淚垂。

三月九日退直敬子齋偕訪陳桂生厲莊看桃花

石橋曲折隱田莊，仙仗樓臺映曙光。瀚海兵鋒留戰蹟，恒春輪舶傍宫牆。到門已挹西山爽,汲井能回玉水香。今日看花初涉趣,幾時桃實飽東方。

甲午八月交卸禮右同僚索留别容臺詩軍事方棘固無暇也近有所觸補賦成篇

禮樂容臺集衆仙,攝官曾此住三年。舊時邂逅盟鷗地,急劫縱横賭鶴天。數典未忘干羽格,安邊長盼捷書傳。江流遺石猶洶恨,漫結祇林懺佛緣。

壽劉我山母

八寶城高綽楔光,花冠霞帔簇珩璜。家傳金石能名例,秋入松苓更透香。芝檢拜恩宜壽母,綵衣歡舞有仙郎。亞芬才筆班書教,豈僅蟬貂七葉昌。

筱雲宫保蘭祥圖卷

沅湘秀色真可餐,當户何意栽芳蘭。去天尺五得仙露,一花十瓣生奇觀。不逢燕姞亦呈瑞,漫付爨尾流幽彈。含薰一室有妙理,數典已補西臺端。山亭陳跡復奚感,因香生識多歡顔。主人雅尚兼愛竹,湖樓萬頃青琅玕。清風南北鎮相接,煙霾消盡皆平安。

次韻譚彤士太守留别二首並柬粤西同鄉諸君

東渡曾探絶島春,丁年冠劍際嘉辰。歸裝已罷三韓戍,盛典仍來

萬國賓。回首江流空渾渾，關心倉粟重陳陳。西京家法毋高論，
獨惜長沙涕淚新。

滌盡閒愁入酒杯，贈人言更愧瓊瑰。繡行枌社春如昨，舟到梧灘
水自洄。臥治漸憂鼾睡逼，射鵰誰是控邊才。相期翡翠明珠外，
元夜鐙光有客陪。

七月十三日黎璧侯太史招集陶然亭即事賦呈座客

重到江亭已浹辰，叢蘆依舊接城闉。枯潭水盡乖龍遁，前年怪事。
蕭寺雲留怖鴿馴。往事漸從愁裏過，客談終覺醉時真。承平冠
蓋謨觴地，舊蔔香回太古春。

秋懷

萬荷依舊漾秋漪，作柱何如作鏡時。玉宇瓊樓天不極，蟹筐蠶績
世相資。徒聞嶽麓能長睡，誰信城中尚闊眉。天氣漸寒蟬欲噤，
白頭猶譜北山詩。

衝天月浪澈銀河，今古無端入醉歌。江左少年更事少，西京風會
積薪多。誰從海上馴鷗鳥，漸聽邊荒蹙橐駝。至竟老髯工妙悟，
醒時曾解喚春婆。

伏汛頻虛版築勞，長隄橫決賴天高。防秋轉幸螬餘實，警夜翻憐
犬是陶。舊俗織蒲原妄惠，近時楗石要人豪。百年聲實談何易，
空聽江淮說大刀。

往事蒲輪未易求，張膻春去瞬徂秋。已無經術酬霜簡，尚騁行鑣
繞地毬。難老豈徒徵鑒鑠，迷方翻慮重離憂。相逢合是黃華節，
海屋宜添第幾籌。

八月十六夜善緣庵待漏

無緣曳秋屐，遑問故山松。獨夜傳仙梵，遙天澈宋聾。竹房詩境瘦，人海酒場慵。三宿浮屠意，何時到曙鐘。
枯禪過夏坐，太史紀秋分。初地懸孤月，前山盡嬾雲。弓衣方什襲，楸局尚紛紜。求野多幽意，何當說六軍。
烏啼非昨夜，鶴睡耐新寒。每愛金颸爽，從知去日難。水流原不舍，秋思總無端。林籟移宵柝，清談負嬾殘。
舊時裙屐會，直到祕魔崖。月浪光能鑑，秋花色倍佳。辨誣非謝傅，健步似陶齋。闇解霓裳外，宮商亦自諧。

過恭將軍故宅

江上分攜塞上來，相逢京邸菊花開。無端涕淚凝塵榻，愴憶星芒墮夜臺。綺歲聲華歸選部，康時功業是邊才。郎君清貴今雛鳳，每過侯門首重回。

錢南園畫馬歌同張祭酒

南園書法妙天下，餘力猶工畫瘦馬。零縑尺幅人寶之，一代丹青重聲價。慘淡經營疑有神，御榻真龍此其亞。幹惟畫肉何癡駃，渥洼骨相終難假。可憐躬際承平時，終日坎壈纏金羈。權相駑駘恣縱指，湘波渺渺吹毛疵。銀臺興蹶亦偶爾，豈以奔走昭權奇。深心自昔託豪素，市駿臺虛睠燕路。若使騰驤突陣雲，邊沙橫掃猴兒軍。不然化作昭陵石，天半黃旗汗流赤。生死仍酬伏櫪恩，緬想雄姿總成癖。長安秋老風蕭騷，安得龍夐供爾曹。清池夜半未云險，鹽車峻坂時相遭。將軍絹素特肖似，西徠歌詠尤雄豪。按圖急索尚非晚，天河不動房星高。

近得錢南園畫馬一幀常熟尚書嘉爲真蹟遂移贈并綴以詩

乾嘉以來畫駿馬，能事獨數錢南園。藏鋒斂芒未易識，取神遺貌幾忘言。直如伯樂過冀北，良材名德皆騰騫。文人繪事寓意耳，驪黃牝牡非真詮。蕭然回立氣深穩，晶光已攝蜻蛉川。曾無六印帶飛字，似遜立仗依金門。平沙淺草遠無際，安用牧圉施鞍韉。或云功成得閒曠，亦疑房精初墮淵。昂藏合伴竹房鶴，豢養不累公家錢。誰能寫真直到骨，跳躍比擬嗤王孫。固知好古具精鑒，髣髴韋宅圖同觀。天生萬物貴得所，時危致此良可歎。雄姿豈肯供近玩，一洗萬古歸豪端。妙畫通靈動非想，叱咤龍媒飛上天。

謁袁督師墓二十四韻

讒間終傾國，勳臣倍著名。黨人興大獄，東道墮長城。餘燄茄花煽，孤標宿草貞。平臺初奉詔，遼海復專征。蟒玉辭嘉寵，梟牙振義聲。氣兼三傑銳，功許五年成。請劍收皮島，飛章動北京。刑威天子法，哭奠故人情。獨斷原招謗，奇猜即禍萌。怨勞功罪對，得失死生明。馬革盟心久，貂裘被體輕。赴援何蹇蹇，尚口竟營營。巷伯遊詞入，逃閹巧證行。廣渠遺舊壘，西市隕星精。逝水長如此，流飈迄不平。含沙連閣老，流徙逮孤惸。樊棘摧明社，恩綸賴聖清。皇言昭信讞，史筆著公評。美謚奇冤雪，前徽毅魄撐。青燐光劍烏，碧血冷簫鍚。守冢能延世，守冢佘某，爲公舊部裔，迄今十四傳矣。餘阡亦禁耕。鄉人容旅殯，羈客有宗祊。
輦下培封樹，秋高薦落英。百年桑梓意，坏土誌哀榮。

遲盦移居奉訊一首

遲盦庭院富竹石，瑤軫楸枰皆第一。畫筒橫展十笏強，東齋天與
滄洲壁。老鶴昂藏已丹頂，膌羽猶使煩酷滌。暑中涼友豈易得，
今年遲公製鶴翎扇分貽。更喜障塵堅願力。望衡有暇輒過從，最
憶深宵風雨夕。臥游考古相質疑，函牘無端瞬盈尺。鞾奴一日
無往還，便似天涯斷消息。今年園居偶吟諷，急草塗鴉供瑤席。
有時章奏兼載書，累句膚詞勞鈲剔。人海悠悠行路心，風義如公
應感激。況當憂憤百不堪，每荷清言慰艱棘。鐙前且爲占牙牌，
圍場麋鹿義難晰。談諧往往澈三乘，一握松枝遁禪寂。東山久
不曳秋屐，歌筵幾見仙桃色。客臘同觀伏虎韜，戲騁雄酣寫鬼
蜮。半偈何煩索解人，東方未明夜寥闃。翩然徙宅南城南，老屋
修篁敞瀟碧。韋杜依然尺五天，但隔重闉類重驛。傳聞囊底初
屏當，妙畫通靈竟何適。偷兒尚肯置青氈，絕似蘭亭賺蕭翼。陳
倉鼠耗理則同，多寶星光詎容匿。城南近接海王村，開徑懸知書
畫益。秋花嫵媚錦如織，角巾漉酒誰能敵。會當攜楮續前游，重
證勝因參警錫。

次韻公度感懷

長虵封豕今柏靈，海天迢絕羌無聊。煙輪颮疾計日至，神姦有鼎
當鑄銘。古來設險戶與庭，使車往復終不停。無端杯影雜虺語，
鐵門限更鍵重扃。忽爾平地生層陘，誰復危棧馳虛軨。求鬼謁
帝且何樂，陸裝未失吾氍青。舊游況已篋圖經，墨歐靜泛清波

舲。十洲精藻妙採擷,墨花滌盡蛟鼉腥。從茲望實揚王廷,無假夢卜兼圖形。偶然機局似枘鑿,豈合抑塞嗟秋零。翳余昏眊慚守瓶,陡攖痗疾蹲寒廳。或云多言有此報,放眼但見風中萍。故山花事冬猶馨,天雞應共羅浮聽。靈臺匽伯際嘉會,處士老人同一星。

壺巢京兆七十壽詩

嶺外迢遙建葆旗,相門舊德拓孫枝。憑春寫韻徵難老,酌水沈香有去思。東海壽星南海鏡,西山朝爽北山移。賜金享客成嘉會,社飲高風入酒卮。

丙申除夕

世事頻勞問酒卮,春風翻爲破愁眉。已無學術堪酬國,偶玩詞章亦廢時。瘴海極天涵蜃氣,寒閨終日蠥蛛絲。人間鏡卜仍今夕,惆悵經年罷柘枝。

荷戈集　上

戊戌八月奉戍新疆適甘軍調防京津尖宿爲窘廿八日次伏城驛壁上有王大令詩依韻奉呈

柴車西發涇煙消，得憩津亭暫避歊。旅夜更籌魚不寐，道旁飛字馬遺臕。四郊多壘金倉瘦，萬里投荒塞草驕。饘頓浹旬勞護惜，贈行猶屬慎風飈。

途閱邸報李苾園尚書亦戍新疆聞已首途

出關休悔著鞭遲，減死投邊有故知。月旦竟成新鬼錄，清時安有黨人碑。未罹對簿榆囹辱，祇辦輕裝玉塞馳。多難況當衰老日，龍廷猶得望罘罳。

八月晦夕龍樹寺補和曹明府越日始聞董軍奉密寄截殺之謠

西行計日渡滹沱，雲棧崎嶇叱馭過。三宿浮圖仍旅客，卅年塵海醒春婆。燕山謾說烏頭白，官道無端鶴唳多。已荷護持猶慰藉，會看花雨散維摩。

豫弟藩姪自長崎兼程追送豫弟南返藩姪
隨戍別於龍樹寺時戊戌九月朔日也

時局倏變遷，屍骸不自保。明哲虛遺訓，近名拙黃老。涓塵久莫
報，乞身豈能早。外患交相乘，艱危迄朝暮。親賢輒引避，杜門
每卻掃。至尊重憂時，召對敢草草。渥荷聖恩深，益用滋嫉妬。
秋嚴黨禍起，勢若拉枯槁。吾衰本孤立，別白邀異數。減死戍新
疆，金吾促就道。汝從海外來，沿途盡惡耗。得見我爲人，驚定
直相告。從茲涉關河，冬春儻能到。誌別佛幢前，客心倍如擣。
家運偶逢屯，仍期守寒祚。多難有閔身，天山皆雨露。生還安敢
言，或亦愧尸素。

九月八日道出什貼驛静山觀察自太原幕
府來別既惠茶餌贈新詩又相送至王胡
鎮次酬四首晚寄遲龕書故篇中及之

荷戈常戴二天恩，尚累金吾蹙國門。速繫戍邊旬日了，贈行展別
故情溫。然灰即溺纍臣去，牘背無文獄吏尊。比似尋源歸路遠，
儻容攜石卜天孫。
掉罄終能間舊恩，鷹頭蠅躍慶都門。路人解唱刀環樂，逐客曾懷
挾纊溫。河朔文章原易伯，婆羅龍象幾稱尊。山家祝社無多願，
罌粟脂濃芥有孫。
九死難酬一飯恩，空悲玉椀入邙門。八陘險度秋宵迥，三宿緣留
旅舍溫。正憶舊時棋酒會，行經開府節幢尊。急程明日秦關道，
寄語京華國手孫。
時會艱難不次恩，固應投老叩花門。可蘭經字奇誰證，孕玉河源

氣自温。行省已專疆吏寄，邊風潛革梵僧尊。鐵衣寒嚼天山雪，
回首亭雲異衆孫。

九日王胡鎮與閻成叔別越日宿祁縣奉寄二首

時艱謬典屬，遂墮譏讒中。言者儻易地，吾譽超吳蒙。十年忝高
位，砥道如鹽叢。世屯際顛危，遑恤自謀工。衰病不得息，矧欲
巢雲松。金甌作孤注，愚慮羞從同。縬手理紛絲，凡百嗟蒙茸。
外侮既沓至，惟口虞興戎。圍圉抉樊籬，誰歟郭令公。可憐繞指
鋼，樽俎皆折衝。力未剗虎狼，況能馴騶蠻。暫期兵禍戢，自治
仍從容。養銳事征伐，安知吾道窮。高遠自卑邇，鄭宋殊昭聾。
人情騖風影，利刃紛交攻。四至怵投柱，金鑠如在鎔。臣罪難自
明，藉草誠宜通。新疆但編管，減死嘶邊風。去國限三宿，修途
無停蹤。昨度慶都山，騎步猶憧憧。今兹太原道，村醪聆梵鐘。
登高此佳日，黃華何處逢。
吾睫不自察，明決夫何爲。棟壓靡怨怒，下瓦頻操篿。轅固述黃
老，漢廷留令儀。阨運逮今日，周孔難爲師。何況晁賈儔，挾筴
虛干時。窮變通久理，毅力庸起衰。意歧成柄鑿，魚眺駭新奇。
填海鳥何拙，移山愚可嗤。委隨工自了，誰與扶顛危。天心妙轉
圜，呼籲通神祇。

展重陽日道出平陽聞許六丈新除閩浙總督

報罷還山甫浹旬，即家遙拜聖恩新。十閩海色供陶冶，三徑風光
謝隱淪。執簡詎忘前日事，振衣渾似未歸人。故鄉重展插萸會，

應念邊廷有逐臣。

春明竹枝詞

華族聯翩列上臺，嚴城不礙劇場開。弟兄親戚無榮悴，但觸微嫌斷往來。

錦幰珠鞍蹴頓塵，玉河橋外萬家春。堂司印鑰鞱鞱佩，能識清書有幾人。

西城護國東隆福，會日頻開百貨攤。綠女紅男紛逴過，漫云紅綠得來難。

南鼎朝朝跑熱車，鬢蟬新插石榴花。無端驄馬生嫌釁，聞煞門前賣酒家。

九月廿四日阻雨北相鎮黃陝州昆仲馳書贈詩分酬二首

玉鉤寒澈北相門，欲濟蒲津雨氣昏。美石莫填精衛海，他山新接脊令原。舊時詩卷吟懷澀，遠道絺袍古誼存。安得棠陰容駐馬，不談時事有琴尊。

東山誰爲澹沈災，近聽旁求急治才。臣疏先秋曾薦士，禹圭何日始登臺。固應宏濟隄名愜，不信公忠禍有胎。高適詩：“公忠成禍胎”。遙計兩河騎竹者，歡聲重覿使君來。

九月晦日渡河小宋仲衡又專足來詩次酬二首

故人休戚倍相關，尺一音書涕淚間。金谷八年慚白望，鐵衣萬里變蒼顏。病生蛇影滋疑獄，腸斷烏頭渺舊山。羌笛有情堪寄語，春風楊柳割愁攀。

臘盡行看度玉關，黑川風送十三閒。天開戈壁留人跡，春到龍廷展旅顏。仙仗乍違三海月，畫船久負二樵山。從知雲路成幽險，兩虎當門不易攀。

將抵渭南寄雲門兩詩

展別都門際早春，無端玉水忽揚塵。鐵衣萬里輪臺戍，慚愧樊山集裏人。

臣罪當誅敢籲天，渟辭征路逼殘年。五雲高處時回首，減死銜恩祇戍邊。

侯馬聞喜道中函託雲門事甚繁瑣今午次華陰雲門專足馳送詩箋知已解印渭南將朝京師依韻和之情殊悵惘

惆悵人間許散愁，邊沙荒驛怯寒簹。相期秦地求名馬，誰悟秋來是故侯。別意共傾桑落酒，病來仍戀肅霜裘。黑川風路皆戈壁，漫對青山說壯游。

高挹風蘭已快哉，古懽還憶襫琴臺。卅年秋屢尋仙篆，萬里毾車間隴梅。朝右正欣壇席待，時艱應見葛姜才。東流西上洄渦水，爭似蓮花帶雪開。

九月廿八日宿華陰廟行館作歌

少皥之墟蓐收府，森森但覺凌秋嚴。歷朝作鎮表西嶽，蓮花開落青巉巉。青牛老子不得見，衹留枯柏龍毛毿。樹外一堆太古石，似經秦火蒼黮黮。或云媧鍊偶遺此，絕無奇氣供雕鑱。摩挲僅得兩殘字，旁綴斷額花紋嵌。廡下豐碑更剝蝕，漢唐剩碣古所耽。金輪一石特完好，魯公碑側猶題銜。重新廟兒左相記，高文典冊真不凡。冰斯結體饒秀色，愛護不惜朱闌監。道人氊揭贈數紙，手捧緣簿聲喃喃。案頭杯珓不願擲，茶罷濡墨先懷慚。山羞更覥松花粉，珍重標識紅簽函。神仙玉食非所擬，奔走皮骨差能堪。巍峩切天萬壽閣，放生池水清如潭。閣前丹鳳峙雙闕，髣髴紫禁開層嵐。嶽連靈澍瞻睿藻，弇山禱雨欽神誡。至今靈爽歷千載，戍程何意停征驂。明朝即路望仙掌，久駐亦復憂譏讒。

行經華陰望閣文介師故廬感賦

別筵東閣幾經春，落落槐梧未作薪。灃水燕臺恩與舊，蓮華無語送纍臣。

渭南行次留贈雲門應召入都

智拙資生一笑同，肯將琴舄換三公。縣花未落朋樽散，燕草初黃馬首東。自有遠謨能服衆，豈徒五利在和戎。獨憐宇下扳轅者，借寇無因達兩宮。

前身玉塵住蓬壺，早歲聲華弁兩都。纔報初秋成客燕，重煩兩府望仙鳧。華陰雨過泥行滑，河曲宵深月魄孤。他日金臺回首望，吏情還繫故巢無？

薦書堅約謝遙光，八角瑠璨別語長。鼫鼠固知工大對，鶺鴒況已賦成章。愁生陵下青驄曲，夢繞霞天白雁糧。九萬摶扶雲路遠，行縢庸有玉池香。

望治殷憂急鶴書，立談時或拜真除。閒吟誰復歌梁甫，有酒惟當酹望諸。燕市世猶珍璞鼠，騷歌人自惜文魚。渭川千畝青青竹，勞燕相忘笠與車。

櫹星一夕失熙先，鉤黨無心到范甄。已分纍臣仍急獄，未能成佛祇生天。囹榆閱世秋逾瘦，野蔓因風水不連。稍喜相逢非馬上，班生畢竟是登仙。

華山雲歌

華山秋盡多晴雲，蔚藍萬里鋪龍鱗。繽紛五色成錦繢，睢渙之水難具論。平生五嶽恣游眺，海外屢屢馳颿輪。求如此雲不易得，奇麗直欲無朝昏。有時散作千萬疊，下映林木殷朱勻。山家看雲結茅屋，此竟不願王公聞。鳳城雙闕蘊佳氣，寵藹霞照何氤氳。應龍鷗吻每遮護，隱拒下界窺天根。荀卿作賦昧揣稱，太史奏瑞空斒斕。何如野觀得蕭散，蔭及艱難行路人。因時灑潤或致雨，蓮花淨洗無纖塵。巫山神妾安足擬，高臥合結陳摶鄰。

華州筍歌

華州筍如拇指大，清脃乃竟逾會稽。初看纖潔誤菱白，伴食不假黃州虀。泥塗失喜得佳味，近局誰更談隻雞。茲州雄枕華山麓，州府兼頒琅玕竹。劚根不到玉女盆，設禁毋貽此君俗。玉版禪機皆夙因，盛名豈讓蓮花獨。瀟湘淚點仍斑斑，貓頭消息霜風寒。舊游南望渺煙水，天路咫尺終南山。

九月晦渭南旅中得廉祭酒書述敝居及塏兒蹤跡奉答一詩

無限艱危一紙書，二千里外話京居。覆巢幾見能完卵，解網何曾竟漏魚。百石齋隨黃葉散，兩家春與綠楊虛。灞橋不爲尋詩去，每憶高情淚引裾。

宿驪山環園行館

驪山舊址俯華清，地與臨潼隔一城。行館轉爲東道累，浴池深負貴妃名。胡星焰落存唐社，秦劫灰沈峙漢京。往事風流雲想外，夕陽憑弔古今情。

華清池館阻雨期雲門不至

夕煙起清池，逕雲瀜高嶺。陰陽妙闔闢，蒼茫作奇境。開鑿會有時，無爲咎秦政。漢唐宮觀連，復道回花逕。可憐沈香亭，空弔馬嵬影。悠悠成古今，誰與論初盛。兵後閃青燐，豪舉賴良令。工賑理則同，邪許聲相競。補苴麋鹿窟，依然舊名勝。今年秋雨重，泥塗嗟羸騁。初冬賦愁霖，豈惟行子病。伊人期不來，林花匽孤瞑。溫泉躍游鱗，荇藻微交映。秉燭倍凝思，輒觸巴山詠。夜色滋漫漫，龍鍾徒引領。

驪山溫泉歌

溫泉遺事徵丁芉，滌瑕濯垢皆偶然。祝融佚女善糾察，燕公爲記垂箴砭。依山穴洞覆泉眼，萬珠噴薄嘘青煙。至今神叢盛香火，報賽盡道沈疴癒。貴妃一池特表異，石磴轉折崇臺邊。紙窗斗室黑如漆，唐突附會吁可憐。古今名實類如此，長恨作歌仍寓言。願移此水灑沙漠，頓回寒律開中天。

灞橋道中閱樊山集茉莉詩用漁洋秋柳韻根觸鄉思奉同四首柬雲門並寄粤中親友

故園花事動詩魂，歲歲花時隔海門。掩映佛幢鷹爪露，因緣煙緒鴨頭痕。香圍珠水真成國，夢寄羅浮別有村。莫待化將遼鶴去，始教鄉味與重論。

訶林經歲不飛霜，宴敞紅雲在泮塘。指甲搯頭椰壳酒，素馨斜外篛皮箱。竝時北勝原妃子，從古南强屬漢王。往事直同曇影幻，戍程明日鬥雞坊。

暮急寒砧爲寄衣，青門纔度景全非。曼華世界春常住，戈壁風光信自稀。冷到嶽蓮猶旖旎，遠憐秋薏正紛飛。海山仙侶如相問，祇雨松心興未違。

蟬鬢花鬚絕可憐，湘簾畫舫碧如煙。祇愁聲價歸茶舛，詎乞濃陰護木綿。陸氏山莊宜買夏，美人消息總疑年。幾時抹麗聽蠻語，記取詩酬灞岸邊。

臨晉道中同鄉梁星舫大令屢有詩相慰旅懷鄉思有觸皆涼次酬三首並以誌別

瘦馬霜林夕照中，客談翻喜辯能雄。鹽池瀹茗生餘味，窰洞如籬補睡功。平準市漿農事了，輕徭多局里人忠。期君早縮琴堂綬，大府衡才本至公。

征車計日過秦中,歷遍栽花緊與雄。到處蒸羊能具食,況聞馴雉
不言功。梅開鄉國誰相問,蓬轉風前敢竭忠。辛苦共馳將匝月,
未妨啟事託山公。

珠水雲山入望中,層樓鎮海舊稱雄。漸開雲礁宜鹽俗,遠懾鄰氛
祭鱷功。鬱林兵事初弭。訶子戒衣仍六祖,抗風庭院敞三忠。遙
欣二廣銷兵氣,從古蛙聲不爲公。

雨後自臨潼夜抵西安行李滯城外趙次珊來始具食假被褥行路之難如此

華清草樹雨頻滋,灞滻橋頭滑似脂。沸水游鱗能自活,膠泥健馬
亦難馳。更深誰乞關城火,郊勞仍瞻守令儀。鄭重故人推解意,
寒宵聊得慰飢疲。

西安阻雨與雲門合并十日承題石谷兩册余得此册始足百石廉祭酒訝爲不祥而雲門頌之爲石谷辨也涂間追憶旅中情況寄酬一詩

積雨長安尚溼蒸,牆頭過酒助曹騰。高文已滌耕煙謗,清話時參
指月乘。自薀鏡臺砭練若,不虞戒體觸摩登。西行白馬馱經路,
回首慈恩第幾層。

十月十八日雨後宿醴泉驛館

積雨山容變古今,脩途短景晝陰陰。九嵕石馬聲靈盡,兩脚城狐

出没深。沆瀣有泉宜避暑，蒼涼何院是回心。瓊宮瑤室知何地，日暮遥聞戍婦砧。

雲門茉莉詩昨過灞橋奉同四首雲門賡和書之紈扇頃次乾州去鄉愈遠仍次前韻寄之

織錦空離倩女魂，芳心迢遞鯉魚門。真仙執穗虛鞭影，謫宦緣經膩墨痕。蠻嶠本非南武地，郢中猶有莫愁村。畹蘭洲若遺風在，合與騷人共討論。

丁畦冷豔白如霜，慘綠偏宜襯葰塘。長憶芳痕縈玉帶，粵省渠名。未攜雙瓣度車箱。茉莉雙瓣者尤香。桃花廟裏違仙珮，蒼蔔林中識梵王。草木南方將補狀，雅懷何止碧漪坊。

長途零雨浣征衣，香識何因悟昨非。佛海風柔青鳥度，漢宮秋盡媚豬稀。新花祇合晴波映，膩蕊難隨絳雪飛。指點舊時芳草渡，釣游肯使素心違。

璚珠弱縷見猶憐，香霧雲鬟蠟鳳煙。載月樓船歌緩緩，祓秋園館意綿綿。研光不舞呼蠻道，移宴從知碧玉年。今日花田誰護惜，腸回九九在鷗邊。

晨發乾州望乾陵一首

奇讖空悲陳五娘，利川骨相識天綱。金魚遺恨田翁麥，寓鶴移情羽客裝。銅匭經綸沈晉水，天樞湮没況明堂。祔陵合葬盈廷訟，貓鼠蕭條祇白楊。

秋經安邑楊藝芳兄自河東冒雨枉送授餐贈費聯牀旅中會權枲篆逾宿別去拳念高誼奉寄數詩誌感頌抒積悰云爾

河東雨過玉鉤寒，鋼榻行廚一夕安。白首相看論馬角，朱提增累甚豬肝。愁邊燈火蒲城酒，望裏柴車露掌盤。垂死投荒難取別，臨歧猶爲勸加餐。

電羽颷馳指太原，幕僚催發黯無言。襟痕尚憶鳩兹浣，簪盍重瞻豸節尊。便闓祥刑鳴盛世，䟆聞真詔出天門。蠶桑學校皆餘事，民隱能通是本根。

北渚棲遲誓笠車，變遷人事蝶蘧蘧。方壺談笑鴻嗷後，海國分攜燕到初。忽枉電書傷急獄，敢將邊戍託蘧廬。艱難宏濟資公等，和淚緘題付鯉魚。

十年京國困箕南，難乞閒身白木鑱。蚤駈相仍紛外侮，鷹鸇無技但朋讒。從知四至終投杼，未聽么絃已溼衫。萬里輪臺非聖意，本來功罪有天監。

十月廿二日永壽途次遇番禺黃銘瀾大令贈詩贈費贈藥情誼纏綿三疊漁洋秋柳韻詠茉莉四詩酬之遙寄鄉思聊以誌別

名花應爲護香魂，天與孤芳峙石門。何處風鐙吹鬢影，幾回煙棹浣襟痕。朱旗畫鼓沙邊渡，綺檻方亭滘外村。今日玉關行萬里，故鄉風物不堪論。

已惜枝莖早避霜，未隨小小住橫塘。夜涼久輟山薌舞，春到濃薰錦字箱。埋玉祇應憐薄命，稱强空復侈降王。年時晨發蟠龍柱，數遍花田第幾坊。

秋老仙湖尚葛衣，征途況味故園非。珠橋煙水鶯花渺，玉塞風雲雁帛稀。野館班荊原款款，初冬斷梗尚飛飛。寒梅消息憑君問，知己天涯願莫違。

菩提無樹佛猶憐，梔子開時共曙煙。每喜散珠凝雪色，肯霑殘絮綴晴綿。移根浪說波斯國，選勝休忘漢臘年。忽漫相逢俄遠別，客懷迤邐白雲邊。

永壽曉發

崩崖壓雨車成絕，險巇亶渦娘子關。節符晨下夕開鑿，戛然成路皆怛顏。蛇盤鳥道去天咫，近抱羲馭疑可攀。地高九月屢得雪，剗坋碎揉瓊花斑。沿山草樹盡衰變，澗道水結層冰寒。先驅馬首疊隱見，高下出沒坡陀間。窰居已失來嚼鐵，夜長孤絕高電竿。山城回望如斗大，衝途置驛滋囂繁。高寒不合種煙草，祇辦菽粟輸之官。前年兵車疊相過，村氓咋舌談旄干。戍程更為蒸羊累，迎送載歌行路難。

邠州慶壽寺大佛歌

因山鑿石造佛像，覃覃寶相須彌尊。金身豈但倍丈六，頑石直任人雕鐫。傳聞發願始鄂國，凌煙繪後思神仙。瓔珞垂肩穩趺坐，不假龍象宣威權。巉巔層疊蠹高閣，紅橋掩映天花落。髣髴西京三獨儀，諸佛朝參若前卻。衝衢耐得津梁疲，親見馱經馬蹏躍。當時風會慕禪宗，景教碑文至今錯。慈航彼岸逾恆河，善果勝因誰悟覺。年來異說尤紛紜，潤色教典滋鮮明。黃金虛牝等一擲，識時俊傑初唐人。

渡黑水陟崩岸甚艱阻草橋成無此險矣願告良有司之留心途路者

曉霜盈尺一艖舽，橋架縱橫草欲鋪。崩岸蹣行浮滑土，始知黑水是危途。

停口驛前柳

清渭委蛇到濁涇，千山草樹已飄零。秦中驛館今行遍，雪後猶逢柳眼青。

短歌行寄雲門

渭南老友今猶龍，閱人乃及紅黃椶。鮮卑兒語不足學，隱以文筆區昭聲。維道經濟著兩策，賈生涕淚宜其宗。加冕崇儒俗稍異，餘論直已過徙戎。剡章絡繹明光宮，電召瞬息喧秦中。伊余磽守尾生信，匪以雅拜愁君公。舊年課最驟辭闕，碧幢來去殊匆匆。行當鳴珂鳳池上，乘酣再訪西山松。歸來樊山續新集，宜有長句懷此翁。何時重醉交花舫，笑摘太華青芙蓉。

渡涇河經瑤池降王母處

曉渡城河獨木橋，回中山靜涇煙消。舊傳此地迎王母，留得豐碑紀漢朝。青鳥拂雲開曙色，轅駒絕巘慆寒飆。瑤池歌舞無今古，涇水橫流極暮朝。

白水驛

古驛千山裏，寒蕪夕照中。牆低狼伺釁，天闊鳥忘弓。土匠燒煙赭，神叢畫壁紅。比鄰惟戍卒，長夜鼓匆匆。

平涼四十里鋪行館魏中丞任平慶涇道時所建

百戰平回鶻，猶存蔭喝心。異材聊作椽，官柳漸成陰。陝甘一路楊柳，左文襄所植。俗未湮陶穴，人誰恨陸沈。巉樓耕鑿便，耳絕鼓鼙音。

十一月朔鄧景亭軍門自固原攜酒瓦亭餞送留別一首

交臂京華感愧深，祇憑秋雁寄邊音。艱難三箭痕猶在，倉卒離筵酒共斟。瘴海同鄉知韋叡，天山舊蹟訪裴岑。長途旌斾勞相送，萬古難忘此夜心。

十一月二日瓦亭驛曉發示藩姪

山樊積雪映新晴，凍結危崖馬易驚。此去六盤新驛路，舊由固原至靜寧。控兼重險古連營。宋營舊屯，有楊延昭廟。卅年幾見狼煙息，屢遭回患。萬里相看蟻磨輕。漫對和南宣佛號，山麓爲和南鎮。由來夷險要心平。

登六盤山頂留柬次珊方伯

螺旋極頂不成尖,碎揉瓊瑤撒作鹽。已度廟坪無虎跡,偶逢山店
似雞廉。山頂一小店,無食物出售。誰從寒谷調鄒律,未向神壇擲
珓占。尚有矮松迎霽色,危途差免夜慘慘。間遇雨雪,數晝夜不
能度。

題隆德縣城客館

近關蠶叢接縣城,舊時廢壘尚嚴兵。崆峒訪道知何日,鄧景亭約
爲崆峒之遊。隴首行歌敢望京。未必前途無仄徑,最難東道有餘
情。紙窗四壁滄洲畫,薄憩勞筋夜氣清。

次珊方伯驛送和詩依韻奉酬二首

鷹隼秋凌華嶽尖,興來時復按紅鹽。碧幢萬里行逾健,文史三冬
腹不廉。邊外山川方岳重,天涯雲物相風占。隴頭攬轡宜高詠,
戌夜開緘破悶慘。
瓦亭雪後鬪爪尖,潑澱詩腸水著鹽。雁影每從愁裏過,鮓封早識
教崇廉。已看幽蛸歸圖畫,次珊夫人擬作《寒林煙景》長卷,以寫幽州
山色。遙計哥龍聽鏡占。一路晴和依愛日,述征容得旅懷慘。

十一月七日度青嵐山輒憶湘軍糧運之難
漫賦一詩留柬次珊方伯

蜿蜒百折到山巔,紆曲嶔崎闔外天。大地車書誰鑿空,西征鐃吹

此言旋。機生流馬難爲運，枕警晨雞猛著鞭。關塞極邊皆種柳，
壯猶久已邁燕然。

安定新城旅夜偶成

西州豪傑黨人家，新舊城樓落照斜。汀柳不知時序變，鳳城初供
玉梅花。

十一月初八夜次珊兼程抵稱鉤驛飯後枉存述山程旅況又誦疊韻八詩欣佩無量依韻賦呈

山月窺簾角樣尖，行廚虛憶玉華鹽。歲寒松柏情如昨，驛路盤殯
餉獨廉。連日山行知馬健，前途風信試雞占。客窗燈火離亭柳，
博得詩筒起睡懨。

次珊夫人兼工書畫海內欽敬五疊前韻柬次珊索和

蘭閨新樣畫眉尖，謝傅家風絮與鹽。福慧定從金粟證，芳徽何止
布裙廉。紫薇朗曜成雙美，紅柳聯吟信口占。不羨湖州築松雪，
寒林煙景畫情懨。

稱鉤驛館六疊前韻柬次珊

蛇形荒驛稱鉤尖，苦水煎茶不假鹽。比户廢書民俗儉，虛堂坐嘯
宰官廉。漢回恩怨銷兵後，年歲豐穰祝社占。太息舊時黄老治，

尚聞野柝警宵憸。

次珊屢言隴道艱於黔蜀晨經車道嶺崎嶇之甚七疊前韻寄之

馬鈴霜重覺聲尖,豈獨鹽叢悵白鹽。問俗客忘三峽險,鑿山吾笑五丁廉。重慚短後輪臺戍,曾乞支機卜肆占。度隴已過車道嶺,勞歌無解旅愁憸。

午抵甘草店次珊尖後剛發余疲甚遂留宿八疊前韻寄呈

故鄉囊賸鼠牙尖,安得菰羹雜豉鹽。午食適聞鞭早着,夜談惟有酒能廉。胃氣間發,飲酒尤甚。空山晴旭村夫曝,令節京華太史占。明日冬至。野馬光陰誰護惜,佺偬泥爪旅塵憸。

感事九疊前韻柬次珊索和

吏情誰似筆公尖,巧奪天孫玉虎鹽。閃爍蒙皮羊作質,雍容軒祿鶴非廉。叩囊虛結同功繭,倚棹偏遲負乘占。公道世間原不昧,夜長初醒醉鄉憸。

將抵皋蘭十疊前韻柬次珊索和

肥蟹纔過十月尖,客中誰爲理薑鹽。極天樓觀兼雄傑,近水人家識讓廉。隴上回看三海遠,邊廷庸有二星占。皋蘭新製姑都洞,太平車名。暫憩勞薪借酒憸。

長至日宿金家崖感賦一詩柬次珊索和

三年典禮侍南郊,青色華鐙拂翠斾。幄次夔龍排兩翼,壇垣貔虎肅前茅。幾人靜夜求仙藥,百官宿壇均住藥店。時見詞曹餉蕙肴。南齋諸公向於是日款客,潘文勤必具華饌美酒,繼之者釀金爲之,余屢預於會。迤邐金家崖上望,水田如罫隔寒梢。甘肅水田,此殆初見。

自咸陽抵臯蘭境初見玻瓈窗

搏沙鍊液作玻瓈,物産休驚島國奇。隴右陬邊宜地學,博山從古有成規。漫敎亙市專西賈,祗在探源質卬師。驛路崎嶇江海遠,光明慧業重相期。

張子漁直刺詠梅四詩贈別依韻奉酬

吹笛仙人鶴氅妝,安排瑤席餞東皇。寒侵脩竹猶堪侶,世有孤花貴善藏。獨抱冰心時寄傲,非關月影自流芳。嶺頭消息遙相訊,空記紅雲宴漢王。

悵惘孤山雁字稀,暗香疏影舊柴扉。已無水部吟東閣,幾見星躔指少微。別墅豈曾萌遠志,西州誰爲寄當歸。灞橋風雪尋詩路,聊共華鑣趁曙暉。

玉楮靈著變幻多,祗應長日飲亡何。揮戈幾輩能回景,擊楫頻年付逝波。方朔善諧嗔阿母,朝雲香夢伴東坡。調羹事業原虛語,酒暈無端入醉哦。

喜覯吾宗詠載馳,相期共保歲寒枝。路逢驛馬香何戀,冷憶弓蛇影未弛。賦筆已看齊宋璟,功名無復悵邱遲。雪中分袂輪臺去,遙聽三州報最時。

次珊渡黃後書述行路之況寓諸詠歌依韻酬寄

猛著先鞭動壯吟，冰天何幸結苔岑。五雲樓閣調羹手，萬里關河負米心。畫筆新收邊外稿，後車遙怯曉寒侵。二毛渾欲忘羈旅，詩壘翻虞入宋擒。

十一月廿五日渡船橋循黃河涯至俞家井驛

五泉樓閣掩寒霏，計日冰橋接翠微。古戍罷傳青海箭，濁河不浣若牢衣。百年恨水仍淒咽，謂沈文忠。四面窮山伏惡機。從古河西征戰地，蕭蕭邊草馬猶肥。

曩趨園直過佑勝寺詢明相國舊第僧言家廟距寺不遠與慶邸言符竟乏清遊之暇惜哉偶憶秋笳集悵歎及之詩以寄慨

納蘭太傅古人傑，建議削藩成大功。先朝貂珥邁許史，蘭錡今已迷前蹤。當時廣廈富珠履，迥異西第諛馬融。煙波翰林金風長，延陵季子尤清通。金縷哀詞動急難，救死至竟回天衷。烏頭馬角特贅語，氊車冉冉歸黑龍。宗臣高誼世莫比，五畝不保東山空。祇餘佛寺作家廟，淒其栗主如神叢。通志堂摧經義在，蠹紙往往砭愚蒙。汝陽好古能指說，屢思隨喜齋魚鐘。園居趨直苦無暇，燕幅昏旦殊匆匆。清游嘯侶意有待，縹緲直與三神同。回思僧話若隔世，鳳凰在假晨星東。

次珊書言徐家磨水木之勝直邁水簾洞又爲一川通貫十詩賦此奉酬

板屋中藏水硻喧，飛甍遥接佛幢尊。寒林高下平頗路，曲澗縈回遠近村。隴外此間誰避世，漢家從古議營屯。畫圖勝似豳風否，戈壁圍鑪細共論。

紅城堡雪後抵平番縣城再寄次珊方伯

深宵玉戲補山容，吹碎瑠璨走白龍。驛路近羌沈怨笛，寒天改歲有孤松。便民生計無如水，求野光陰在禦冬。自是一川通貫地，肯教豚酒祝芙蓉。

次珊書言武勝驛一路直如戈壁昨過其地別有會心賦此寄之

武勝驛連岔口驛，無垠沙礫碾車塵。靜聞水作潺湲響，失喜山如蘊藉人。斷續邊牆曾禦侮，蒼涼廢壘足留賓。亦知風景同戈壁，行到關門可得春。

岔口驛瘴重日出始銷一片沙漠

山瘴濛濛見晛銷，馬疲齕雪蹴沙橋。護羌校尉營屯古，絶漠將軍歲月遥。邊地新畜開電路，舊時使節傍煙霄。銀刀便作雙旌導，西戍佇當擬度遼。

十一月廿九日大風度烏梢嶺奉寄督部陶公並懷拙存徵士

鎮羌破驛不任住，大風吹送龍潭去。烏梢嶺勢原平夷，往來輯輿昏霾遇。行人視此如險艱，材官亟勸勿猶豫。沙溝石滑叢冰積，獨木危橋一川注。幾經跋涉達山趾，三五人家雜牧豎。坡陀數折如龜穿，時見煙燉閃電柱。嶺巔孤峙韓湘祠，覘及逐臣徵吉語。嚴程何暇叩山扉，但見冰崖浮紺宇。自從秋度四天門，河潼二華忘朝暮。疲極虛瞻玉女盆，飢來安得仙人露。六盤青嵐倍幽雋，酹酒山靈或題句。征途計日過伊涼，羌笛吹殘玉門樹。郵亭三九猶晴暄，天不絕人況編成。獰飆豈有終朝鳴，四顧青蒼散妖霧。沿山舊壘相委蛇，云是防邊最要處。前年聲鼓蹙西寧，漢回戰血洮湟腥。董軍捷奏太子寺，公侯從此資干城。急移勝兵控山海，更募健兒充神京。覽齋經略逾萬里，夾袋別已儲三明。花門活佛竝蘇息，宵晝出沒無鼬鼪。隴雲藹藹補官柳，竹頭木屑皆有情。沈蒲教肅氣靜穆，上游節鉞流休聲。莊浪水利以時拓，盡收刀劍趨牛耕。荷戈且屬仁人矜，調護苦待冰橋成。谿壑回春在何許，去德滋遠心搖旌。紀群高架今咸英，侍行求己言爲經。靈光殿賦不足擬，說偈宜使蟒淚零。時艱更期保玉體，補綴雲物酬昇平。

周式如太守以錢叔美入關圖爲贈賦此奉酬

松壺畫筆時所珍，派別宋元逾三文。入關圖爲蔣侯繪，玉門歸輊嘶邊塵。款署南陽歲癸未，閱世行將八十春。桃花如笑簇鞭影，晴川野館山嶙峋。矮松紅柳互映帶，大旗獵獵懸城闉。風沙萬里羌無垠，至此似覺天回溫。伯生貲郎原通人，丹青賴爾能傳神。一藝升沈會前定，坎壈豈獨曹將軍。海王聲價日增長，廣搜始自潘文勤。伊余藏弄本非儉，巢覆散作涼秋雲。天涯作伴祇王惲，米船未許充勞薪。使君投贈吉語真，髣髴仙梵空中聞。蹇驢一夕壓球璧，怪底寶氣騰氤氳。廿年京邸相過頻，屢困南箕傷涸茵。便宜坊夜炙鴨臛，迢迢情味猶在脣。從茲中外頓契闊，一麾西邁慳片鱗。無端遇合歲云暮，嚴譴曷敢行逡巡。此身九死不忍述，合檢寒具供陶甄。天教生入作左券，願乞山水爲廛民。

火羊裘歌寄謝周式如

道家曾述紅羊劫，獵戶得之爲大裘。夜入深林搏熊虎，嚴風朔雪空蕭飀。世業傳家視饔飯，千金高價皆不售。壯年東度雞林塞，耳食奇寶逾卅秋。鐵衣戈壁晌冬暮，黑貂敝盡霜盈頭。故人嘉貺竟稠疊，挈領不覺明雙眸。毛溫柔滑淺絳色，紫羔蒜子非其儔。餐氊嚙雪恃無恐，龍鍾雙袖嗤嘉州。

臘月初三涼州旅夜

臘雪初晴客武威，遙情縣渺故山薇。每嗤博士書羊瘦，漫對鄉人問雁肥。從古西涼多健者，近來東里是韓非。征途荏苒過三九，北極高寒拱太微。

輓黃子彬司馬

子彬季父韶几太守，曩曾識之江州，子彬又與余從叔范村相善，今冬行經皋蘭,極紉東道之雅,又送余渡黃,別甫五日,遽聞奄逝,可勝悼傷,追維疇昔,爲此哀歌,薄賻百金助其歸櫬云爾。

識面垂卅年,相知迄兩世。邂逅皋蘭驛,渡河始分袂。君從循化回,養疴門日閉。旅居適相對,晤言忘短晷。拳念輪臺遙,氈裘百爲計。飯筒及衣篝,料量特精細。取足療飢寒,鄉物盡高惠。深宵炙羔豚,舉杯發深喟。緬昔從湘軍,戎事紛如蝟。兵食時竝籌,應物了無滯。安定遣驕軍,頗具大智慧。隨地晰澄清,五馬隆虛位。活佛隸編氓,觸處蒙瘴癘。筋力委簿書,引疾已無濟。巖疆資半菽,健者忽危脆。臺司咨前勞,溫語許調劑。相違僅五日,電傳君告逝。驚詫激哀傷,遑問雞酒誓。孤甍滿寓廬,歸櫬路迢遞。萬里隔豐湖,招魂賴昆弟。經紀亡與存,人琴庶不廢。重惜故人徂,況茲多難際。脫驂慚力屚,哀歌寫悲涕。

臘八日發涼州途中口占四首

雪迷卵石滑如脂,正是齋宮煮粥時。勝事都人相餽贈,本來佛日總慈悲。

北來何處有巢三,幾日涼州氣似南。索湩聲沈朋酒在,冰車鐵馬幾人諳。

沙磧縱橫獨木橋,輿夫穩步馬嘶驕。太和宮外寒林遍,隱約楊梢綴碧翹。

紅牆掩映雪山跗,籬落參差似畫圖。滿漢兩城開曙色,故應桑下戀浮屠。

豐樂堡旅寓軒敞新潔仍武威縣境也

廢壘叢柯凍雀肥,祁連山色接寒扉。花門亂後仍留戍,誰闢行臺款客騑。

祁連山霍嫖姚戰處

山到祁連勢不平，嫖姚征戰舊屯營。邊功似爾原非幸，心悸終當遜阿兄。

晨發峽口驛悵歎成詩

眼底燕支霽色開，郵亭連夕困煙煤。天涯霜雪違良友，李芯園尚書病滯西安。寒夜關山跂雋才，趙次珊方伯迎晤前任丁撫軍兼程去。鬼器木乾泉驛血，回氛空補杜陵哀。甘涼苦調無人識，幾見崑崙奏御來。

十二月十二日山丹旅館

重關百雉此邊城，城內周回渠水清。世有老生能鎮俗，近來好漢尚嚴兵。泥途虛憶金魚路，山丹遊擊桂秋浦京寓金魚胡同，距余居甚近。隴外誰爲木雁鳴。至治願同齊魯變，淄濰久矣濯塵纓。山丹令蘇曜生，淄川人。

山丹大佛前明中官鑿石爲之高逾真定邠州二像同治間燬於回火山丹令釀資重建成程所經爰賦長歌

明季奄禍極朝市，中官乃結遮那緣。依山鑿石十三丈，莊金不動垂兩肩。蜜蜂檀越衆都督，錦衣東廠相鉤聯。衝霄殿閣務華侈，

劫火一炬花門煙。菩提花雨急飛灑,似有舍利供燒前。異教相
殘亘今古,謨罕摩特羌無權。老湘勘亂雜勸撫,城鄉凋敗滋可
憐。善後奇功首造寺,私淑牢石捐金錢。山丹文武及門政,皇華
使者黿趺鐫。十方募化亦百十,貞珉姓字終流傳。輶軒問俗説
因果,潤色內典何鮮妍。東廡蕭閒祀左相,旛幢瓔珞光前椽。旁
沿石磴六七級,手摩佛頂窺諸天。番僧導引困腰脚,合覓下坐烹
山泉。緇流作勢噤猙獰,遽集直與爪蠅喧。頗肆龍象懶護法,香
積廚荒塵甊穿。金身祇傲唐鄂國,龍興殘像尤涓涓。偶然雲水
洗塵眼,一龕茶話將辭年。長明鐙光徹中外,寶刹春開九品蓮。

次珊寄示東樂詩依韻六首

西行何地見如來,佛號喃喃日百回。露漬塔鈴辭日下,春噓氈帳
是輪臺。亦知衰病無甘肉,歷盡艱危怯溺灰。到眼詩筩賦東樂,
相期觀日共銜杯。

鐵騎韝鷹日去來,胡歌幾誤紫雲回。邊荒或免稽詩帳,歲宴終虞
疊債臺。亂後點羌仍漢臘,天留弱水辨秦灰。多君到處能爲樂,
第一南山獻壽杯。

冷泉清絕浸飛來,胸次湖山日溯回。投老蘇卿仍玉塞,得時郭隗
在金臺。疑團弓影難求藥,心字香燒已作灰。邊地椒花誰解頌,
強邀司命醉深杯。

嚼餘橄欖待甘來,未到神山風引回。蕉覆已迷藏鹿窖,萍逢翻羨
野鷹臺。愧無鼾睡酬孤注,安得元丹脱劫灰。欲滌邊愁須借酒,
葡萄濃映夜光杯。

浪説前生有自來,隨身書局尚遲回。徒聞柱下供奇論,幾見關中
築將臺。短枕正炊仙客飯,芋爐虛撥懶殘灰。公羊黨禍真奇絕,
胎息言詮始玉杯。

否極何曾筮泰來，朔風淒緊雁初回。送窮作賦驚除夕，罷役深籌惜露臺。辨識漫箋皇象篆，焚書休等祖龍灰。長涂祠廟知多少，孤負黃冠擲玫杯。

宿東樂堡與同鄉朱貳尹夜話偶占一絕

六盤過後無三峽，五嶽歸來有二羅。瘖虎鐵橋原耐守，梅花消息近如何？古浪、赤金、星星三峽奇險。

甘州宏仁寺臥佛泥膠漆布所製長九丈餘旁立垂旒執圭者二四壁則阿羅漢也曩經印度有此像但詠貝葉而未及之茲復覩金身賦此以補前緣

禪律何分南北宗，菩提明鏡有無同。袒肩跣足但尋睡，朱闌碧瓦皆成空。垂旒旁立似問道，點睛四壁將乘風。當年寄椊哥龍堪，曾乞貝葉歸幢幪。

祀竈日臨水驛宿

兵衛尚嚴金塔堡，征車將度玉門關。孤村祀竈傾新酒，廢堠回春破旅顏。眼底穹廬依白草，夢回鄉信到黃灣。長涂不厭殘年飯，歲歲星躔有往還。

小除夕抵肅州城是日立春

邊城醉司命，沙磧走纍臣。差免鹽池凍，安知臘酒新。柴車難計日，青旂正迎春。逆旅浮雲意，悠悠萬里人。

肅州道張梅航三教圖

天教萬古有江河，柱下祇園寓怊多。省識蘭陵非相意，未妨散作百東坡。

大千龍象總虛空，姑負珠英組織工。樂地自知名教在，本來三影是三中。

擾擾塵根三朵花，香嬰何日證南華。昌黎原道殷勤甚，未抵蠻瀧仰使家。

酬周克生州佐一首

屈宋牙官寄慨多，文章賓客舊蹉跎。近遊關塞添詩債，回首湖山付醉歌。臘酒偶然同旅邸，鎚耕行且遇春婆。歲朝重拜瑤篇貺，子野高情邁老坡。

荷戈集　下

己亥生朝

隴上飽嘗罌粟瘴，春風何處柘枝顛。玉門西去皆戈壁，慚愧餘生又一年。

正月十三布隆吉爾夜發逾日抵安西州城奉簡同鄉廖漁牧刺史

布隆吉爾白楊肥，強飯黃昏忽策騑。地勢因山徐就下，月光如晝尚流輝。夜行差幸獰飆息，塞晏何當雁帛稀。歸馬安西民氣靖，元宵燈火肯相違。

縱橫溝水易迷方，碧眼花門執御良。苜蓿變衰春始到，青禽如影漏何長。孤忠無助空憂國，老病乘危怯望鄉。萬里家山雲海渺，可能消息遣新疆。

未許新亭學楚囚，幾曾夜壑負藏舟。謫居詎暇論三適，禁錮原非第一流。荒磧宵征勞置驛，高衢風景倦登樓。殷勤主客相酬意，輸與枌陰舍北鷗。

萍浮何幸託州家，一刻春宵璧月華。舊典漢官頒綵勝，新愁邊地閟唐花。禪燈不怖棲簷鴿，艱歲依然赴壑蚘。十姓二庭鉦鼓息，衹應坐嘯答胡笳。

上元日阻風安西廖漁牧刺史招飲署齋承贈乃翁冬榮堂詩集即事賦謝

變掞文章濟治才，心持庭誥抉風埃。西陲鎮俗銷兵後，東閣逢春好客開。暖意漸回疏勒水，鄉愁遙度越王臺。冬榮情味盤飧外，已滌煩勞入酒杯。

黃蓮笙大令以余元日望闕叩拜爲詩嘉歎依韻答之彌自傷也

憂國由來願歲豐，敢搔白首問蒼穹。天涯廢壘誰相過，故里風軒本教忠。雁足素書春瘴外，雞人絳幘曙聲中。時艱無補投荒去，早合歸謀肆上蔥。

詎容長日飲亡何，臘盡關山齧雪過。出塞詩窮除夕祭，極天臺迥五雲多。身經九死輕戈壁，地遠重邊到玉河。從古歲朝占吉語，早聞寬政解殷羅。

正月十七日渡疏勒河一首 并引

安西阻風兩日，風定而疏勒河冰解矣，車馬多陷，州城文武僉以冒險爲戒。若待水平穩渡，茫無准期，因戒僕御嚴裝晨發，不悟天氣增寒，河冰復合，小車徑渡，行李繼之，不占滅頂，且免霑濡，因詣龍王廟祀謝。假坐廟僧破寮，候諸車儲料乃行。此去哈密十一站，皆須自帶料草也。

安西有風井，朱闌盤兩龍。五里疏勒河，其下龍王宮。風定河冰開，驀地成渠洪。客車半濟陷，萬牛力幾窮。相戒公無渡，去住憂忡忡。戒程禁喘息，嚴譴非從同。或言駕車轅，排列爲長虹。

或言假薄笨，露坐輕如蓬。相機急搶渡，行李毋相從。顧不及橋筏，兩策殊未工。踟躕迄難寐，秧歌方喧訌。春燈雜簫鼓，萬感攖吾胸。深宵戒徒御，毅爾陵冰衝。纏回輪軸堅，冰鐵堪磨礱。艱阻勿復計，所願毋停蹤。破曉出北門，野色何朦朧。臨河凍忽合，朗若玻璨封。小車得馳駛，疲馬猶嘶風。斯須達彼岸，遙見神旗紅。後車聯鑣來，概免滅頂凶。河闊僅逾里，險處纔數弓。劃然即天塹，斯理安折衷。入廟肅瞻拜，頌禱宣神功。東隅展碑碣，掌故徵乾隆。是時龕西域，將帥多王公。懸軍戈壁間，甘泉匪易逢。佩刀刺水出，伊昔惟耿恭。茲水獨不涸，士馬能飽充。凱歌答靈貺，廟祀欣酬庸。至今芘行旅，遠邁穹廬穹。僧寮假香火，寒意聊與烘。輒憶宣武南，冰嬉噪兒童。拖牀盛西苑，冠珮常雍雍。邊垂悉沙漠，雕鏤難爲容。老狐聽無迹，欲語羞夏蟲。無甯豫疏瀹，且圖年歲豐。居行竝利賴，豚蹏祝春農。瘠土成膏腴，神聽尤融融。回昒黑龍潭，旭日方昇東。

渡河後連日戈壁卻無頑石礙輪車行甚駛

天高風勁馬鳴哀，驛舍無扃舊土臺。細數電杆徵里數，七里一竿。急旋沙軸似潮來。雕邊吹火生寒焰，屋頂垂絲盡黑灰。長路悠悠忘晝夜，軍塘散牧卻徘徊。

燕九日曉發紅柳園

立馬依然曙色新，倏驚燕九是嘉辰。陽關勸酒淒羌笛，往日尋芳簇畫輪。雁背帶將京國月，駝峰聳起塞垣春。白雲高觀神仙宅，紅柳無端遂結隣。

自馬藺泉至星星峽途中即目漫成

人蹤與飛鳥，四望皆茫然。磧砂莽無垠，安得屋一椽。卅里盡石壁，嶠崒淩高天。白日淡逾閒，幽意宜莫宣。樵徑轉多事，徒使夔憐蚿。

塞外大車四馬高軸篋篷暖帷中布臥具略備療飢止渴之物晝夜可行偶述四十韻

便擬車爲屋，安便即是家。舉頭愁病鶴，伸足傲拳蝦。軸裏六州鐵，帷張四壁花。絶崖輕亂水，碾月蹙浮砂。簾密風無罅，窗明雪豈遮。忘憂虛馬藺，馬藺花俗名忘憂草，産馬蓮鎮。寄遠惜龍芽。鐵匣儲西餌，銅瓶縛井華。鵝肝油不膩，魚鮓凍仍嘉。渾欲忘朝爨，何因急暮笳。纏回歌似訴，戍卒候無差。近信噓枯草，奇聞鬐斷槎。陸行舟念海，寒影箭含沙。螫毒非關怨，犀靈或辟邪。已過窮八站，遑憶摻三撾。路險容徒步，溝深重咬牙。不逢都護馬，疑有叔孫蚆。從古多遷謫，餘生敢歎嗟。巢痕隨逝水，秋屐倚軒霞。衆口金能鑠，孤惊玉未瑕。立春逢苜蓿，何地聽琵琶。古驛泉同苦，荒屯日易斜。十年攖世患，一夕墮天涯。魚障冰重合，鶯窩路幾丫。偶然逃坎壈，誰復計荒遐。小阮追隨切，諸侯禮意加。天山艱鳥渡，風井噤龍哆。暖炙名王膾，高瞻活佛袈。禪枝棲怖鴿，古廟賽神鴉。杯珓從八擲，刀環望我奢。野鷗真浩蕩，磨蝎尚紛拏。雅步輸金策，閒情訊若耶。秋生丹籙幨，霜掩絳圍紗。芝草商山暮，薋菉楚澤譁。避人篋貝錦，植物喻蓬麻。往事原蕉鹿，終南半井蛙。鈴鶯淒自語，禪虱癢誰爬。筮得天心復，亭宜海角誇。坐看雲靉靆，不礙石谽谺。萬里回高軸，前溪泛小艖。行吟何以慰，聊啜乳潼茶。

甘肅新疆交界處名咬牙溝藩姪有詩和作一首

餘論安能遂獎成，早知剛折誤餘生。世途齟齬何關命，驛路谽谺總不平。春色可歌鶯有舌，地形相錯犬無聲。菜根風味應相憶，此是新疆第一程。

潤台書言蓉浦出都屏除官派不衫不履途有版謁親手接之一揖而去不交談真高絕也賦此奉寄

文衡武庫久承恩，一夕輕裝出國門。得請翻如魚縱壑，日歸長免鶴罹藩。涼秋蕭寺勞相顧，滄海風颷好贈言。況值故鄉無事日，人生難得是田園。

自安西州至長流水驛始見林木水亦不苦蓋已過窮八站矣

征途占否極，林木蔭甘泉。戍卒有完屋，春農將溉田。草肥回紇馬，酒醒杞人天。可奈京華遠，萍浮倍愴然。

苦水驛早飯有青菜度隴後僅見也興而作詩

戍程經月飯沙礫，豈有菜把供園官。苦苣馬齒等星鳳，小人傷害姑勿論。苦水驛舍置饘頓，青青有色充朝餐。此中何用較名實，到眼盡作嘉蔬觀。杜陵賦詩寓意耳，客居詎識纍臣艱。眉山海外飽煙瘴，元脩美植勞追歡。戈壁風光萬物槁，得見林木皆琅玕。蔓青遺種雜苜蓿，紫芝枯絕商南山。秋尊春韭漫復道，食鮭今日良獨難。

哈密聽蔣繡卿太守招游明大臣祠偕黄蓮生張應棠兩大令周克生州佐建侯姪同往途中黄氣亘天近祠而散歸涂購書不果

征車半載嗟樊籠，逸趣乃在沙磧中。招手天山入窗几，林木盡挹清渠風。寒條夾道板橋曲，攘雲臺榭仍高墉。都護當年此屯戍，健兒邪許能爲功。龍王大士並崇祀，另懸我相堂西東。丹梯蜒蜿疊重磴，不瞰巖洞摩蒼穹。水亭隔岸游艇廢，令人遥憶苕溪翁。黄蘆深處誰擲石，驚起野鴨疑飛蓬。歌臺繫馬馬忽齧，雕闌幾倒南柯宮。香火道人本舊部，長揖長吏形洶洶。經營結構殊未易，惜無片碣徵神工。頃度西郊控游靷，廢壘枯冢猶蒙茸。敗軍場下積金氣，深黄淺白浮青紅。直從平地矗天半，夭矯斷續如游龍。從騎御者瞪目視。詫爲野燒蒸山容。卻無煙縷類塵湧，奇境往往邊荒逢。淹留竟日興未盡，回鑣聊復尋書傭。路左貨攤有鬻寒支二集者，索十四金。

正月晦日常弟塏兒趕至哈密隨戍

豈悟重相見，崎嶇劫外身。天山初霽雪，戈壁尚逢春。逐客行吟澀，名王禮意真。勿言家國事，暫免淚霑巾。

喬木

霜霰經年喬木盡，漢南憔悴到江潭。民依自昔宜嘉植。老去相
過更不堪。閣道東西原矯矯，禪枝前後忽三三。若教榮菀關時
會，剥蝕無須訝蠹蟫。

哈密謁左文襄公祠

崇祠香火徹青霄，萬甲花門撻伐遙。冰雪極天曾駐節，山河如舊
此回鑣。直過蠻詔勳名外，更邁祁連學術饒。長憶江南從事日，
石船煙柳水西潮。

哈密王沙木明索特餽哈密瓜

託根已近天山麓，惜哉得氣惟甘瓜。九龍老樹尚蟠屈，回部漸喜
躬桑麻。名王雅餽頗矜重，窖藏秋蔕斑如花。春宵剖啖味殊薄，
名實或以非時差。殊方卻幸蠅不集，沈浮水玉良足嘉。海颿曩
過五身毒，冬日食瓜美無度。歐羅巴洲詡奇産，持較哈密誰比
數。惟期得地善滋植，漢家久已寬貢賦。舊典郵遞三百枚，甘州
軍門慎將護。隴首艱驅蒲鴿青，荔枝置驛嗟來暮。諸天仁愛逮
邊廷，盡滌煩苛起枯痼。佳果宜留去後思，客路鎮心勿他顧。

二月朔日哈密王席上三十韻

世德依天久，分藩胙土安。自調回部樂，永戴漢恩寬。邊遠銷烽
盡，城高得地蟠。氍裘留塞色，几席展華觀。油碧朱輪貴，花翎

寶石攢。門庭彰帶礪，戶籍凜涸刟。有子衣能紹，延賓鋏輓彈。娵隅台吉語，雜遝阿渾冠。樹密籠新句，荷枯冷釣竿。亭臺餘斷礎，磴石護危闌。愴憶秦回焰，攖鋒種族殫。九龍根葉瘁，百雉鼓聲寒。幽困鞾刀在，飄零困粟殘。血流千里碧，心矢一門丹。世已剗殘篝，經纗皮可蘭。依然承闓澤，從未損維翰。奕祼惟耕牧，前塵格羽干。由來瞻馬首，何肯累豬肝。欲醉曾非酒，高情暫愒鞍。共憐春盎盎，遑問夜漫漫。棗大疑仙種，瓜藏佐午餐。蒸羊遷客感，設醴古人難。竟日酬剡剡，三洲憶坫壇。牀書荒外邈，舞袖霧中看。急鼓違金奏，哀絲落玉盤。直同歌子夜，無解涕汍瀾。異曲仍三疊，沈憂觸萬端。白頭曾典屬，碧眼對奚官。何日逢優詔，京華接舊歡。經年纏坎壈，失路此盤桓。

魏宮

黃初詞賦竟專家，銅雀孤零石馬譁。入殿侍中仍傅粉，望陵聲伎總如花。已看材武儲成濟，猶詡恩榮邁許嘉。一夜鴛鴦新墜瓦，佳人耐嚼不搖牙。

哈密三堡白骨塔過而哀之

蚩尤五兵不足恃，況持窳敝攖兵鋒。死綏忠骨遍沙漠，猶佩鈍弩腰長弓。哈密纏頭鎮西卒，倉卒合併爲鬼雄。經年收拾付兩塔，靈旗慘慘生悲風。柳泉非種特狙詐，日勵爪牙應迪化。官軍交綏伏潛發，陣雲如墨空驚詫。惟知制梃奏軍功，膠柱刻舟此其亞。變通盡利理則那，詎云騎虎不能下。後來健旅摧犬羊，開花礮彈雲遮槍。兇焰無垠瞬蕩掃，湘陰一老真鷹揚。從茲絕域成金湯，西來軍實精且良。但循故步矜楛矢，方略安得開回疆。成敗利鈍宜衡量，哀邱從古悲國殤。

瞭墩取道一碗泉避十三間房黑風而仍不免顧慮御者戒懼尤謹二月八日過此爲詩紀之

蠻石似經秦劫後，歧途仍與雪山通。天心自昔昭仁愛，但放晴曦閟黑風。

漫漫犖確觸車輪，乏馬名灘取義新。安坐心旌搖不定，路旁翻羡打包人。

河西三峽原卅險，險在瞭墩一碗泉。蟠屈坡陀仍陟峻，馬蹏雖乏不曾顛。

壬辰冬奉酬救虎閣惠題運甓齋話別圖詩旁及玉門天山事其時帕米爾界方聚訟也今日閱之幾成詩讖仍用前韻自遣

渡河一夕歆龍靈，河凍復合冰可聆。誕登詣廟肅瞻拜，故事未盡徵碑銘。正月十七渡疏勒河，有詩紀事。開邊絕徼如戶庭，餉軍饋運無或停。強鄰狙伺士氣壯，塞晏重關常不扃。西來初度韓侯隉，深冬秦隴愁摧輪。祁連積雪際天白，山丹佛髻猶留青。故人雅贈蓮華經，雲門贈書有《蓮華經》。宵征安若沙中舲，邊城一驛動百里，館頓往往堆羶腥。月氏荒址樓蘭廷，郡縣新政宜相形。花門同種卻殊性，艱難兵後仍凋零。言語鉤輈空守瓶，天山南北哈梅廳。哈密一名哈梅里，設廳倅駐漢城。疆臣賜履極邊遠，放逐曷敢悲浮萍。故侯祠祀容薦馨，名王聲樂悽以聽。春明詩讖漫復道，幾時危峽回星星。星星峽，新疆入境首站。

車轂泉驛四面皆山竟日阻風不果行

已度風戈壁,風來雪亦雰。馬嘶千障隔,虎嘯四山聞。枯盡胡桐淚胡桐窩,地名,寒銷鬼魅氛鬼魅磧,地名。邊廷花信晚,明日是春分。

客冬度隴疊用漁洋秋柳韻咏茉莉酬雲門兼寄故鄉親友昨藩姪屬和亦有情趣春分日宿胡桐窩賦此示之

姑瑶宫闕護嬌魂,生小鸞雲白板門。寶鏡釵光新蝶粉,畫船鐙影玉蜍痕。每憐薝蔔同銷夏,似讓梅花自結村。省識重陰仍舊圃,柳條羌笛示堪論。

青女南車闕曉霜,素馨田外盡蓮塘。人間作頌宜銀管,天上薰衣敕玉箱。前漢霸圖虚尉長,千秋學海邁山王。勝因妙果從人種,煙雨鐘沈寺外坊。

天山甜雪浣塵衣,别墅圍棋局盡非。早歲紫荷兒輩事,舊時高詠洛生稀。已驚下澤班騅老,幾見邊廷石燕飛。天山左近,經年無雨。花品中吴徵遠客,故園風物肯相違。

傾國何當怨小憐,美人歌管隔非煙。青禽衹寄回文錦,銅雀難留擦眼綿。華谷霧迷西嶽市,柴桑春在義熙年。客心豈但關松菊,花信迢迢悵九邊。

七克騰旅寓聞鳩

回紇銷兵後,存生望有秋。野饒除害馬,春到自鳴鳩。動静因時化，陰晴豈婦謀。未應憐爾拙，吾道在西疇。

十三日宿闢展聞次珊已渡疏勒河卻寄一首

使君十日滯安西，獨夜詩成破悶題。春水初生龍戲沫，寒灘如堑馬旋泥。臨河屢唱公無渡，彼岸無煩佛指迷。此去輪臺容負弩，相逢應爲慰羈棲。

勝金驛叢柳已碧

塞外東風絕可憐，郵亭渠水得春先。渾如禿柳當門碧，不管斜陽與夕蟬。

吐魯番産瓜不亞哈密而名不著慨歎及之

回疆物産吐番盛，五穀布帛兼蠶桑。即令甘瓜亦清美，足與哈密相頡頏。都人但誇哈密好，瓜乾祇許王公嘗。豈知佳種別有此，車師道遠不得將。知希遂令物自貴，詎假腴頌虛聲揚。古今名實類如此，召平究未工潛藏。

吐魯番城西五十里硘硘溝古之蘆溝驛也去三角泉六十里途遇大風

吐番城內暮雲黑，炎蒸已徹蛟龍宮。晨征渡水入砂磧，聒耳忽來西北風。傳聞風信起三角，牛馬喘汗皆蒙茸。蘆溝廢驛暫停鞍，髮髯颮颮浮幢幪。挾沙飛石恣擊撞，愁絕窗紙房簾櫳。庭院閒行輒吹倒,猛掣不動惟茅龍。寒光閃爍白日瘦,張爐倉卒差能容。石尤萬里斷消息,作勢尚與虓虎同。伊昔環球再周歷,東西洋海翩游蹤。馮夷鼓瘴若相避,陸行乃與天吳逢。戈壁崎嶇日復夜,百憂迸集艱難中。征人無緣堲戶牖,大聲賴爾治宋聾。君不見東坡月晦寄危棧,感此能勿嗟詩窮。

陝西糧道丁芥颿觀察輓詩

秦蜀艱難獬豸冠,半生榮棘劇無端。復蘇登布徵餘勇,治粟如金改舊觀。思子臺邊方輟慟,贊公房外屢同餐。那堪遼鶴隨年化,珍重絺袍雪涕看。觀察九月方有西河之悼,每相過談輒聞梵經。
都門僧寺經過熟,海內才名遠近知。對酒已當多難後,聽歌未厭賞音遲。楚人終耀荊山璞,故相空慚鄭國緇。觀察爲某相國所忌,鬱抑終身。回首河梁車馬道,蒼涼風日送靈旗。

齊克達坂

後溝林木盡,達坂高層層。天山此南榦,到眼皆崚嶒。御者急脂秣,惴惴相扳登。及巔略喘息,下坂尤難勝。六里更一坂,呼汲天帝甍。半山偶俯視,下界猶曹騰。馬行之字曲,直道世所憎。坂盡出窄峽,驂靮宜不增。觸輪石醜惡,疑有鬼物憑。修路斷碑仆,昏衢閟禪燈。攲危極煩惱,誰參牛半車。乘官昔破賊,桑野仍蛹蒸。奮威奪此隘,氛祲方掃澂。至今山氣靜,時來雲水僧。迢迢葛邏驛,澗道迷春冰。叱馭吾非擬,幾時歸杖籐。

後溝

絕塞多嶔崎，所歷皆窮谷。失喜兩山間，澗水瀉寒玉。夾岸交茂林，新綠秀可掬。蓬蔥望不盡，半掩南山麓。水鳥翮回翥，似覷潛鱗浴。清流激晴波，泠泠響琴筑。瀟灑果置身，雅不讓斤竹。春禊將及時，引爲流觴曲。高詠振天風，此樂殊幽獨。持用告征夫，無爲但濯足。煙村百里外，宜得免樵牧。誰能謝塵鞅，於焉結茅屋。

吐魯番工瑪特木迓於蘇尼相從至連木齊修謁乃返魯克沁城仍遣四台吉護行至省寄酬以詩

先世從軍有烈名，吐蕃遺族尚崢嶸。氊帷綠茗蘇尼水，錦薦雕鞍魯沁城。迢遞朝班初返國，艱難胙土早銷兵。火州物産豐饒甚，試拓蠶桑急課耕。

二月廿一日抵戍示常弟藩姪塏兒

戊戌八月中，驟脫白雲獄。減死戍新疆，兵司點行速。緹騎蹲車沿，暮投蕭寺宿。室家竟重見，嗚咽不敢哭。五營兵弁集，紛若狐鼠伏。賴有功德池，滌垢聊櫛沐。倉卒湊行資，衣囊典且鬻。榆圈皮骨空，已賣東華屋。親故多慨慷，脂秣幸取足。古語寬羈愁，更贈白環玉。屛當盡一夕，金吾眴嚴促。夙昔苔岑契，泥塗眯心目。洛職還鄉人，倏爾八州督。劉盧親串同，自詡機先燭。殷勤特枉存，似惜逐臣逐。京華冠蓋客，驀地判鳳鵠。時有舊曹司,唏噓重款曲。危難倍相憐,侍行書一束。襆被展別悰,賢哉徐太僕。西鄰祭酒王,盤殽實粱肉。鵷鴒金石交,調護付尺牘。感茲急難情,幾忘鐵衣蹙。揮手謝兒女,依母僑滬瀆。攬轡就柴車,旅夜匪幽獨。遠送兩三人,昏鐙寫遺屬。畿疆沙蜮繁,出險自獲鹿。迤邐皆坦途,已度天山麓。禁錮仍邊廷,井石忍加酷。藉草憩勞筋,漫擬蓬廬躅。理亂暫不聞,餘生甘窘辱。

柴鄂博驛深夜牛鳴

野處須備狼,夜窗燭不滅。壞壁急嘷聲,群僕起相詰。細聽爲牛鳴,實與百獸別。誰歟介葛盧,心耳詡通徹。篝火久銷沈,馬臥鼙鼓歇。寥天濯孤月,鹽池白如雪。胡桐雜紅柳,芳意漸可擷。無鐸悟黃鐘,胡地樂原闕。問喘伊何人,春耕更愁絕。

新疆省城晤劉衡甫通守

賓榻之罘二十年,干戈瞥眼在幽燕。中間消息知何地,絕塞荒寒共一天。已見巢痕新綴燕,倍愁禁錮獨聞蟬。此生江海皆泡影,往事何當到酒邊。

寄酬涼州慶雲閣太守

京華別去再經秋,絕塞艱驅跂郡樓。水接星源通瀚海,山連羌路到涼州。相憐仰屋仍孤掌,日喜臨邊未白頭。急雪寒宵尊酒暖,驪駒無那使人愁。

三月八日晴急雪忽止陡寒時方春操

候琯邊廷一黍差，空堦晴釀雪爲花。往時賦筆宜梁苑，滿地珠攢誤左車。重撥寒灰吹舊火，不知春色在誰家。郊坰合隊旌旗燦，八座威宣霽晚牙。

戍夜聞雁

紙窗棋罷月濛濛，衔柝宵沈萬籟空。夢虩經多無唳鶴，寂寥聽徹有歸鴻。山川險甚書誰寄，寒燠何常酒復中。愁爾孤征矰繳密，衔蘆休避禹王宮。

過烏魯木齊都統舊署追悼柳溪將軍二首署即今之書院也

勤遠舊開都護府，右文今作讀書堂。可蘭兼受儒門戒，大樹空留史册光。已奠邊垂回日馭，未應滄海墮星芒。白頭況觸屯軍路，比似西州倍感傷。

憶從騷國結山盟，夷險悲歡見性情。異姓交游如骨肉，卅年離合到公卿。前因未昧期來世，負乘非才誤此生。上界若知遷謫事，冤忠早已徹三清。

十三日雪

邊徼已安黃老治，深春凍雪總厭厭。郊西合隊方收令，雨後無聲密撒鹽。臨水緇軿虛被褉，聚星詩律憶叉尖。相逢半是江潭客，炊餅煨鑪不卷簾。

三月望早起東壁透光一綫逾刻邈然

東壁晨分一孔光，從知朝旭起雲廊。鑿空畢竟輪奔馸，抵隙何心極夜狼。天日有情銷酒影，冰淵無地著寒芒。餘生安避含沙弩，射斗虛瞻劍氣藏。

華山萬年松歌簡次珊方伯

華山小松信奇絕，乾荄隔歲猶能生。客秋道士贈盈束，萬里什襲幾忘情。昨者次公植一本，感此試種仍青青。性根得水便秀發，一物頃刻區枯榮。人間奇境靡不有，生才益復徵坤靈。銅仙高掌露華湛，玉女洗頭盆水清。前身孕育已需溉，窈窕蓮花同稟精。邊廷萬木尚衰歇，新綠唾手覊愁醒。幽姿豈肯供近玩，瀟灑曾爲鸞鶴鳴。或云地脈遠相接，天山華嶽皆金星。玉顏起伏勢無定，嘉樹得所咸萌萌。漢武探奇極山海，上林乃竟遺孤貞。湮沈霧市幾千載，長伴毛女吹石笙。元都畫障漫相擬，霜雪久與陰崖撑。年時海槎儻攜植，諸洲當更歆神明。已僵復活氣所成，大造至此羌難名。閱世何煩續命縷，扶持保養如香嬰。翠虯鐵榦太古色，合與瑤草呼龍耕。

哭遲盦尚書

宗社能安便乞身，嘔心血盡一閒人。三韓罷役滋簧鼓，五載清談岸角巾。經濟文章誰比數，居行生死倍相親。記從出獄投邊日，猶爲微軀獨愴神。

秉軸由來恩怨多，翩然清譽起林柯。每從進退占難易，不任緇磷更湼磨。對酒尚彈憂國淚，鳴琴聊譜在山歌。漢南喬木摧傷盡，春漲桃花蹙逝波。

囊底支筇蹣蹩時，聖恩日遣御前醫。奇方別得蛇巔角，奏效非關獺髓脂。病起趨班蒙賜壽，才長韜斂並忘疲。權衡和戰關全局，風雨淒淒貝錦知。

維摩示寂宛如生，髣髴虛堂警錫聲。抵戌正思書報慰，飾終倏覩詔哀榮。容知箕尾非爲福，寵及兒孫定易名。幽繫邊廷增涕淚，幾時丹旐返任城。

食魚歌

詩人賦物麗以則，梅河豚與祁魚蝦。江天萬里風味雋，至樂卻在漁人家。煙波西塞發高詠，富春山水青無涯。萬蘆深處偶垂釣，飽食不聞彈鋏嗟。幽繫連廷迄春夏，滿目腥羶珍菜把。曲項何來襄水鯿，驚心已過蘭臺鮓。秋蒓渺渺空爾思，嚴疆禁令幸寬假。清晨雅餽得數尾，蒲類冰魚此其亞。腹腴香飯伊何時，聊付行廚洗盤罤。

疆藩園池蝌蚪小娃掬取爲戲次珊方伯感賦長歌既及鄙況又縢詩筒以冰絃敬酬一首

甓齋日課喜篆隸，蝌蚪一夕生園池。侍兒掬取作近玩，主人感興成新詩。羨魚豈爲結網計，有鯉每發遺袪癡。名園高樹展嘉蔭，蛺蛺水族紛游嬉。黃門賦悼強莫遏，觸境往往增愁思。版輿花下倍馳念，餘累兼拯纍臣羈。泥塗涸轍重相惜，慰藉詎僅來圍

棋。至情至性得天厚，關山寒燠皆不移。他年旅壁果見蝎，腸回
九九仍相依。神龍變化會開府，自已毋忘邊塞詞。方今蟓蝗未
蠢息，古牧之地猶孳孳。中軍大尹日捕捉，遣孽不許妨東菑。由
來誕育具美惡，安得好惡無是非。學書有暇疏爾雅，瑤筒並貺冰
鹽絲。撫時合譜水仙操，蝌蚪一名水仙子。亦憐兒女聲妮妮。康
成有婢洵解事，一泓功德青瑠璨。東堂書帶綠如織，更簇風物供
吟髭。塘外輕雪月載晦，無數金蟆嫻鼓吹。

九月二十日次酬端中丞秦中

別後光陰下筆難，幾曾九死有還丹。異時覆局惟王粲，泛海驚颭
愧謝安。焦爛祇期仍上客，經營誰復補周官。冰天雪窖勞相憶，
慰盡崎嶇此寫鞍。

次酬潤台農部暮春天寧寺感懷見寄之作 漁洋秋柳韻

人生惟別最銷魂，已倦津梁況玉門。八月觀濤空數典，洞庭張樂
尚留痕。憂深淚竹湘中渚，劫度樓桑郭外村。長憶風旛秋夜冷，
塔鈴無語有高論。
往事何當入鬢霜，百年恨水出沽塘。餉軍金穀資螯緯，障海麾幢
擁箭箱。數聽流鶯喧曉日，可能仙犬贊淮王。姑瑤從古酣歌地，
凝碧無詩付教坊。
慧業曹溪襲戒衣，菩提明鏡偈旋非。南華留寶香嬰瘦，西域馱經
白馬稀。風蹙訶林偏摵摵，露零貝葉亦飛飛。相逢雲水堂前客，
雙樹棲禪願已違。
波利孤根佛最憐，未應德水動秋煙。長安東望勞鷗吻，獨夜祛寒

倚雀綿。靈雀窩細織如綿，出阿爾泰山，取製衣物，可以禦寒。懷舊把詩
堪過日，澆愁無酒晌經年。芥園亭館尋泥爪，只合遊仙到枕邊。

再疊前韻寄潤台

纔按秋筇欲斷魂，玲嵘行脚愧沙門。情移鷲苑優曇外，踏遍龍荒
苜蓿痕。三宿浮圖非淨土，一塵彼岸隔羌村。燃燈剜肉庸何補，
林遠肩隨可細論。

徒聞燕地感飛霜，萬里鄉關灌佛塘。警錫幾曾成寶筏，丏杯何意
納經箱。冬烘茶話嗤黃老，阿練文章誤梵王。九品蓮臺無量義，
重煩勝業紀秋坊。

鈍根難乞水田衣，石臼勞勞事已非。羅衛昏衢風焰盡，皮襌火宅
露珠稀。流螢肯共秋河散，怖鴿仍依寶月飛。離相唱慈誰會得，
曼陀真諦客途違。

鏡掌塗脂劇可憐，耆闍一昔滿寒煙。魚膠作贄壇盟固，虵影吹杯
酒力綿。平地有山供坐夏，前身面壁不知年。忘機或是安心法，
如嶽情塵祇日邊。

寄懷徐太僕漢城

厓左艱難下百城，沙吒黑齒竝從征。莫離未佽東西帝，中裏仍班
大小兄。事定唐官庸恥射，時來倭艦祇摧兵。熊津往事成終古，
壇坫雍容盡客卿。

承聞都中暮秋冬仲仍祈雨雪

邸報電傳亭障外，畿疆旱潦倍攖心。經壇頻代王孫騎，牲玉曾瞻

亞相臨。天道運行秋自肅，歲功調燮雨如金。舊時豹尾雲車路，五夜傳籌感至今。

景蘇新擢科布多參贊大臣無緣朝夕獻替寄懷一首

詞臣慷慨策時艱，仍世邊才控百蠻。地合東西原突厥，疆連新舊總天山。班僚旗鼓威稜遠，賈傅文章涕淚間。往歲柴車勞展別，近隣行馬倍相關。

冬至

北庭短景亦如馳，獻饋風光異昔時。五夜更籌悲馬角，三年壇堨侍娥眉。宵寒不襲爐煙仗，曙色遙分宿衛儀。往事南冠虛數典，日長仙草綴蛟螭。

薄蝕

老去紫虛傳脈訣，秋來完素返枝官。橋通玉食宜如制，漏警銅籤久耐寒。水殿芙蓉迷雀鷇，春郊星月徹珠冠。歲朝薄蝕從占驗，堆阜無緣詫慶安。

述古

博陸功名垂畫室，鄭侯談笑護仙根。純臣事主非無術，撝難規權竟有門。慘紫風徽原邁古，節旄凋落不違恩。漢唐往事堪流涕，心悸安能避責言。

池塘凍結徙魚於井避之新疆養魚類如此

大地皆冰雪，池魚失舊原。不愁天漸小，惟愛井能温。遷徙頻勞暫，潛藏託體尊。此中非丙穴，聊欲慰生存。

積雪滿畦枯蘆一叢未盡凋落

不謂黄蘆瘦，能回雪裏姿。葉垂風有致，凍結地如攲。重掃滄洲畫，遥憐劍外衰。商山迷望眼，誰更採元芝。

羣烏雪裏無處覓食日集牆頭池旁庖丁飼以米粟

爰止真傷汝，相看況白頭。寒天昧昏曉，斯世幾沈浮。不識金雞樹，還尋白鶴洲。階前幸馴擾，慎莫啄延秋。

久慨

久慨藩籬决，微嫌動致師。海南飛警報，退傅秉旄旗。蠻落難謀戰，强隣更有詞。滄溟若庭户，遺恨潛蘇彝。

晨牕積凍戲爲短詠

玻璃積凍如秋菘，人事究竟輸天工。根荄分明備俯仰，畫意亦可超南宗。深宵霜雪凝冷色，地爐礁火潛相烘。寒熱擊薄氣不解，遂作粉本嗟奇逢。從兹望眼殊朦朧，池邊孤絶枯蘆叢。花鴨無聲老鴟遁,牎櫺時有一隙通。雅留賞玩緩磨刮,卻虞坼裂難障風。商皓婆娑不足擬,芝莖乾盡思悲翁。

送客

亭障秋高匽夕烽,退園清露冷芙蓉。邊廷去住皆非計,垂老機緣豈易逢。幾日畫梁飛燕燕,極天甘草誤蚩蚩。山川莫喻人情險,漫向牂牁昧舊蹤。

陰霽

陰霽烏雀亦銜悲,秋旱冬暄禱雪遲。直北傳車盟長拜,越南珊網老漁知。雨暘消息調元化,江海鶉鴣括度支。濟治由來資學術,霍光一傳至今疑。

菊

西風豺祭正花時,粲粲黃金白玉墀。曾歷霜華矜晚節,相逢潭水祝期頤。義熙容得陶公醉,夔府終憐杜老悲。卜相廣陵差比數,秋心佳色路人知。

學院

殷勤舊學植蓬麻,功在輶軒學院車。解字偶然徵髮豕,衡才自謂握靈虵。坐愁考績經三載,漸見梯航共一家。博覽大乘鑽內典,早年鞮譯識茄花。

臘月十日

玉坐星不搖,青天日重暈。沿暈貫兩珥,其光射尋仞。逾時光漸斂,卻與日輪近。上有半璚虹,氣燄若相引。已傷金在爍,豈曰璞含璺。變幻羌無端,終虞兆兵釁。寄語讀書人,考古宜審分。孤懸愁金烏,天高難重問。

地市

予奪非無術,盈虧不繫人。天樞空述古,地市不成春。恨惜魚埋玉,爭謀雁鍛銀。動仍長府舊,風樹已懷新。

栢

蟠鬱山園栢,高標謝斧柯。機心從伐木,遺怨甚操戈。望氣秦淮遠,承恩濮水多。不知丞相廟,黛色更如何。

虛憶

除夜金華敞,諸蕃侍宴時。遠憐西極馬,舞殿海東獅。舊德徵山杏,新恩入酒巵。自從金氣肅,虛憶禮官儀。

蜀中奏建丁文誠師專祠感賦

三峽猿聲萬古哀,生無奧助賴公才。國僑既死歌誰嗣,諸葛前身有自來。詔旨已溜樊棘淚,祠堂新對錦江開。悠悠公道終難昧,慟哭朱游尚戌臺。

臘雪

雪暖晴寒氣候奇，地爐烘凍白玻璨。異書安得陀犁史，銅豆誰徵
噶愛詞。北望歲時增戀歎，西來駝馬盡悲嘶。五船幽險春能到，
綠遍關前倦柳枝。

轉漕

轉漕東南入渭河，望春樓下沸笙歌。太倉紅粟陳陳貰，百貨新船
簇簇過。京邸歡聲逾半俸，西軍醉飽枕長戈。司農點鐵原無術，
仰屋其如黑檔何。倉役每夜盜米售堆房，名曰放黑檔。

漢中

十二城堅阨塞奇，褒斜西盡接滇池。如虹氣已希三獨，畫虎謀深
祇一麾。神策新軍初典衛，少陽前院欲停炊。經年展效魚開府，
別有退心五馬知。

次韻東坡永樂長老臥病退院

漫天霜雪失烟村，誰識禪宗四照門。花雨寶旛前日事，戒衣僧牒
異時論。狙公似喜津梁倦，龍女由來水府尊。愁絕舊聞支遁馬，
西風嚼鐵不成言。

己亥歲除藩姪爲檢叢殘賤帙不足存者悉付一炬因次東坡姪安節遠來夜坐韻三首贈之

陰山積雪鬱峥嶸，戍夜沈沈凍鼓聲。遠別庭幃同窘辱，信於離合見親情。固知世網危機懕，浪說兵家死地生。今夕更無詩可祭，欲呼五白趁寒檠。

阿咸舊宅歲峥嶸，列炬歡聞櫪馬聲。望裏京華如昨夢，興來太上久忘情。危疑賴爾敷懸觧，肝膽逢人誤此生。不到龍沙不知遠，五雲高處盡花檠。除夕至元肖，乾清宮皆綵爲鐙，光米華麗。

織杼急投原有說，弛弨重縠豈無聲。安心自是枯禪偈，急難應高義俠情。守歲椒盤虛杜老，舊時仙枕醒盧生。邊荒風俗如荊楚，新得官油綴短檠。新疆產煤油，派員製鍊，藩司爲設官油局，近則悉自俄運來也。

新疆歲暮行

新疆風高氣幽燥，器物夏斂冬始舒。靜中往往觸寒瘴，香味髻髟梅花腴。二十年前閴雷雨，陰山霜雪無時無。小除更盡忽地震，勢若輪舶轟電車。門牕壁瓦紛危撼，榱崩棟折僑焉徂。俄頃再震勢微殺，六鰲轉側疑徐徐。或云地積琉璜礦，發洩無待龍噫嘘。此邦此境故數見，脈絡究與京華殊。漢廷三公或策罷，假以彈射非真迂。今年冬寒特嚴重，差免蛈蟄盟蟝蟝。消寒雅集不易得，出戶一瞬冰生鬚。鐙條簾蒜凝白色，幸有活火生地爐。邊城百物極騰貴，礁炭賤售逾山樗。寒熱相磨肺病易，區區醫藥嗟何愚。庫車脆梨巴旦杏，煩疴得此真醍醐。西瓜藏窖甘苦醴，展效直與白虎俱。野雞黃羊足餽歲，塔城千里郵冰魚。細鱗巨口長數尺，遥憐水族齋桑壖。蜀薑冬深僅一至，每飯不撤徒相需。鶯粟脂漿溢衢市，課耕盍及芋與薯。天心人事試幹補，安見瘠土惟榛蕪。寒林遠近悉畫本，淩晨老鷗馴階除。池塘凍結徙魚避，忍此性命寧須臾。回思仰屋歲闌日，點金乏術傷心趨。此間深閉無一事，焉知喻旨皆籧廬。

農壇

春入農壇草樹香，前門南去盡鐙光。四推播種犁頭粟，九列從耕短後裳。野外簑衣瞻寶座，秋來玉粒納神倉。清明時節增馳戀，豈第茲晨捧御牀。

東坡試士以王莽曹操命題爲臺諫論劾感賦兩詩抑亦臺諫摺料乎

一篇大誥古時情，禮斗壇高卜大橫。劍抉虯頭生使獨，玉崩螭角國潛傾。寵深元後成孤立，天爲炎劉啟二京。寂寞成都揚子閣，美新猶是漢公卿。
忠義耘除勢盡移，春深銅雀浴漳湄。老謀肯襲亡新跡，火德終銷季漢基。宮府怙權忘北面，蜀吳爭鼎限西岐。當塗豈竟符圖讖，才氣幽燕自古奇。

元日

元日詔書開慶榜，陰山霜雪霽邊犴。三旬復見嵩呼祝，四海懸知玉食安。老去怕看新曆本，鏡中遥對小南冠。歲功寒燠隨時變，豈獨人間行路難。

迎喜神

迎喜神，喜神喜，貔貅萬竈歌聲起。大帥旌旂馬首東，行人車馳盡呵止。魚龍百戲雜沓從，隱約春風吹馬耳。喜神卻與蠹神期，三軍鳧藻仍習肄，槍礮烟飛罷弓矢。行廚酒肉池與陵，短後材官醉能睨。士女如雲憑軾怯，陰山雪色寒未已。郊坰歸騎晡日移，瞥眼喜神降牗几。當時鐃吹展餘懽，百年掌故劉公始。

送別孫太守入關

仙鳧新自玉河回，治最專城列上臺。刻意讀書兼讀律，斐然公望副公才。歸心一夕摧玄髮，握手平生撥溺灰。戍夜沉沉將進酒，幽憂離緒託深杯。
邊風葛帔久消磨，夜虎聲中策瘦馳。循吏去思留一柱，孤兒涕淚在三河。洞庭水暖春蕪碧，南嶽峰回雁影多。料理版輿移近地，重逢應已解殷羅。

正月二十六日二首寄端中丞索和

稠疊蘭叢最善歌，如簧聲調倚雲和。斷腸總是巫峰雨，射影潛掀太液波。不學世猶誇獝犿，有容海亦厭蛟鼉。青春年伴還鄉日，白傅青山與若何。
一時物論詡雙璧，同里朋簪甚八關。衆裏鷹瞵矜觜爪，秋涼鷗夢誤湖山。金甌補綴恩讐外，玉水消沈謦語間。天道豈能終瞶瞶，窮荒爲爾涕交潸。

寄題韓侯廟

生死終懸兩婦人，山頭祠廟抗風塵。黥彭無命三分鼎，楚漢之間百戰身。啼徹野雞陳寶月，哀纏功狗未央春。淮陰子弟猶無恙，輸與長竿理釣綸。

峻嶺嶔崎屬故侯，泠瀯即路況深秋。門前石磴雲千疊，屋後孤墳土一抔。杯珓神壇云最吉，刀環生計轉繁憂。邊廷伏臘頻東望，勁草衝天歲月遒。韓侯冢上草皆直指，略如怒髮衝冠之狀。

夜坐

魚更宵寂帥牙東，石竹新蒸一瓣紅。茶鼎沸烟疑驟雨，疏櫺篩月不通風。隨身孤影非非相，過眼朋讒色色空。塞馬從人論得失，胡牀支枕一龕中。

春分

畫角晨吹似賣餳，春分過後欲清明。鄉關萬里松楸老，邊塞經年薏苡平。暮市酒旗誰是客，北門鎖鑰尚屯營。陰山雪盡開真面，時見峰巒擁百城。

清明偕子姪鄉人出郭展掃兩廣義冢便道
三官閣小憩悵念故山泫然有作

烏城郭北旅墳攢，異域淒涼麥飯歎。黑水支流成澗道，陰山斜日到神壇。憂時倍觸瀧阡淚，去國惟期社稷安。眼底鄉關無限意，路人虛作踏青看。

春暮寄端中丞秦中

邊廷春盡樹初芽，今古蒼茫付歎嗟。氣備四時褚季野，涕潸三策賈長沙。重逢宣室知何日，舉目新亭是故家。遙計曲江方展禊，遠流清韻入胡笳。

五月三日率成三十二韻

兵氣纏三輔，前籌借五軍。禦戎誇善戰，濟治首程文。野闊狐嗥火，霄深狗變雲。遙看高掌拓，陡覺老拳棼。電綫竿頻斫，颶輪軏驟焚。蒼黃連海曲，醖釀始河濆。到處皆雞肋，何時洗蟄氛。茄花驚逝水，禿柳匿寒雰。操縱乖長策，安攘總異聞。石言疑可襄，沙語肯離羣。既訕心如鐵，無嫌鼻斲斤。不成獅縛兔，若爲馬驅羵。龜坼艱秋穫，烏瞻失夏耘。漸愁歌蹙蹙，徒結吠狺狺。杼軸虛東國，干戈迫夕曛。倒繃偏侈老，粥飯卻常醺。負乘非罍錯，前鋒誤伍員。荷筲擎一柱，棋局亂秋紋。大角光常徹，欃槍力自轒。尤殲仍涿野，巢敗在亭雲。祇合雷霆振，何當畛域分。遄荒傳露布，歡謔邁橫汾。藝圃休圖曼，歌筵妙轉裙。更宜恢玉步，勿使累琴薰。相忍難爲魯，攄謀但束殷。月堂方邃密，海氣已烟熅。未厭棲庭樹，還應念社枌。南園誰述德，西第久言勳。蛟色潛流沫，魚膠豈固筋。不逢東里相，空觸望諸君。龕亂寧無術，艱貞況勵勤。舞桿躅故技，史冊頌交欣。

鐵畫樓駢文鈔　卷一

蓮衣塔銘

夫應念傳響，未諦真乘。抽祕頌偈，旁引論語。是皆泛言色相，莫悟荼毗。虛梈祇洹，或紊宗恉，翌夫蓋圓烏瑟，屣脱龍沙。六根頓空，四照無澌。而元祕之塔既陋，頭陀之碑蓋闕。何以補花雨菩提，寫訶林迦葉哉。蓮衣和尚，本紅鄂之舊封，蔚驎頂之華胄。始剃度於南海，遂伽跌於天竺。高明戒線，遁禪悦者六載；內府藏經，飽仙字以一紀。熟精梵音，援字母以證説文；博搜古笥，如懷仁之集聖教。西湖小築，芋火一龕；北窗迎涼，藕蕩萬頃。夕露珠潤，松篁嘯聲；朝霞綺張，世界金色。醮麝濡兔，染此綠天；鳴琴詠歌，和以清籟。穆賞乳腐，無本詩瓢。未登大官之廚，傳遍都士之口，況復行脚，及於花之清交遍乎。羅衛緋紫，膜拜經翻。客兒香火，緣深妙徹。居士守孝，穆五願疑。慧地重來，儻獻玉衣於幻人，施金錢於化佛。益當潛激蟒淚，發育神竹。乃黃鶴之遊倦返，曇鸞之壁已災。火炎舍衛，非無甘露祇林；烽連浙門，但有沙蛩風鶴。孟皮漢史，欲攜渡而已忘；五祖法衣，將逾嶺而避劫。祖龍郎邪之碣，皇象神讖之字，並隨灰滅，同付輪回。遂乃煙棹浮湘，秋屐曳嶽。麓山之寺，慰其覊孤；汨羅之波，恣其憑弔。洎吳楚銷兵，城精罷泣；江湘大定，頹壤既蘇。言尋故山，猿鶴皆喜；寄錫北渚，龍象一新。屬鄂州重建正覺寺，遂爲住持。茶話依鐙,影事如繪。雲水傳香,箸毗泥之律虎;涅槃精講,號惠榮以義龍。退院居雄楚樓,江天在胸,城市如畫。縱乏三潭之勝,觸茲一邱之安。香積通幽,花縈籛蔔;禪枝四静,林闢旃檀。固已深入佛海,超絶客塵。然而石磬傳聲,誰解浮梁之度;銅瓶注水,終完舍利之光。遂於同治十二年正月十九日圓寂,厝於漢陽某山。風樹霜零,青磷曉散;寒泉秋薦,黑月宵沈。烏呼! 寒山僧集,無煩鄭氏之箋;華蓋帝車,曾訪一公之解。言念古德,可勝追悼。乃爲銘曰:

江漢炳靈,世誕耆英。惟茲苾芻,亦蘊元精。憫俗晰産,棄家西行。跌宕萬劫,歸諸空冥。遺翰壽世,爲今夢煥。妙精四説,年將百齡。非空非想,無滅無生。野棠短碣,宿草寒坰。鑴此石墨,慰彼塵情。

與王五橋書

辛未使回,辱贈團扇。蒼葭寫秋,寒雁在水,州渚鬱而相望,野航闃其無人。惜別之懷,既托彼柔翰;願言之況,復申之紈素。迢迢風馬,我勞如何。北眺華不,東矖厭次。望主人之帷幕,憶良友之裙屐。縱身世無感,而慕徒生戀矣。昔日明湖遊歷,如在眉睫。既命儔嘯侶,褰裳連襟。荷芰拭雨,簫茄發於水上;亭榭返照,釵釧鳴於葦間。水禽自飛,不辨翠白;遊鱗可濯,忘乎江海。至於佛螺已霜,仙掌裹露。亭邊之枯柳初赭,橋畔則松寮轉寂。隱囊席帽,張袖代帆。銀缸緑醑,剗梨作盞。往往雜綿謳以漁唱,答柔櫓於砧夕。北海朋酒,南皮賓輿,烏足匹斯樂哉。矧復七年流寓,腹毳資乎背羽;折節下款,曲針引於磁石。或磨盾而一日百函,或推枰而全虜在目,或薦襦而相與忘年,或謀野而爲之潤色。泊乎粟末戍返,宛馬雕鬣。津沽夜泊,鄰舫並纜。行枚烝蠋，東山忽其三載；探鉤射覆，平原留以十日。燕歌擊節於槍石，胃脯厭飫於濁氏。醉酣耳熱，雕管繪景；香篆縈幌，冶詞選樹。雖復雄劍鳴匣，脂轄待林，而樂不感於異方，情欲移於海上。歡輈方延，愁緒忽振。濟岱江行，渺然異處。幽燕之氣，不豪於橫槊；盲左之癖，何補乎沈痼。跡豚犬之伯業，酹嬰武之古墓。南樓風月，胡牀已欹。習家池館，接䍦蓋渺。考之歲時，徵諸耆舊。雅臺重落，而中旗煙滅；金管澡行，而湘東運徂。跂玉珥而回眄，聽女蘿之哀唫。江山無情，雲物婁變。或青雕在御，而素飆怒激；或曉曳重繭，而夕披白裷。即至繩河瀉景，金序薦爽，而俗諺病桂花之烝，異客乏茱萸之插。邪老吟興，睚眦斯敗；孟嘉殊遇，不幘亦狂。去國既悲，登樓難賦。抑且文園肺病，童鮮千指；子桓頭白，年未四十。近岫友生之樂，漸覺妻孥之累。蘋筐之薦，曲餘荊布。瑟偶了擇，書誤金根。對泛宅之煙波，談北山之崖壑。伊昔溪鳶霧觸，下澤凝想。蓴鱸風起，江南曰歸。而僕則生長沃土，中經亂離。早失怙恃，終鮮兄弟。四壁懸溜，寒蛸當戶。十年在外，乾螢欲老。妻先壟之宿草，悵遊子之瘁羽。能覤宅以銘幽，即販酤其奚害。感繁霜與墜露，知誓墓於何日？又況枌社籌祝，鶴糧之謀已拙；蠶月桑績，繭館之機久斷。王暕邱樊，徒嘉其養素；靈鞠仕宦，復遜其才穎。進既類於狼跋，退亦難爲蝸寄。孟春稚璜少保乘傳偶經，杖烏重晤。翦燭竟夕，揮塵達旦。送別陸口，檣烏背飛，依戀之私，形諸舞詠，鈴鉞之望，乃荷眷答，因知執事有轉漕之役，舅氏秉糧儲之節。柳煙絲雨，集鼓吹於望春；長蘆海月，濯襟痕於丁字。俯仰陳跡，容與中流。其亦念縶維之客，乞墅之甥乎？今夫契闊思結，千里命駕，剡溪興盡，孤棹遂返，猥以無位之官，紲此有常之憲。跡局轅下，神馳簡末。岷山之流九曲，湘靈之瑟再鼓，豈足擬其縈回，寫此離恨。剩稿近剔，署楚遊庚癸之編；前因如證，補江上萍痕之記。

鄂中重刊樂府詩集序

粵自朱雀欲氛,白螺卷浪。銀簽玉檢,炱遺祖龍;黃紬綠純,粉蝕仙蠧。幸直靈臺區伯,詔博士以寫書;泮水獻囚,集諸儒以講道。敞行省之書局,富學海於士林。鴻教不刊,充乎廈棟;馬班懸緒,續於命絲。淵哉鑠乎,盛矣美矣!況乎道峻驪綏,絲竹韻流於壁間;文炳熊湘,騷辨聲騰於江上。而鳴鹿之章,徒聞於橫槊;野鷹之曲,幾混以銅鞮。蕙纕且解,荔芳何承,《樂府詩集》之刊,其可需歟。是書分代辨體,廣於吳兢;善本單行,俶於毛晉。乾嘉而後,藏弆漸寡。或誤乎滄溟之割字爲韻,或狃於景陵之某句似詩。求其臨江節士,援遊俠以相證;邯鄲郭公,知傀儡之舊題。超乎驪黃,杳若蛟雁,何以振華黻繡、宣和鋗玉哉。夫嬀水帝弦,一夔典樂;娀臺女鼓,二燕作歌。夏侯以樂府名官,延年以都尉協律。張華庭萬之充,劉勰摛文之贊。三唐騁其遺體,五代資以倚聲。喜姚雅之昭今,況右文之鑠古。爰肅舊典,無煩沈約之諧聲;曾列學官,不假所忠以求稿。曩與月樵先生慨息墜簡,商榷授雕。鷥路龍鱗,導匡衡以馗軨;鳳業蚓簾,留制氏之鏗鏘。鼓吹隆平,用酬涓選。夫其徵引浩博,援據精審。剗竊形似之失,摹擬聲牙之弊。藉茲兩柲,語詳四庫。豈臨平之鼓,待魚桐而敏音;黃鐘之宮,驗牛鐸而結響。思維始作,樂觀厥成。唱論於昭陽姑洗之春,竣事於閼逢中呂之夏。庶幾清鱗潛穴,繞湘瑟而躍波;元鶴搏霄,聆鈞天而舞雪。字大宜老,仿漕司杜集之編;篋衍可珍,補漢室巴渝之奏。

悟齋雅集圖序

夫薋葹蔚夏而芬苴，激其清飆；寒眇共櫪而飛黃，峻其天骨。推羊所基，曷與乎運命；蠟鳳之歲，已要於夙成。宿松悟生太守，其荊岑之瑩璞、修陵之華藕乎？石麟摩頂，證因沙門；雕龍綴文，馳譽慧地。闔之蠋俸，方秩山郎。羊欣曳練，棲遲越署。濤頭卷弩，星芒墮營。生慧業文人之天，弁羽林孤兒之傳。悲已！然而會稽殉盧循之亂，謝混標雋於浙右；義興因孝侯得名，周玘誦吩於江漵。短簿髯參，綿絡引重。吳頭楚尾，拍浮其間。益陽篤誼，咨故人於輟瑟；湘鄉表忠，延揖客而帨槶。文館驅墨，裝倚大雷之書；戎亭警燧，褰逼小山之桂。嬰臼餘裔，羈旅所托。羊胃苟戀，豹變何難。即或太真東尹，假鳳酒以引去；阿客山寂，辨覘誣而拜疏。太清冥冥，匪纖塵之可翳；江河浩浩，邈萬古而不竭。黃中通理，卓爾不羣。固華宗之魁喆，亦白屋之環寶。爾乃桃梗廿年，蘭蓀空谷。冀返烏養之哺，乃貫魚須於肘。敬宣灌佛，爲母延壽；正平立言，如祖之腹。泣輟毛人，偉此一鶴；情移街卒，坐歎八驪。高衢騁力，誦登樓之賦；汨羅傷逝，廣離騷之經。每至因霞頹檻，席蘿碧帷，嘯侶臨江，誦書延月。偶焉據梧，何假飾羽以視圖，鹵簿以自玩。翻嗤坐舉爲誰畫，垂論而命贊。乃屬雕楹之婿，品厥襟尚，渺矣秦越。比者，官柳煙赭，鳴蛙奏鼓，桂棹波漂，白黿可梁。彥伯釋時，觸之於曲讌；崔駰達旨，悟之於華顛。重展斯圖，茫若隔世。矧乎當日應劉，已化異物；舊交蘇李，黯然河梁。思昔南皮，愁予北渚。雖復綢繆新知，真率今夕。消夏之飲，看花到秋。賃廡以春，因樹爲屋。戈戟鬥令，曲其松根。木熙騁幻，炫乎銀海。繞牀而叫，非不能盧。罕譬而喻，有如此焉？亦復逸興飆發，勝情霞舉。腰鞬相臨，輒移牀以

避;韋布之舊,或失眠而談。衆鳥翩以羣飛,木雞備其五德。毋
亦今昔殊情,江山多感矣乎。僕牆頭過酒,星紀頻換;郊遊接茵,
寒律皆韻。昔佐齊幕,知江南有長史;近鄰柯椽,識當今之仲宣。
固知梓澤移家,不假剌荆之寶;郊居作賦,詎資晉陽之裝。然使
符虎在腰,觳鹿表瑞;白狼誓塔,蒼虹應精。耀輻輬於伊洛,泛流
觴於曲水。東閣行馬,許舊史以再窺;南樓胡牀,引殷生以同興。
僕亦脱短後黄褶之衣,對長生木瓢之酒。斯言不渝,誠爲多幸。
何必跰躃登山,裸裎叫寶,始足琥芥冥跡,苔岑旌契哉。嗟乎!
撫羲望之蹉跎,寫雲水之聚散。騎兵記室之謔,綿邈何時;登堂
入室之分,具此尺幅。

江陵夜話圖序

　　帝子北渚,資劉諒以雅謔;開府江關,仍宋玉之故居。荆石
星曜,蒼水煙涵。生洲可以憑矚,龗巒恣其嘯歌。遥光薦士,特
標鼪辨之對;靈寶在藩,雅重虎頭之筆。江山文藻,風雨朝昏。
時有勝流,輒預雅集。況乎長瑜爲今之仲宣,茂灌方古之二陸。
星霜六周,憫此裘葛;渥洼一水,衛兹神俊。柳黄已春,華冥媚
夕。結璘映樹,穆以金波。銅史司刻,坐忘漏水。流波奏引,盡
沙頭之玉瓶;子野選音,假湘東之斑管。間論舊作,已鑠潘左。
各有專家,無長滕薛。動墨横錦,飛峴首之青蒼;對酒當歌,納枚
回之森漫。然而鶡冠自峨,鶴徵不至。精神爽雋,擲之於虚牝;
賦才暉麗,揚之於赤嬰。或亦寒生井梧,聲希壁竹乎。不知簫雲
驂螭,笑轅駒之局促;草元吐鳳,讓百鳥以翩翥。遇嗇者才瑋,理
達者氣英。使其乘酣騁雄,高掌遠蹠。起大鵬於南澥,駕飛龍兮
洞庭,則九元無以測峻,八極無以量遠。夫豈世務所能嬰拂,羈
旅所能落拓哉。夫磁鍼不投,每過門而拂衣;席簾自障,或窮巷

而多轍。懸緒既接，相惜乎異代；冥會所觸，鼓掉於深宵。惟金石之不渝，極交遊之道韻。固已洽筮雲龍，儷羲皋鶴。剡以海月蒼涼，初歸楫客。荆南秀氣，咸屬寓公。歡悰方延，朋盍斯暢。或雲夢吞胸而鈍安自築，或竹箭發美而通雅名堂。或托畫而隱，或佩韋而遊。高會四子，千載一時。梓澤拜塵，遜其介貞；竹林精鍛，乏此簡約。又非孟嘉吹帽之日，山簡倒羅之讌，所能髣髴襟抱，喤引先聲也。即事爲圖，遺跡索意，江天養其澹沱，亭館鬱其清虛。静夜如水，繁星麗潢。罰金谷其何辭，隻輞川而無對。僕也狂花入户，或捉塵尾；素塵溢榻，但窺鼠跡。詎頡頑夫星月，衹掇拾其蘦苴。藏鳳片羽，輒炫吉光；似驥一毛，奚當丙御。渚宮遲逯，側遲仙舟。湖樓清光，遂慨陳跡。雖釋念榮瘁，棲神竹素。然跬步易蹶，陳義誰闡。即有選述，俳優而已。瘦松自健，已微荆楚歲時；百柱其頹，孰是襄陽耆舊。近且長夏清簞，賭鶴之枰塵覆；臨風展卷，谷駒之感雲集。迢迢琴酒，誰與牽拂；灼灼文談，疲茲跂想。爰贅短詠，兼序勝遊。操麟楦而奏技，學獺髓以補脂。江集寄詩，敢希乎孝穆；野謀潤色，彌慚於國僑。或謂豐鯨吼霜，異地而流響；石雞得氣，應候而叫潮。是猶近譬冰蟲，遠維風馬，未達予趣，徒亂人意爾。

郎官湖春泛記

漢陽城西，爲郎官湖。南曰琴臺，迤北則偶樵湖樓故居也。柳蕩煙碧，蘆深夏寒，遠山醮螺，層軒在鏡。鷗狎知導，時聞野香；黿醒代更，答以清梵。往往琴歌遲月，棋局侵曉；網露織玉，窗波掠金。兩度葛裘，坐忘羈紲。舊歡星散，清游景孤。歲維昭陽，律應姑洗。萬壑初霽，澄江益鮮。擊楫今雨，艤舟晴川。連輿接茵，登臺啜茗。泥爪有痕，大音終古。老嫗蹀躞，似乞扇題。

過客雜遝，瞪視塵尾。稚竹引籬，枯梅蒸茵。石磴一疊，頗增昔觀。淺瀨承礎，馬浴若戲。雜花浮沫，魚吹有聲。亭測沮洳，始復種藕。城濡橋堰，方謀積樁。憑高邈嘯，心目眩駭。大別枕江，枯塚蝟集。荊湘極天，風帆鳥逝。梯航闠隘，火鼠非寶。樓臺錯互，朝脣極態。圭量當潮，鐘吼知午。遊袂漸鮮，羣籟將寂。二三竹筏，往來空波。鴨綠千趾，匪趨而鬥。鸕元一羽，寓貪於漁。宿榜若林，夕照在壁。乃呼艜子，放乎夢泉。石壁鐫夢泉兩字。土人云："中有泉脈。"茜浮礙櫓，掬水成繪。花寂笑客，孤芳獨妍。洗眼雲水，但有邱壑。長鬚絮眠，頻歔滄桑。昔驚夕烽，已隕星脈。比築新版，復劃雲腴。瘡孔萬竅，儽虐秦鞭。衣髮重剝，將需媧補。刖及山趾，莫扞淫潦。觸茲游談，彌慨陳跡，濁酒可澆，捫栝無語。樓扉掩草，主人已非。忽逢晶輪，悔不襆被。斯遊也，笈甫期約不至，少村乘興先返，獨與梅修徜徉竟日。世無謫仙，誰愛此水？信筆書此，但志年月云。

畫長尋夢錄書後

　　鄂州，澄江鏡豁，彩縷霞煥，沈蒱遂往，彈棋不作。青溪一舸，邀篆之步既遙；緱山百仞，焙笙之炭誰給。縱復層樓選韻，而白雲已孤；荒臺奏雅，而流水非古。未免槍石田疇，東山屐杳矣。養園老人，紅鄂茂族，丹地仙侶。鈞天廣樂，恣詠霓裳。曲江游讌，習聆鷗弄。況復歌祠若石，瑟譜湘靈。偃師之技，瀏亮於胸次；優孟之風，綿邈夫異代。乃以斧繡之餘晷，撰華胥之小錄。談諧閒設，激勸為怡。狀慷慨之孤忠，寫悲涼之離別。其他虎皮羊質，牛鬼蛇神，金支翠蕤，青袍白袷，朝三暮四，五張六角，倏煜閃鬱，絕電妖露，類能抉摘精眇，抑揚聲采，傳神阿堵，顧誤當筵。無待水調聞歌，甘涼入破也。嗟乎三郎西幸，淪落龜年；太尉左遷，刊捕琴客。歊塵何遽，變徵餘哀。古調自逸，解人奚索。曉風殘月，屯田跌宕之篇；雲窗霧閣，斜川嗚唈之製。絡鼓都市，誰徵舊聞；摩挲宮牆，孰擧法曲。比者，蚊䖟若雷，蟬嘒自雪。據梧何處，倚竹將秋。魚龍曼衍之戲，蔚跂乎虹霄；蜃鱺樓臺之幻，陸離於煙渚。鬱陶未已，幽賞益孤。風午霞辰，此焉披玩。東方笑謔，觸之而靡極；北地焉耆，味之而彌永。儻使粉墨授梓，豈亶櫻桃生色哉。爰贅俳語，聊攄鄙積。補莊生之夢痕，恃惠子之知我。

黃鵠山志序

　　黃鵠山者，鄂之神皋奧區也。生洲遙控，大別對峙。槎石虹宛，樓窗雲翕。毛人故堞，芳草接闉。仙客廢壘，鳴榔戰雨。白雲在天，舟壑薦移。夕烽仍世，金石爲爐。考形勝之崖略，徵藝文之淵微。條貫纚辨，證今援昔。固非耳學所詳，抑亦目論罕究矣。況夫庭堅公琴，邃古罔據。翠媶九疑，在世斯昧。爾雅詮詁，但訓列嶽；山經泛鶩，侈談荒外。若乃練軼雞次，彌闕檣机。茫茫荊墟，熛焱百代；湛湛江水，極目千里。月樵先生，澡雪靈府，樓靜神宅。經笥韞曜，福地儲寶。露初星晚，廣搜博采，勒爲成書，齊軌邑乘。後之覽者，得以知世代沿革，山川厄塞，人物雅俗，風會隆窊。石碣波矗，而陵谷可跡；頭陀陸湛，而林麓在指。豈宗懷荊楚，流連歲晷，習氏襄陽，勤拳耆舊，始足標雋文苑，擷華騷國哉。至於掞張神仙，駢羅幽怪，荒邈傳訛，義例滋累，無裨記載，轉棼宗恉。譬之瀛嶠金闕，縹緲在空，偃師丹㯁，瞬睫已幻，徒爲觀省之娛，殊有雅鄭之判爾。

歷代名人年譜序

《歷代名人年譜》十卷、《存疑》一卷,南海吳荷屋中丞之所箸也。中丞淵襟凝曠,天才傑越,賦事之暇,靡間披翫。先秦而上,命氏蓋寡,其有述綴,斷自漢始。沈繹默識,營茲約秩。羣書筦輟,涉目斯獲。簡矣核矣,宏益博矣。夫人含陰陽之精,苞二曜之靈,上駢桑林,厥畀維均。機恉殊騖,霄壤夐絕。回魄萬古,然疑之案多端;煙熅百族,升降之術靡一。自非良史,孰能極貌聲采,殫狀風趣,爛然照列,作程遐世者乎。然而授簡髫齔,皓首燦摘。學者牛毛,成者麟角。榷言梗略,蓋誠難焉。春王周正,紀元攸尚,魯再失閏,非禮示貶。履端歸餘,縱標彝憲;辰見駠伏,易越恒軌。羲和昆吾,其詳久軼;周髀宣夜,絕學仍廢。仲任水火之辯,君山卯酉之對,寂漻千載,杳末懸合。其難一也。白雀神麐之誣,麟嘉龍飛之僭,斗絕一方,竊號自娛,彈丸蕞壤,士鮮縈矚。其難二也。嚮儒祀學,經戎肄武;邵農寶穀,豐泉阜化,翹延幽滯,威懷荒逖,爲茲宏綱,隱司國體。隆污之所柎契,廢興之所燺疾。善談欲析,督於緣起。其難三也。鑴碧窅絕之巘,沈篆繚曲之洑。偉額潛文,貞跌逸製。雖幽翳靡蝕,而虹畫斑炳,鉤瓠經典,往出意表。侯碑公碣,罕易探涉。其難四也。青陽夷鼓,軒氏之受姓;條徐蕭勺,周初之分族。逮乎春秋,陵微已甚,而荒裔來朝,尚述金天之胄;列卿酬答,遠溯豢龍之緒。司商所葉,斤斤於此。晉宋六朝,猶明宗牒,戎羯云擾,遂糅蛟蚓。五代通譜,朱紫彌紊。其難五也。何羅更莽,子禼易蛸。拂經抗命,炯誡將來。至於棘子之族,乃爲棗據。山甫之允,爰有種皓。步搖名冠,而慕容以氏;禿髮字被,而鮮卑析落。點畫訛減,音韻諧舛。椒衍條蔓,良以多惑。其難六也。張衡徂逝,轉爲蔡雝;羊祜禓裸,徑諳李氏。介推火化,而相荆蜚績;毛遂水厄,而抗秦延譽。曾參南北,而慈母投杼;秋胡今昔,而翟公昏絶。循名甄實,邈焉風馬。其難七也。丹陵謚堯,翠嬀謚舜。墨胎之謚夷齊,管晏之謚平敬。談文子者,偶忘其貞惠;誦武公者,或逸其睿聖。至於公閭紕互,謚荒以糾慝;休文狃覆,謚隱以揭過。柴桑棲静,而翕頌靖節;華陽湛寂,而私議通明。令德腥聞,兹焉涇渭;白虎通論,言筌而已。其難八也。藍箴名尹,金水置曹。不更庶長之號,嬝姚戊己之屬。儀同特進之秩,散騎柱國之職。銀青金紫,代有建革。至於天鳳地皇,眩亂羣牧,龍朔光宅,嬗徙百爾。王戎甲午之制,崔亮停年之格。時際權宜,神無定矩。其難九也。實沈作鄂,用以紀歲;黄昏人定,據以驗時。古無甲子,博稽益信。至於鐘石革韻,煙雲異色。楗户而守漢臘,箸書而沿晉曆。存没年月,亮節關焉。論世知人,低佪孟氏。其難十也。昔者昭懷屈景,蟬嫣子長之記;張朱顧陸,駢似義慶之説。三狐五馬,常璩采其軼志;犢韋駝李,張鷟標其斂載。均畫以方隅,罔規通檢。長淮讖王,濁潁謡灌。社光啟應,門法賓穆。銅川六世,蠱尚於隋代;壯武八葉,欽睇於梁祖。琴佩輝映,蟬冕銜襲。雲搏水擊,率多鼎閥。而王宏綿眇,守素淹寂。摘纖抉祕,故能之者鮮。夫病其難而不知廣其術,則經緯之才疏矣;思其術而不克尋其竅,則耽研之功浮矣。是篇萌芽炎漢,下迄國朝。事以縢年,人以縢事。縱橫井罫,羽舂鱗獵。擷赤珠於驪淵,導鴻源於星海。繁而不雜,略而不滲。以視班固之所等差,荀況之所鉤校,士廉之所排輯,敬宗之所咨述。蘭翠接翼,球筦叶響。思力練該,一至乎此。不佞雅同里閈,綢繆肺附。緬窺緗素,藐覿前喆。惟是楚相名閥,遽爾負薪;梁臣令葉,淒其履葛。碩篇祕笈,淪忽滋懼。爰爲刊譌傳漏,蒐綴脱伏,勤購榘人,俾閟飆尚,炯幽室以樿炬,祛末學之未寤。陟玉岑而弗迷,臨珊淵而逯度。若夫瓊姿琦質,曠代之逸,目馬乍經,成誦於口,全史縹藏,非所及也。

琴臺秋禊序

繩河乍瀉,蕭序既洽。絡緯鳴織,陽鳥涵影。綺鋪延月,非無寒花繞牀;文疏鏡虹,但有塵弦在壁。矧復陶齋左闢,周宅將徙。豈出谷而求聲,抑卜居而戀舊。支機乞石,尚遺貫月之跡;廣野張樂,杳矣洞庭之讌。乃訊渡口,放乎南湖。古有琴臺言修,秋禊流水;今日大音希聲,爰命儔侶,騁極游眺。昔國子水嬉,紀於二七;漢京祓除,書以八月。自魏而後,俶尚於春。則夫天漢指隅,白藏司令,練江在鑒,黛巒卸妝。澤芝墮粉,官柳垂赭。客燕蕭寂,餞之於雲表;遊鱗翕泳,遇之於濠梁。岫霞霽晚,爽接林籟。磯石齧潦,淨拭薜席。曲水之詩,惟騰響乎虞廷;魯都之賦,乃寫韻於素節。邅賞所矚,宣諸商飆。離緒甫振,借鑒潭水。縱乏鶴蓋龍車之盛,緬茲珠徽瑤軫之遺。庸何感乎彭殤,繫懷今昔也。夫望高衢而騁力者,輒述志於登樓;對皋壤而惆悵者,或喻悁於墜雨。況乎鸚賓一鳥,脫黃祖之腹中;天際孤鴻,挹中旗於弦外。譬之代鬣伏櫪,對西風而亦嘶;豐鯨在懸,屆清霜而流吼。豈宣眷蓁蘭於麗景,倚湍竹於惠風哉。晻曖南樓,夷猶北渚。蕭若舊典,用酬嘉辰,若乃激波鯔躍之游,河曲金人之對。各有會心,毋相比例云爾。

謝丁宮保師賫米啟

種稑既乂,旌旐戾止。嘉種拜惠,五內感悚。既鮮裘馬奉使之勞,乃逾釜庾請益之數。恩洽塵甀,燕饗攸藉。薌流廡桉,環堵自寬。言念負背,輒傷孤露。載詠檀輻,彌惕餐素。翼穀亮玉,楚國之所具瞻;麥飯豆粥,河東之所從役。濟岱南征,遂慨通侻。丈席重接,厚辱推解。跂踵昔軌,識白鹽菜甲之縱;等貴上尊,卻寒水茯苓之餌。絳舟載泛,匪待邕圭。魯困薄指,更逾膠鬻。言經故壘,且論兵而聚山;久襄明略,庶囊沙而韜敵。

謝丁宮保師資白帝城磚啟

蔭桓質匪貞石,識陋香察。古文奇字,或疑乎魏鼇;竹簡棃書,惟諮乎劉顯。況乎建業邦沴,皇象之碑再斷;鄴城熏轑,銅雀之瓦奚屬?豈悟黑水所導,永安故闕,遺茲片磚,獨紀漢臘。危譙薄傮,朝日晃其麻文;堆石伏圖,雲雨護其黝質。仰拜嘉覜,遙生古懷;橋柱誓約,徒欽壯采。劍閣署銘,輒愧先德。尺璧非寶,珍逾駘蕩之當;振采作歌,擬茲岐陽之鼓。

復洪太史書

鵠磯展別,瞬息經歲。鱗浪三篙,華鑣北發。軺軒復命,暄序方閟。卞隋之珍,晃耀天肆;騷辨之緒,繡藻上京。抵肉說士,樞府資以衡品;采樂陳風,國史因而考政。王人之職備矣,楚寶之善彰矣。況乎侍從論思,光出電入。承明箸作,寵藹霞照。祥蔚國華,曷任欽遲。猥荷手畢,重辱青睞。綿邈關河,思慕儔侶。夫隻雞近局,炙輠淺談。譬若野曝,奚當幽賞。而酒龍詩虎之會,繫情於千里;露初星晚之讌,結想乎三秋。既徵摯愛,彌紉厚德。僕脛足取鼠,已鮮秋駕之技;寒絲繅繭,祇耐冰厓之冷。發春而後,轉參酬接;買夏之會,渺若霄漢。皇華江館,踥蹀爲茶;撫軍高牙,迎送至再。毋待教肅沈蒲,令嚴禁釀;固已高揖中聖,遠謝秋儲矣。加以幼湖赴試,子用權鼇。朋舊漸稀,意境彌澀。

擔石志餒，繞床曷叫。登樓賦拙，覆局皆舛。閒於春水漣漪，州草萋碧。時與少村，放乎琴臺。文窗洞開，遊鱗可鑒；高柳成幄，黃鸝自歌。雙柑斗酒，連輿接茵。山水方滋，風波無警。別後之樂，此爲得耳。續以沉潛曲防，瀦爲禍水。州牧告變，奉檄龕治，于役倉卒，差幸消弭，大致具邸報中，無事覼縷也。秋間稚璜宮保過鄂，相約東返。料簡海防，復荷婉商，大府略無軒輊。念非饞附而飽颺，惟虞吹竽之濫食耳。小山消息，時切懸繫。行復相聚，殆非所料。年內如奉明檄，輒擬途間度歲。駕輪舶於朱方，稅單車於袁浦。鐙節既屆，稷門戾止。蓬轂有定，當再奉告。燕雲北望，近跂卿曜；楚水東流，鑒茲陳跡。蕪雜率復，惟動定曼福不宣。

復樊雲門書

倦游南返，方深太息。未獲起居，頻辱教怡。發函伸紙，乃於雲峰之作；古懽今誼，溢於天柱之表。猥以世父捐館，文言驟廢；旋值從者于荆，郵傳或左。離緒戀戀，未盡勞積。不圖小別，遂爾經歲。思昔斗室解榻，茗花選詞。贈言即路，征篷聽雪。義望遞更，參商攸隔。方冀騁妍鴻都，抽秘石渠。侍從論思，承對顧問。賤上林而諫獵，直宣室之受釐。康樂侯門，阿客振其英峙；章華楚望，宋臣播其蘭芬。獨座惟賢，倒屣孔亟。江關故舊，彈冠自豪。而乃修鱗游泳，顋曝乎海門；鶂鷗扶搖，翮鍛乎霄漢。華蓋高夐，匪三閭之可問；鹽坂修峻，期九方之再逢。重繹來怡，凝情委運。固知阿閟能鳴，不槍枋榆之勢；天衢可躍，莫閟虹霓之光。黃中通理，秉心塞淵。蓋已超軌時髦，遠規先哲。惟念皋比未暖，駔儈作慝。被綺繡於裸壤，詎敵鶉衣；振咸韶於聾俗，聽者魚睨。無怪褰裳欲厲，屑茲腐芥矣。此間書局已易，夏生中丞薦耀庭而不可得。經度雕朽，久虛羔幣。既方大府之命，安恤協寅之誼哉。所以彌月跢躇，不遽復布者此也。比喜江陵大邑，平叔即真。獻歲之初，除書可達。足下硯瓦重炙，竿木自隨。凡此尸餘赦趾，等諸嗷聲高居。匹登樓之王粲，擬窺壁之匡鼎。況復會稽武子，吾鄉阿連，文酒既嘉，意緒斯活。彝陵步武，庭誥易繩。枚回渺茫，錦字時達。豈不愈於匣劍邁遠，岹嵽而負米；褐玉弢曜，寂寞而草元乎。假使穆醴再誤，居州一薛，僕方悲步兵之轍，遑促穆王之轡哉。僕海疆之行，賓蠟乃定。去就之機，烓黃未卜。進止之狀，騎虎足躄。移民以後，肆廛益棼。東勞西燕，疲於酬接。湘蜀勛舊，絡繹相過。羈旅之臣，何心寵辱。亦復役形郊坰，拜塵賓館。邇來情況，何緣復相聞哉。昨日阮孝通來，知校藝葳事，返棹通德，蔭田頃亦歸里，和詩當附海舶將去。所示李公子《新昏序》，沈博絕麗，固一時之雋也。僕病未能，直書《宜男花頌》，用代賀錢云爾。又《琴臺秋禊序》，錄奉懿教，行且補繪圖畫，辱飾題詠。渚宮講席，言旋何日？坐鎮閎益，端咨七葉之彥；定文抗古，遙佩雙丁之才。切願齊義依菓，無慨集栩，潛德方馨，奚爲徒自損也。北行有日，再當奉告。惟爲道珍衛不宣。

危樓鐙影圖序

夫擇里爲教，基乎仉母；在經之治，懿爲魯姜。然而碗井靡渴，而桔槔之藤萎；冷雲成緒，而機杼之席移。思昔聲情，寶之圖繪，固事埒頌芬，亦義符造象矣。廣甫太守，義興世胄，梁園舊客。慈線紉衣，觿歲槖筆。黃中馳譽，淪虛藏寶。擔擔何適，岐嶷自振。頡墓禹陵之字，孔壁周塚之文，商序鄭箋之學，豹弦冉韋之佩，莫不鈲揽道器，斧藻德林。金心在中，木舌振俗。紆其緒餘，式舉秀孝。爰在弱冠，歷職郎署。暨以勳績，移階監司。

薄遊河內，則借寇有書；從事南陽，則坐嘯成俗。況乎黃褾短後，驅馳銅馬之轍；雲旗出險，於鑠白狼之塔。蔚茲九能，秉窺六列。孤根甫植，風樹已霜。驥櫪倏度，烏哺曷返。夫齧指之痛，極夷險而一致；茹膽之境，視明發而憧懷。當夫恩循購逆，弩集朱方。溫庾秉節，爨霾白下。東堂冷炙，不營一飽。屋梁腰鼓，何暇三撾。雲軿四舞，既乏夫人之城；倉軒告罄，孰恤嫠婦之緯。乃復手挈弱子，避烽山中；坐散百僮，課字鐙下。素幬易帳，白堊刷扉。雖唳鶴夜警，封豕橫突，而簁火授書，靡間寒暑。縛繩架屋，僅蔽風雨。擬令伯之狼狽，匪僧綽之鳳皇。屈笮以居，釋白茅之義；熏轑方熾，懼析薪之爨。豈悟髫齒厲學，毅爾棄繻。萬里策勳，成於投筆。陸機入洛而後，聲名頓高；王粲登樓之日，通侻自賞。抽秘振藻，已流韻乎雪苑；韜敵曳帶，將騰美乎峴首。僕也慕藺十年，交韇四稔，式欽偉度，彌景先德。夫河東高行，天墜采旗。建昌拜封，慶溢素族。或叨榮於及身，或徵瑞於在娠。並際坦途，匪罹厄運。若夫窮歷睢刺，克闡教育。肅若女娍，效於庭誥。去日苦短，遺澤方永。跡其遯軺，勵厥初志。北江浩淼，敬宣灌佛之心；惠山岧嶤，仲子負米之路。爰發喤引，敬紉芳徽。凡諸題詠，並列於右。

鸚武洲小志序

江夏諸洲，有禰衡墓焉。衡賦《鸚武》，洲因以名。後之覽者，攄情振藻，日以繁矣。當夫滅刺南服，喻情廚賓。千秋落漠，鴻義雕蔚。岐路之阨，婦孺哀之；修名之永，江漢共之。湛湛逝水，悠悠頹云，撫景遐矚，滌慮衡古。既賢孔融，且弔黃祖。尋跡可悲，亦誠多幸。夫楚客能文，燦被鐘石；騷國善諷，助以江山。野鷹呦鹿，浩倡於季漢；赤烏黃龍，嗣響乎江東。氣盛者詞舉，情摯者韻逸，塗局者志放，才健者怡遠。蓋其閱歷成敗，感激交際，蘊之胸臆，發爲文章，輒能借物寓懷，因端竟委。至於處士言浹，則握手成歡；死公嫚呼，則徒跣罔救。閔天衢之虹霓，毀瓌寶於雀鼠。固已齊烈幘龍之帖，均恨酒旗之篦矣。夫詞飾郊天，而位終別駕；望箸楚國，而考及從者。通侻之貌，固待騁於高衢；舅犯之謀，空收效乎宗賊。鎮南羣彥，乃復抑鬱，以衡方之，益爲蹇矣。然使子射之説行，方伯之權畀。屛翰兩京，翼衞吳楚。白衣不死，青州何封？而乃子矣羈孤，並命於一鳥；無情煙墨，驅使於荒洲。奇麗之觀，委此豺吻；卓鑠之製，壽玆龜趺。渚花銜碧，疑似互參。宿草既湮，辨難方闓。譬諸謫宦而賦鵬，懼妖而賦鵩，歲月遙姝，先後若契。何待碑識顏子，托況張衡，爲足證其神思，昭斯淑質哉。月樵先生撰《黃鵠山志》成，更輯《鸚武洲小志》，余爲序之。陵谷且遷，篇籍不沬。狀激楚揚阿之容，緬岑牟單絞之服。憑弔臕碬，引證舊聞，低徊往復，曾不可任。若夫屑瓊斷金，咸逮匠冶。幽光潛德，美灼圖識。但爲不没古人，已足迪惠來學云爾。

復丁宮保師書

漢江拜送，檣烏背飛。長途風雨，心馳征帆。望日差還，伏辱賜書。知十一日抵朱方，祗尋陽稍耽擱耳。鞠花紓秀，言次柴桑；茱萸佩囊，會際重九。馮誇效順，屛翳凝幄。山净挂笏，波澄濯冠。嶠侃勤王之壘，微聞湍激；元尚破苻之地，猶護雲氣。遂乃度金焦、望龕赭，涉瓜税袁浦，馬首已東，鴻飛既屇，貙劉肄武，繡斧言歸矣。伏惟吉德和洽，道履亨衢。山嶽遙仰，舞蹈斯閟。蕗桓頃謁大府，恩禮如昨。衡論近事，側席移晷。俯述德意，兼諗鄙旨，詞色温愉，了乏芥蒂。念非饞鷹之飽颺，已覺秋燕之如客。同官濟濟,乃或健羨。亦若惋惜疏逖之徒,轉致駭詫。至於鵲巢甫振而鳩已營居,桃梗未僵而李爭求代,此則鄂中風氣,無足異矣。惟是去就之機,勢若騎虎;進止之狀,窮於跋狼。旅贅六年,靜觀一切。徒勞龍燭之照,雅乏雞肋之味。九月望後,即已移寓。新居修葺,良費支絀,畫爾之謀,聊墐户牖。人情之險,甚於山川。已戒僕御,行將首途,寒挈妻孥,權予賃廡。拳毛雕刓,徒生西風之嘶;喤引咿啞,安有繞梁之韻。伏承恩諭,期以歲闌一奉橄飭,輒擬買棹,附輪舟以泛江,指載陽而即路。譬之纍臣歸國,願銜橛之速解;赤子戀母,歷寒温而靡違。漢川孝廉,並已相約。祖道有日,即便同行。其它瑣屑,別紙具啟。

述征賦

閔勞生於江海,溯餘皇而上征。頓修策乎促路,心搖搖於懸旌。睨雲亭之退軌,羌就熟而駕輕。曦望淹其七載,感麻渥之頻仍。憺夷猶於北渚,捐予佩乎洞庭。甘知白而守黑,諒咎悔之靡應。楩枋榆而翩短,夫奚有乎滄溟。匠石惠而重顧,命徂兊而違荊。顧曩恩之可懷,竭予款而未能。薦章繹以太息,荷明恉而屏營。方戒僕以遄邁,訝齟齬之旋生。將闕失之在余,抑小雅之營蠅。撫藐躬其奚惜,跂皇輿之由庚。豈徇騖乎榮禄,希嘉績之與並。屬宣房之疏泄,樂湛玉之有成。

乍量沙以韜敵,伯既偃而橫經。豈遁竿於南郭,翩濟岱而江行。擥桂棹兮蘭栧,終焉老乎杜蘅。龍堂赫其瓔麗,匪凡鱗之所登,夫奚有乎滄溟。胡托襟於莊惠,怪虛舟之弗應。稔罔兩之問景,訾行止之不恒。騁鉛刀乎一割,庶稍慰乎寢興。設天險乎瀛渤,冀斷鼇而剚鯨。釣輔反其涣汗,何朝令而暮更。不範馳以詭遇,縱獲禽而非貞。緬隨武之返晉,良素願之所型。喟天心之難諶,任轂轉於冥冥。越千里而屬薪,勤薄效乎挈瓶。乘青陽之淑序，橫大江以揚靈。鼎湖深其餘慕，增羈旅之衷情。悵石交乎延佇，陳炯戒於獨醒。薄樅陽而少憩，勞長者之予矜。風濤壯於白下，言凝睇乎朱桁。迄丹徒與袁浦，鬱萬念之交攖。賦隱憂乎悱惻，伯嗜述以拊膺。末臣蔽而塞塞，焉往喆之足衡。天蓋高而聽卑，鑒匪石之微誠。景尼山而仰止，彼寵辱其奚驚。

與黃孝廉

自度稷門，寒氣逾洌。風埃搏擊，旱象已昇。足下方超乘委禽，飾容射雉。振美珠履，新詠玉臺。未獲展別，安達予趣哉。夫奄以颹氛，則窮於騁望；困匪魚服，而境同豫且。渺彌巖疆，倥傯東路。旅翩唳夜，澤羽為鍛。孤獸銜草，索羣不遑。雖邑植之所述，華融之所賦，未足擬其延思，窮茲怪狀。矧復白藏退舍，黑郊迎氣，矢籥既促，溪壑含凍，苑雪奪鮮，孰為右客，梁月照影，逷哉故人。度藏洪之金城，緬田橫之舊島。元黃猶進，飽餐風沙。黑白昧守，眷此傳舍。北海文酒，南皮賓興。躑躅抗塵，何暇追憶。昔人行役，陳跡靡常。揆厥由來，咸有所托。慷慨萬里，艱險不避。即或齧氈衛節，鳴箛韜敵。焚老上之龍庭，鬥馮夷於貝闕。極之吳市蹣躇，圯上棲遲。勞心焦思，辱身降志，莫不隨事制宜，陳力就列。若夫剡溪孤詠，風雪夜泛。汝南結客，車服自耀。凡茲壯遊，迥異鄙積。固知素絲織杼，匪寒女之所秉；大車惟塵，勞詩人之永歎。既慨近況，行念足下。夫依蘱泛淥，文士之遇；拔茅連茹，吉人所占。虛與委蛇，或期永好；標異通侻，動虞傾軋。且以髡酒未醉，嬌屋遽營。助阮修之昏，無須豪舉；寄德曜之廡，須有餘春。足下淵雲賦才，服鄭經義。振其穎緒，芥拾青紫。公車在邇，何為汲汲哉！況仲宣弱體，文園善病。河濟風霜,冽於江漢,際潛藏之令,延似續之謀,揆之時地,尚爲失當。
古人燕婉,所以在冰泮梅摽後也。不入耳之言,何足勸勉。恃惠
子之知我,作老生之常談。足下毋亦一笑置之乎。僕征鑣言邁,
倏已浹辰,臘鼓既徹,當達所屆。犀兕自佾,莫阻城者之謳;文馬
方歸,倍形羣婢之娟。量已審分,或不已於行。若乃慘慘劬勞,
慘慘畏咎,亦非足下所及料也。臨紙悵惘,不知所云。

抱山樓詩集序

　　江春始蟄,北首齊魯,風馬綿邈,朋舊繾綣。秋禊舊圖,頻辱
題飾。鹿仙先生,展別尤摯。倦郵荒驛,情文悽悱。既復出《抱
山樓詩集》,屬以弁言。驪駒在門,意緒已鶩。自度彭城,助役
茭楗;載泛東瀛,浪跡槎斗。吐谷牪書,安有子昇之作;宣房歌
詠,僅免衛人之愆。一發天津,再次濟上,海陸颷逝,瞬已饑歲。
言念前約,憧憧於懷。夫發言爲詩,因物寫志。學者牛毛,成者
驎角。梨棗告荼,識者惋焉。鋸之齒而咀嚼非辦,屬之鼻而芬芳
不達。往往食雞半蹠,腰腹輒誇;似驥一毛,嘶躍自喜。縱復擬
歸藏於春日,援大傳於江水,才地既舛,俳優而已。先生則六義
在中,三篋能記,疏錦被者十五,奪經席者數重。此詩之可傳者
一也。練都十年,假夏侯之片語;論衡一卷,供中郎之秘笈。聲
名未立,孰與獎成;煙墨無情,袛自驅染。即或避猜主而故爲累
句,媚皇儲而但知宮體,有所遷就,亦紊宗旨。先生則玉海承家,
金天晉頌,議折神雁,草視丹螭。坐帝後七車,識窮天媼;擬侍中
執戟,能辨單方。此詩之可傳者二也。公幹丁詩,孔璋草檄,懿
惟七子,各有專家。然而通侻之才,從軍以爲樂;幽燕之氣,橫槊
而逾雄。先生則迢遞隴雲,宣力黃褶;窈窕江月,引興胡牀。鐃
吹助其英鏗,荼火昭其壯采。此詩之可傳者三也。英儁下僚,或

限以位望;仕宦不進,或汩其才思。天衢龍躍,徒矜激楚之妙;洛濱鯤弄,只聆小海之唱。先生則内直承明,出典風憲,十事九對,一日百函。憫計吏之催科,贊大農之治粟,充繡紱之道韻,揚騷辨之遺響。此詩之可傳者四也。機雲並世,求點二山,曠古罕儔,在世爲瑞。元仲異其造詣,穀玉殊其標許。同根之吟,益增慨矣。先生則塤篪環製,並入選樓;笙磬雅音,同宣清秘。扶南之木,衆香共節;濉涣之水,五色成縝。舟陸居處,聖聽爲愉。才綺魯衛,物望斯洽。況復大家能續史傳,左嬪饒有兄風。雷岸貽書,雪窗選韻。高談共娱,陳義可闡。悦懌名教,播爲篇章。此詩之可傳者五也。不竘不遜,窕爾蒙識。摇唇摇牙,伊其普謔。稷下梧宫之辨,金溝銅池之劇,並肆才鋒,或累雅質。先生則胸懷淵懿,姿度閒適。問字之車,翩然來集;清談之麈,時或忘勌。孤花窺户,露泫彌秀;瘦桐障夏,月淡益清。相逢支許,輒復流連。抗古顔謝,不事淩轢。阿連少作,詎假辨誣之口;長康高詠,拚貽揰脚之紿。此詩之可傳者六也。采胡桔於沮澤,徵華藕於修陵。地力所阻,風會尼之。是故五官論文,殊薄齊氣。莊舄仕楚,惟擅越聆。綿駒之里善謳,南冠之徒知樂。悉沿方俗,以爲心聲。先生則禹穴剔簡,越崢翻經。山鷓徵歌,瀨魚理釣。春襲徑香,冷豔成綺。風淨湍竹,雋賞欲飛。固已洗雲水之清矑,納齊梁於腕底。此詩之可傳者七也。烈士暮年,或傷驥櫪;詩人厄遇,致慨燕梁。寂寞元旨,留憾於美新;瓌麗賦才,遺稿於封禪。遠睽年曆,良用唏嘘。先生則振采岐嶷,濯華髫耇。涉園補竹,齊義武公。登山采芝,把臂黄綺。飛譽鄰境,文筆可以詒謀;寄情天表,風月可以名子。於以蹈德詠仁,頤性養壽。此詩之可傳者八也。抑日集繫山樓,頌芬之志昭焉。外編别纂,名山之業粹焉。錏掜來喆,誠爲多幸。若夫胸馳臆斷,好名忘實,將廬濛之妍,可捻纓而求似;有窮之技,可儀毫而失牆。不其惑歟。蔭桓盍簪七年,對宇半載。露初星晚,時相過從。連蜷雌蜺,擊節於休文;元禮磝碕,索解於希逸。比者狎跡石鷗,矯首磯鵠,韜斂何恃,慕徒增戀,黃嫻既荒,白瓷罔效。榑桑潮汐,荊楚歲時,思維別悰,良不可任。爰托長綃,酬茲小序。天風泠泠,移遠情於琴惜;江海邈邈,托深心於豪素。聊以抒襟抱、記聚散而已。豈曰永嘉書集,待金紫而抉名;鈞天雅音,記宮商而無舛哉。

參同契直解序

《參同契直解》一卷,九仙山谷盈子爕道人之所箸也。古稱東海,是居神仙,秦皇漢武之所經營,安期羨門之所遊衍。金簡玉檢,嘉禮蓋闕;黃紬綠純,遺帙不昧。則夫鄙國之文,青州之注,路徑俱出,圖籙斯在。然而三篋默記,識逾茂陵;一篇補遺,鑒此秋水。稚川珠珮,上禀星精。橋山金華,尃傳帝訣。自非洞透九還,奉持三寶,無以闢太極之元關,叩先天之象數矣。道人托根縵亭,現相福地。采弧旦懸,夢協羲晝。錦衣夜襲,音聆鈞天。帝後七車,天媼資之博物;軍前二鉞,遊魔攝其陰符。伐隆虎鈴,祥蔚鹿轂;旁魄蓬島,逍遙紫瀿。故能博綜羣義,昭宣奧悒。東龍西虎,詎足喻乎調爕;飛龜舞蛇,莫能窮其變化。瑤笈芒發,五色十光;名詮載繹,萬流一壑。風搖寶樹,璀璨耀其文;雨綴瓊華,堅白完其質。消息囊籥,涵養流珠;準繩彎御,絪縕元籟。姹女嬰兒,眇既濟之宏施;文昌臺輔,徵無妄之恒度,殆亦假年學易之深衷,夫豈援儒入墨之異趣乎?蒙叟寓言,郭象疏而益顯;王孫鴻烈,高誘注而無訑。覽是篇者,遠辟幽深索隱之理,近驗盈虛消長之機,內葆神氣精元之真,外祛色聲香味之感。無待神木養性,赤泉駐顏,固已挈領丹經,齊義真誥,何致歧路失武,空賦淒其;墜葉障頭,猥蒙溲謔哉。所爲顯揭道心,輔導聖化。

眇契天初，迪惠來學，抑何偉歟。嗟乎，玉麈天鼓，功用惟微；金
匱石室，授受有緒。伊昔孺子，能讀黃石之書；顧附門人，竊窺青
囊之秘。

龔封翁六十雙壽序代丁宮保作

懿夫劍牛觀成，鑴諸竹素；網蛛悟隱，效於煣黃。葛穎扶翹，
椒香衍緒；明麗羲旭，秀擷仙霞。固已按縵亭之宮徵，歡溢槐眉；
望渤海之衣冠，聲騰稷下。況華蓋前星，南箕少微之度；甘泉故
事，兼圖金母之形。如我文波先生暨邱夫人，有可紀者焉。先生
振采黃中，䗪響觸歲。弱不好弄，秀而多文。淮上濯纓，壽春隨
節。風松謖謖，喻乎英標；山桂馮馮，挹茲芳抱。對日慧質，愛琬
惟瓊。擲地賦才，嗣楚者綽。織者攬繩武之德輝，占詒厥之美善
矣。而乃淡泊明志，理尚棲約。對秀孝之策，既曝於龍門；挈羲
望之弦，研悅乎雞次。至復下帷菆柳，疏錦編蒲。藻兼之叟，長
臂之衣，奇肱之車，防風之骨，莫不洞貫源流，詮諦名義。若夫博
藝以遊，沿禮爲繪。一邱一壑，已過元規；某水某山，隱臥宗炳。
蠅點誤真，適昭活相；虎頭妙解，每詡通靈。偶然陶詠，殆其餘
事。當腰鼓騎梁之日，香囊賭墅之初，而能屏絕紈綺，托興豪素，
謂非濁世翩翩、庸中佼佼者乎。泊夫五溪延新息之旌，千里問胡
威之絹，綿邈巖疆，徘徊子舍。隗臺香井，伯仲紛其填篋；籬筍陔
蘭，晨昏任其甘旨。廁牏必浣，萬石風高；城角閴聲，百蠻烽靖。
豈悟白鵝忽飛，銅馬旁突。梯衝百道，組練一州。熠煜韜鈴，既
挫區星之焰；嚴明刁斗，毋貽周顗之疏。先生侍親登陴，陳師鞠
旅。朝平井竈，豈童子之無知；夜墮星芒，忽使君之告瘁。閫外
之患甫平，先生之遇方蹇。遂乃僑家甕府，返骨故邱。策苴杖而
扶兒，恍斷裾而別母。時也恩循搆逆，肆虐封貒，溫庾視師，損威

朱雀，重湖歷舫，但有獰飆。萬里短衣，淒其行露，至止枌社，經營風樹，跣足尚繭，撚指遐痛。白丸之警，復迫於東甌；黃耳之音，遂滯於三峽。先生倉皇走傳，慷慨孤征。錦水波寒，枯樗之藤已萎；西山日薄，桑榆之景莫追。珠玉飯唅，既非親歷；杯棬手澤，益用淒然。豈特阮籍嘔心，和嶠毀骨已哉。或慮黃巾霧喋，素旐霜零。宜寄蜀都，俟諸土斷。先生既悼倚閭之戚，彌堅誓墓之志，卒能奉遺蛻而脫險，斯陳枲以合窆。蓋眠靖州之役，爲難能焉。茹恨椎牛，委懷軒鶴。雖闓之捐餉，已秩山郎。阿稱退讓，爲今曾子。名教無愧，天睨乃嘉。喆嗣藹仁，起家翰林，歷階方伯。仲華拜袞之歲，陸機入洛之年。華林馬射，極凌雲之妙思；石渠虎觀，乃憑春而灑翰。即至黃褶從軍，銅符領郡，宣力逋寇，廓清中原。未四十而專城，搏九萬而直上。莫非庭誥之詒謀，用副皇綸之褒美。花詔榮畀，筍輿就養。淳霏金線，曉濯塵冠。海躍明珠，光絢萊彩。先生元晏病風，積勞成痗。盧扁未覿，鳳恙忽殲。悅懌韶景，流連勝情。屬仲仁太守分道揚鑣，一麾吳會。江澄山靜，春煦冬溫。先生振衣祈木，稅駕金閶。陸賈分裝，喜傳食乎諸子；梁鴻舉案，羌流美乎寄公。矧夫鵲岸兵銷，虎溪僧笑。攬蘇臺之翠萕，探鄧尉之丹萼。所謂即事多欣，頤性養壽者歟。德配邱夫人，鏘鳳表瑞，挽鹿同歡。瓊範箸乎中閨，瑤光煥乎名閥。笄年待字，刲弱臂以療親；星戶既古，誠豈弟之新婦。鶴鳴課子，翟茀宜家。撫及小郎，恩周茂族。凡先生植德之宏，半資內助之力。斯其鴻慶永流，又豈蠡測能至者哉。先與羣交，更爲紀拜。幸劉璠之同館，忝李耳之通家。載詠緇衣，薄宣銀管。荷戈四稔，倚征北如長城；弭節十年，得岑旿而坐嘯。靄仁顧乃明發有懷，陳情至再。顧瞻時事，杼柚予心。願移烏鳥之誠，永奠鯨鯢之祲。薦賢爲國，愛人以德。其亦疆吏之鄙積，故人之微志乎。先生四世循吏，家有令子，考摭故實，列疏明廷，渥蒙聖俞，宣付史館。茲以律中夾鐘之月，慶先生張弧之辰。菊井泉美，蘭階玉明。絳縣引年，丹溜非寶。婆娑大童，容與雙棲。泝行縱於湘蜀，薪軸雲勞；嚼仙核於綏山，芝眉濯采。摹赤斧山圖之跡，播匏宣瓦奏之音。高歌臺萊，爲先生頌；勒庸金石，更爲覇仁勗焉。

虞明甫哀誄

　　光緒三年五月二日，虞君明甫卒於之罘旅中，予哀而誄之。

　　惟君炳靈，惟漂之滺。詡翻名裔，骨相岐嶷。何圖喪亂，室家化離。思循撝逆，江服災罹。君尤阨塞，親絕功緦。餘生虎口，彈鋏臨淄。經畬歲穫，言謀似續。置媵賃舂，薄酬歌哭。勤勤十年，一索不乳。間關故邱，淒其贏負。賓館棲遲，若以娛老。前使宣勞，資君策畫。伊余承乏，彌仰成法。表海爲關，蓬萊襟帶。風檣采鷁，百貨闤闠。周官什一，敝去其太。吏卒帖然，正供以賴。君性儉約，爲義獨豪。旱荒賑粥，憂哉黔敖。君特推解，至再至三。翳桑累累，食德而甘。君處上舍，慳囊數探。優寵重祿，能毋德慚。抑君好學，枕胙經史。斡算餘晷，一編隱几。暮春過從，貽我莊子。紙墨鮮美，遺念何已。新麥甫熟，蜩鳴野風。君病六夕，淹然告終。弱息何知，哀感行路。獨客異鄉，孰爲新故。友生篤義，經紀君喪。謀君身後，歸骨朱方。君靈有知，魂升魄藏。

　　誄曰：挺生茂異，中壽而隕。蟠鬱善根，積久自振。喪具稱家，藐孤煢煢。一死一生，乃見交情。

重刊通雅堂詩集序

荊州刻《通雅堂詩》成，郵請復校。爰序而重刊之，以廣其傳。夫越殿鷦鴣，不聞北鼇；江上鸚鵡，祇揚南音。方域所限，識者悵焉。然而秘匣一書，中郎所寶；曲水兩首，北客詫美。蓋情文相生，煙墨驅染，不脛而走，振古於茲矣。粵余楚遊，綿曖歲序。裛芬左徒，擷豔蘭陵。寓公作賦，奇章雲委。上客當筵，茂製霞爛。不佞亦時或操莛敲鐘，持菇敵酪，所覯如泰室吟、求闕齋、西垣、邵亭諸集，尚矣！而拔俗爲雋，抗風立候，則施子壽伯，爲獨偉歟。壽伯少成若性，獨秀江東，誕彌之月，祥協尹蓮。岐嶷之年，秘剟禹簡。日角擅奇，耳白於面。山庭表瑞，眉低有稜。屬以孔璋之檄才，宅宋玉之故居。金布令甲，周髀宣夜。八索九邱，四稽五至。莫不網羅羣流，該綜百氏。豈特丹城眇藻，邀賞桓公。金樓奧義，希韎帝子哉？故能掞張忠孝，釽摳雲物。幽憂牢愁之感，易直子諒之情，沈鬱澹雅之思，倜儻奇俠之識。倚柱長嘯，疑待嫁其何傷；據梧孤吟，恨測交之已晚。不佞漢南繫馬，知長喻爲仲宣；江館聆鶯，識阿稱乃曾子。莫觶星晚，鳴琴露初。湖檻被春，山楹席夏。簪裾對語，徉徉失眠；醪醴并合，仙仙輒醉。子荊零雨之作，正長朔風之句。成誦在口，模範於心。以視南登灞陵，低徊異代。雲飛隴首，愴念遺交。參昔較今，抑何厚幸。夫道味相附，墨以歡露。言象並絕，金以冶融。登堂入室之分，喻之於禰孔；采蕭攬葛之思，儷之於莊惠。緬昔石城賤別，江陵載餞。緘珠寄遠，郵置爲疲。繩榻生塵，悔吝潛蘗。比者，幹權海疆，回睇江服。鶼鶼之志，坐慚乎鼓鐘；馬牛之風，竟限乎儵忽。秦漢鳴弦，巨魚卻跡。囂佗伏機，毒螫滋參。地接南皮，罕聽輪輿之聲；治攝北海，無裨酒尊之樂。每當方波駕天，圓浪凌斗,從者扣舷而附節,賓從抵掌於深宵,思維舊悰,良不可任。況乎轅固述齊,浮邱纂魯。異世嗣響,雅俗斯振。往録專集,期綴小言。觀感之切,形乎癙寐。豈謂今日,斯言不渝。所謂長麗去而宛虹來,曜靈淪而望舒睇。英絶領袖,子當之矣。夫侈筶弆鬱之聲,情采氣骨之論,睥睨千載,盧牟百代。璇宫白雲,皇初蓋寡,漢魏而降,厥體孔萌。襲影於貌,倩盼徒虚;肖詞於古,淵靈亦閟。離神剺質,則瓦雞匪喣旦之用;矜緉失理,則翠綸無獲魚之方。至於藩籬未涉,遽希閫奥。部婁且躓,欲凌嵩霍。南轅北轍,去道彌遠。古之爲詩,陳風觀俗,感物攄志。近以備輶車之采,遠以補史乘之闕。縱復潛光衡藿,亦致誚乎作繭;投輝莊衢,或時遭乎按劍。際會靡常,聲價何損哉。閲是集者,能挈領逸注,齊義鄭箋,擷是精華,閔彼忠益。否則中壘列叙,記室衡品。取高前式,迪惠來喆。若但吹索毛疵,掎摭聲病,是則季緒璅璅,何足以云。光緒三年七月,南海張蔭桓。

與舒文泉

暌别經歲,江海綿邈。每憶漢皋廣廈,春龢景明,棋酒琴歌,和以驪唱,去住之況,心焉數之。南館旅食,致念季重。習池爛醉,遐哉山簡。況復狎跡石鷗,遠違風馬。胡牀夜興,引之而彌永;落帽山宴,思之而靡窮。江湘故人,晨星落落。此中消息,時或茫然。執役秦堤,了乏佳興。版築未已,波瀾忽駭。尊俎之間,折衝執寄。空波渺瀰,瞬其入秋。白雲在天,涼露蕩水。薄躅班扇,言檢秦裘。傴塗眇準,既經度之鮮暇;恩黔怨晰,慮羈旅之莫容。言念精藻,惟增惆悵。勞逸異趣,何緣相問哉。初夏寄去郎邪臺拓本,附本齋琴匣中,計已得達。續得少村書,重繹古歡,辱徵季諾。用檢雲峰山全拓,寄貽山東。殘碑斷碣,留存尚多。先舉最古、最富之物奉餉,其他拓本容再奉寄也。少村以憂去,何日首塗? 幼湖江右,蔗境何似? 便乞寄示一二。江天秋早,諸惟珍重。不宣。

上丁宮保師

海上夏秋,兩肅手啟,恭敂道履,郵傳紆曲,不識何時得達節下。叩違函丈,歲籥三易。西睇旌旆,山川間之,感戀宏慈,棲遲近境,縱跡異殘客,亦影慚故吾矣。執丹柔之禮器,負弩矢以前驅。懍懍愚誠,迄不得遂。惟以命舞氍毹之質,乃爲未見顏色之言,徒煩清聰,無補沈滯。固知爰居東集,享鼓鐘而難常;鳱鵙習飛,槍枋榆而尚拙。自輟權符,仍事版築。敏竭囊底,以供斧斯。逾春徂秋,厥役告蕆。伏荷中丞德意,委家舅氏,落成如制,丈驗以符常憲。圩中置守,暫資焦部。竹頭木屑,悉以付之。念茲經營,咸稟鈞恉,檢閱前疏,不差累黍。每維設險守國之義,差慰籌邊馭遠之志。若夫廣購利器,或別爲犄角,此尚受之以需,未敢遽以爲請也。重擔獲弛,旅食轉艱。輒擬驅車稷門,賃廡湖壖,少憩蹇劣,薄營蝸寄。值中丞東閱,手諭慰留,以備顧問。因復隨節逶迤,用歷形勝。九月下旬,奉飭返沛,言息行鑣,祗聽牙鼓。經旬覓寓,仍僑歷山,重埽舊痕,亦若前定。東海初歸,幾類遼鶴。大府厚誼,愛及屋烏。惟當凡百謹慎,期慰裁成耳。十月朔旦,沿歷下展墓之典,恭謁七里莊塋廟。沿山松柏,寒綠彌秀;近村童冠,雅拜翩然。既式風俗之厚,益深去思之慨。無待守塚置吏,駐馬書鞭,已徵功德罩粹,微特及門感激已也。比者,道路臚言,李部有星蜀之驗;內外殊體,武鄉避渭屯之嫌。帷幄遙暌,寢饋爲廢。曩奉賜書,略知蜀事。巖疆專閫,地大物博。監司濟濟,並皆新蒞。當茲萬流仰鏡之秋,適成一柱擎天之勢。既非河東卧護之俗，益乏南陽坐嘯之雅。積習成痼，甚或改弦而更張；因時制宜，豈能削趾以就屨。去京既遠，謠諑易滋，匿師幻景，早在鑒燭。況乎陶齋運甓之志，易地而猶勤；衞園補竹之歌，耄期而不輟。大勳在國，公論在人。天王聖明，鈞輔忠亮。太空冥冥，匪纖塵之可翳；滄海浩浩，納衆流而益宏。固非久沐鈞陶，強爲排遣者也。惟是振咸韶於聾俗，炳明膏於昏衢。皦皦易污，落落難合。子產大賢，鄭民有謗；曾參純孝，慈母投杼。援古證今，可爲殷鑒。務光之贊伊尹曰：“強力忍詬，不知其它。”蔭桓不敏，願爲吾師頌焉。

致丁子美

乙亥初冬，沛上展別。每懷鶴立踦佇之思，逖聞鹿鳴笙歌之雅。公車南來，乃失迎候。手箋上陳，辱荷贈答。今春文從過魯，有平原十日之留；祓禊於東，恰洛濱上巳之候。僕方蹀躞海崝，馳情天末。濟濕陳跡，陪仙舟而末由，歲月雲邁，繹塵論而增悵。固知南皮賓興，亦結想於季重；鄴下詞賦，或流連乎孔璋。祇以歧路東西，皋壤搖落。桃梗自笑，簪盍奚卜。每念玉帶河壖，羨遊鱗之翔泳；珍珠泉館，覽翠羽之去來。月淡節幢，琴籥渡水。風靜林竹，詩懷薄云。雋筆喬文，克稟庭誥。內朗外潤，蔚爲國華。妙蘊符采，優加容接。遂使曳裾忘陋，定文增益；門牆榮庇，涼燠靡間。豈悟旅翮甫戢，慈雲遽遠，窳植方萌，甘澍他注，大福不再，思德滋深。海納百流，非蹄涔所赴；岱高衆嶽，非塞足所幾。雖復縮栯逾歲，假符三州。荒歉之後，補苴既煩，梯航卻顧，額賦既闕，坐憂譏讒，跡類孤蘗。朝蜃乍噓，幻作金色。覆蕉之跡，遽迷舊封。愧無塵露，補益山海。彈指前遊，倏其餞臘。吊影獨留，會心獨遠。曩於暮秋，言旋稷門，贅茲尤官，未易挈眷。嗷嗷八口,仍僑之罘。旅食轉隳,歸計尚捷。籌海之役,中夏而葳。版築既徹,衣囊遂茶。春華已非,秋蒂何戀。顧維去駐,無待燋卵。惟念緇帷東表,久從陳蔡之末;木鐸西振,莫隨琬裸之肩。偶聽流言,致廢寢食。比晤容之大令,知足下趨庭入蜀,移家度隴,天彭之跡,古柏之祠,橋柱之識,劍閣之銘,莫不洞達形勝,沿考故實,畫地成圖,抵掌可述,侍奉清娛,至足樂也。蜀政紛紜,積重難返。與民更始,怨毒滋甚。譬之車馬以載饢,鐘鼓以樂鷗,宜驚詫喋喋,疑慮傳訛耳。若夫吹索毛疵,證此沙蝛,摭拾虛渺,病於杯影。所謂宵行,能不爲奸,不能禁群犬之不吠者也。固知蚍蜉撼樹,奚損輪囷之質;蟾蜍薄輪,無改弦望之度。第恐茲事得直,將尋遂初。則九仞之功,虧於一簣;千秋之業,委之崇朝。方今時局屈笮,聽鐘聲而輒思;遠寄邊垂,念青蒲其難釋。況乎函丈公忠,海內冠冕,微管之歎,遠邁前古。若乃華陽築山,會稽誓墓,色斯滋感,寥廓高翔。識者嘉其善藏,昧者疑爲任氣。揆之境地,尚爲未當。伏願足下際溫清之暇,作須臾之請。藍田亮直,惟文度可以膝談;荊州清介,惟胡威可以表德。僕遠慚高足,恣其謷言。特以渥受府庭之恩,尚非河漢之論。延頸西望,不盡所云。

鐵畫樓駢文鈔　卷二

丁宮保師六秩壽序

懿夫八紘允釐，垂拱永逸。潤色鴻業，搏附巏言。則必誕彌元愷，乂萬邦；疇副青曾，衿式白爾。奢龍賛后而東方辨，金提佐羲而民俗化。是故曳履星辰之上，乘舟日月之旁。濯纓繩潢之濱，騁華虹霓之表。所爲協期運應歸昌者，理有在也。聖人御宇之五年，萬物棟通，四時咸若。皇建恢台之月，吾師覽揆之辰。赤斧山圖，捧綏桃而侑爵；圓罏方趾，扶邛杖以祝釐。雍雍焉，秩秩焉。帝錫蕃祉，世資元輔。惟當證萬流仰鏡之觀，敢竊爲捧土附岱之譽。然而沐浴明教，染濡道勳。采弧曰旦而湘管閟響，非所以昭德音示來禩也。吾師毓秀黔南，壯歲通籍。捄藻翰林，抽秘虎觀。值天地睢剌，江湖寇虐。乃輟逢掖，式揚貝胄。連鄉軌里，戮家紓難。一麾嶽麓，再移長沙。其時遹虜在吳，天塹與共，軍實資楚，人材蔚然，內繕甲兵，外禦勍敵。沈沈狐火，洞庭已波；跕跕鳶飛，衡嶽猶峙。蓋吾師以少擊衆，攖戾執猛，久已區星靡跐，恩循疂罐。白丸懲虓，黑山避鋒。於是雲中被徵，符璽絡繹；河內願借，薦章連編。顧乃銜命即戎，畀侯于魯。秉臬建屏，霞照電入。公聽並觀，因時制變。歲維乙丑，捍患臨城。羸卒三千，流賊七萬，犄角兩堡，扼衝一橋。韋睿臨陣，閒乘肩輿。卻克視師，手執枹鼓。氣回日馭，槍三折而猶雄；體稟雷精，戟叉胸而不退。虎豹昆陽，藐茲大敵。風鶴淝水，勢將斷流。朝廷有知兵之稱，同治四年，樞寄有"素稱知兵"之諭。官民有無閒之美。同治五年，曾文正覆奏，有"官民皆無閒言"之疏。泱泱大風，周室資其夾輔；巖巖泰嶽，魯邦之所具瞻。即或邊軍遘挫，臺諫吹毛，摭拾既窮，聲實愈顯。椓鐘累庸，遂陟開府。攬轡勵志，澄清中原。銅馬在郊，臥薪待曙。燧犧韜敵，炊劍成雲。甫定三齊，已歷百戰。豈悟函谷不封，走衝車於秦嶺；冰橋偷渡，徹烽火乎甘泉。七校嚴屯，兩戒騷動。吾師投袂而起，執殳前驅。無待驥虞翠幡，已率虎貔入衛。大星拱極，雪雨往來。軒霞麗霄，扉松清穆。果使陌上銅仙，露盤無警。長陵石馬，玉碗依然。諸路勤王，瞠乎在後。九重溫語，深鑒其誠。同治七年，摺批有："該撫此來，朝廷已深鑒其誠"之諭。壓青犢以南，翦之馬頬；臥老羆於道，扼之魚山。大慈既珍，殊錫乃嘉。聽樊渠金奏之歌，拜湛露彤弓而出。言歸舊疆，力培元氣。坐鎮雅俗，式張四維。恢廓大度而清畏人知，旁魄寸心而罰必親決。既戢雕羽，重繹禮器，絲竹補壁，通德旌門。叔孫習禮，徵之二生；家令受經，諉乎弱女。以視終童請纓之日，征北量沙之秋，固已弦誦彬彬，衣冠濟濟矣。況乎苞桑之圖，數世賴之；補袞之勳，當代踔躒。堯蟆既刻，椹鳥斯化。宏石削蘖，炎精之運彌永；周召庀職，豐水之基益固。功高持重者，韙其堅定；叉手從俗者，懾其神雋。若乃四裔九譯，播爲美談，野乘裨官，狀茲忠悱，抑猶末也。泊乎宣房載歌，冬日咸柏，楗石告勞，桃汛既屆，邑黔東晰，城謳攸在，修陘强脊，說築奊施。吾師持節立水，被杖射潮，櫛沐風雨，履戴星月，鎮巫支以鐵索，靖馮夷之鼓撾，憫雌黃之騰沸，蹇長茭而不恤。搏節數百萬，流澤數千里。方今過瓠子而頌王尊，望樓蘭而思索勵。豈曰晉安虞石，海氣留雲；樂陵豹泉，餘甘在液已哉。若夫經略樓船，補益山海，鈲摵鹽鐵，充實府藏，以虛受人，惟幾成務，超超元箸，高掌遠蹠，所以固

國脈、重邊防者,美矣備矣,宏益遠矣。諸艱歷試,在福則沖。天
眷西蜀,麾幢遂移。壤襟且蘭,衣繡於晝。盧樸夕襲,嗅靴鼻以
來迎;雄陶方回,聽鐘聲而色動。靈關玉壘,矧儀錯之所營;井絡
天彭,匪葛姜其奚屬。犁鉏既淪,因仍冰法;火井引焰,闡廓桓
論。傳車初憩,大綱克舉。惟是白狼之歌已響,輟於漢殿;慈鳧
之族更識,囿以邊鄙。幾於聾俗振韶,眾聽魚睍。昏衢炳炬,觀
者壺盧。然而蠻貊可行,肅若聖訓。豚魚之孚,筮諸羲經。蓋曾
不逾年而善政聿徵,眾志大定矣。微鄭民之謗,則國僑不彰;證
慈母之惑,而曾參式箸。所謂松柏之姿,經冬彌茂。精金百鍊,
在割能斷者歟。蔭桓未媜秋駕,恭介崧齡,執丹茶以隨行,麾洽
初志,酬兜觥而進頌,至敬無文。日月光天,普壯猷於無量;江河
萬古,慶大董之初周。謹序。

疆事見聞識餘序

夫百谷朝宗,不礙眾流之納;二曜炳華,聿徵重光之慶。在
哲匠之斡旋,時髦之宏濟而已。伊昔馮相恣虐,母蝝騁幻。樹機
踞險,塞馬罕警。談奇肱者,或侈其飆迅;考槃瓠者,或鋪其氏
族。新息銅柱之址,博望枯槎之跡,幾非章亥所窮,腐史所紀矣。
然而防風有後至之罰,公輔有指南之製。振古如茲,無思不服。
華蓋高懸,匪蚩尤所能障也;歸昌應律,非爰居所能雜也。是故
定遠出塞,則老上之庭焚;貳師絕漠,則負隅之虓虖。佩捐白蒂,
幕敞紅柳。塵清勒姐,燬匽薄類。豈但户孫受款,汶田斯復已
哉。況乎頹雲西墜,宏演之肝幾納;妖霧東腥,武靈之服方侈。
深維邦螫,借鑒堯蟍,能勿嘗膽鏤心、撫髀勵志乎。然而觚撅水
火,摹繪風霆,克固吾圉,式遏寇焰,又非廛柄可竭、刻葉能肖者
也。東屏方伯,舊豐公族,羽林之孤。幼侍戎貂,走傳於戈壁;壯

騎白鹿,握麈於蓬瀛。疆域要隘,見聞奧義,援筆成帙,都爲兩卷。鉤河摘洛抉其秘,周髀宣夜運其智,禹貢職方彌其闕,尊俎折衝寓其恉。款夏世德,歷劫不漓。偃師餘技,抵掌可述。拓而張之,則聚谷之米也;神而明之,則舞階之羽也。若夫大夫桂蠹之裝,將軍蘭池之詔,陳湯五日之諜,漢家萬年之觴,綿以歲時,勤加搜討,壽諸剞氏,濟美楹册,則徐志瀛寰,魏圖海國,未足擬其博綜、儷茲精核,豈曰備掌故、紀風俗哉。脂蟻導珠,孔父多能之緒;桐魚叩鼓,晉臣博物之證。後之覽者,敬當鑒其忠雅,無特欽其壯采云爾。

陳仲觀太守哀詞

伊勳懿之茂昭,稟靈曜於河嶽。世蟬嫣於翠嫣,闡太邱之貞樸。蔚符采於中年,歷艱鉅與盤錯。翩屢鍛而仍振,緬虎觀之峨峨。味經畬之淪閟,與脈望以終老。猥丞予之相負,儷唐且其尚早。振翰墨之勳績,占鴻逵而奮翅。撫青犢之餘燼,室如磬而溓饑。戴星月以出入,焉三徑之所資。委朝歌乎賈詡,悵牛刀之小試;竭筋力於瘖痍,冀初衣之吾遂。屬元戎之籌筆,有尺籍之典司;爰轍符而入幕,倚武水之軍麾。欣相見如舊識,爲簪盍之始基。澆塵勞以周膠,曳清遊於雪夜。銅馬紛其旁突,余奉使乎遼東。極一索之危境,荷保赤之慈衷。詳告余以別況,感生全其曷已。世蟬嫣於翠嫣,闡太邱之貞樸。羌練都之逾紀,曾射策乎制科。臣朔饑而善諷,樂埃圠於羲道。來弓旌於故人,爰發軔乎東文字治之。顧大器之晚成,仍標雋於文治。騁百里之驥才,跨兩河以課之。咸躑躅以卻顧,獨褰裳而涉之。固瘠土以苞桑,臣力奄其已瘁。渴筋力於瘖痍,冀初衣之吾遂。既回鑣於歷下,惟癸亥之冬蜡。縱旁午之軍書,對湖山而心寫。方姞蘭之徵夢,擁鐵騎於邊風。泪藏役而遄歸,手乍握而失喜。念冠蓋之雲蕃,如高風乎有幾。幸中原之龕定，余挈家以南征。折黃山之倦柳，鬱離緒之交攖。已寄想於詩歌，忽靈光之重睹。余朝暮以齊楚，雲物倏其蹉跎。挽頹瀾之瀰沙，景終返於陽戈。居行顧而難兼，仗高情以部署。既鑒余之屈筈，又曲諒乎淵微。觸時局之坎壈，箴余闕而靡遺。每款扉以造談，診微痾乎腰腳。際中子之冠筵，君趑趄以肅客。謝刀圭於百草，回春姿於松柏。可百年而不敝，匪河魚之可傷。違顏色於浹辰，何噩耗之頓迫。溯風義於平生，竟永訣於斯夕。棄室家以沖舉兮，獨詒厥以纂經。仰鹿轂之休嘉兮，徵淑德於聚星。有令子以亢宗兮，纘遺澤於雲仍。

君隨牒於日下，特展別而兼程。判風馬以七年，余量移而返魯。或相對而欷歔，惜征涂之儵磋。困薋菔而沸鬱，賴清言以切羽。乍斡權乎之罘，凜霜飆而戒諭。志表海而慚惶，辱病榻之譙華。余及瓜而旋轍，彌悃款之依托。占朕兆於色斯，君扶杖而行伯。尚諧謔之忘形，指庭玉以相王。似宿羔之已蠲，仟癉聾於歡堂。君賦性以勤厚，宜超距於神簀。暑已祛而重困，服遽集乎西夕。急奔赴乎寢門，已倉皇而易簀。嗚呼哀哉！君騎箕以西邁兮，霏白露之滑零。

復薛叔耘

　　煙臺展別，忽忽四年。離緒日積，音問契闊。雅量高致，思深蕭艾。九月朔日，辱八月十三日手書，敬紉垂注，仰荷華褒，北望帷幄，但有慚悚。僕旅贅稷門，進退罔據，送人作郡，自夏徂冬，酬應紛如，筆研爲廢。求如賢昆玉在日，暇輒揮麈，時或賭石，山月沈柝，雄辨方騁，晴雪堆几，高眠正鼾，此境直疑天上矣。尤官既無建白，談客亦復罕覯。王彥伯所謂高會曲譏，但聞遷除消息而已。曩季兄頻以學業相勖期，爲異時相見地，竊維此數年間，恐無復可以就正之處。悵歧路之屈筈，負他山之切磋，良自慨也。執事今之仲宣，古之二陸。龍文百斛，健筆可抗；蟻珠九曲，匠心獨運。近復博綜羣言，默叩懸解。鄭服經義，馬班逸藻。去膚存液，尋源竟委。發爲文章，所以彪炳當代，嘉惠來學，誠非淺鮮。比以納粟所資，擬籌補苴之術。不惜青囊抽秘，金針度人。平列等差，風示遠近，執事之志則美矣。然借籌局外，恐清願未能遽償。河朔之間，既乏雄伯。京華首善，惟知制科。雖吐谷㴰頭，尚有子昇一卷；燕然山麓，惟鑴孟堅數行。而風氣未開，雅俗莫鎮，不幾章甫適越，名香媚䮕乎。若夫家令受經之地，通德榜門之鄉，宜有專家，克睹斯秘。然而五官論文，乃薄齊氣；二生述禮，虛襲漢儀。遞至今日，益乏提唱。僕風馬載馳，未除結習，春蠶縛繭，時復牽綴，大都葉公壁龍、遼東白豕耳。即欲廣推德意，仰贊宏業，仍當布諸騷國，及江海互市之區。雖曰鞭長莫及，禮失求野，或可效綿薄於萬一。然鄙意尤願執事縱筆箸書，拓之爲安攘之要，卷之爲研誦之資，振其緒餘，蔚矣專集，刊板裝池，分銷親故。煙墨所盈，略可預計，不愈於長門鬻賦、西第售文也乎。幸宏此遠謨，令衆人嘆服。重繹來旨，曾文正既没，此調幾成廣陵散，不禁低徊不置。英絕領袖，惟君家是賴，比致季兄書，亦覼縷及此。撫兄鄉居三載，意趣何如？春秋方富，豈遽萌箕穎想耶？稍暇當爲書勸駕。又淄川鉛礦，春間本擬開採，以臺司左遷而止，近爲邑大紳所扼，邑令徐君，幾罹謗傷，時局之難如此。比日海外新聞何如？得荔秋星使信否？垂老遠適，甚爲之馳念。便乞示悉一二。海風戒寒，凡百珍衞。不盡馳切。

瀊園談讌序

秦車云邁，笑狙擊之技拙；彤牙高標，繹梟鳴而候乖。相宅有術，無裨於孤虛；反干奚徵，咀效於季主。御風泠然，匪發匪揭；遵路竊歎，可北可南。擲幘而嘩，豈宣武之果羼；繞牀以叫，舍老兄其誰答。當夫灃園春熙，帶河雪霽，銀鬣漸躍，錦禽將歌。戲索老慳，翩其高會。辨方布席，疑盤武鄉之圖；問色尋源，如射東方之覆。天地氤氳而化物，陰陽蕩摩而成聲。運水火於一爐，而斡旋者妙；寄俯仰於大塊，而動静悉宜。體托乎四氣，響振乎三才；勢踞乎專城，會歸乎太極。所以東龍西虎，消息于元珠；飛龜舞蛇，掀翻者餘子。機樞所觸，若箭在弦。巾幗不報，知白守黑。或馬具而慶多，或羊亡而補晚，或總干而山立，或倒景而波流，或再接而再厲，或勿貳而勿參，或探頷而得寶，或折肱而稱良。固已即事多欣，會心不遠。說者謂決利鈍於燔身之齒，淬智慮於一蹄之涔。我其庶幾，民亦勞止。豈知竿木隨身，逢場可以作戲；蒙羿已往，校射固不主皮。得失何奇，自娛而已。然而難與慮敵者，常勝之將也；置危復存者，三傑之冠也。白登之圍，蠋秘計而亦脫；朱方之族，程擔石則已迁。春酌既酣，歲星仍集。載聯簪盍，無煩脈望。若待沈逋令下，將運甓以勤勤；雅歌音微，極投壺而習藝。能勿負兹韶序，閴爾陶齋也乎。懸布再登，匪曰有如此馬；曳柴而遁，固知非不能盧。

周中丞六十壽序　粵人公頌，代戴學使作

懿夫絳雲擁蓋，澤留飲木之鄉；羚峽濯冠，清綴沈香之浦。念棠陰其未遠，光被南訛；證蘭錡之先機，鑒符汶老。地饒嘉樹，屏翰峙於金臺；誕溯彩旗，黃鐘應乎夔律。祥躔東壁，頌協岡陵，所以彰宏慈、介崇祜也。中丞炳靈江漢，高步天衢。七葉重光，九疇衍瑞。摘文觸歲，蜚英玉堂。喻恉祈招，駢華唐景。上林馬射，極凌雲之雋思；石渠虎觀，擅捝天之逸藻。疏錦被者十五，奪經席者數重。拓其緒餘，迪惠來學。校士京兆，擬諸登龍。榜文

鴻都,妙傳窺豹。承明久直,榮兼清要之階;宣室受釐,敬闢治安之策。遂乃比翼鸞鳳,回鞭驄馬。贊廣廈細旃之業,振惠文柱後之規。無待雲檻留旌,綱輪寄慨;固已上契宸衷,誕孚公望矣。羌補闕以匡時,重衡文而拜命。賦皇華於原隰,頓修轡乎炎陬。蛟色戢焰,鴻嗷斯集。文物雕虠,供帳告窳。苹笙之韻,經歲不調;車劍之裝,視古爲拙。不知軒霞麗瀇,則積埃盡汰;滄溟宏量,則萬派咸宗。磁石乃受曲針,琥珀屑茲腐芥。所以魋結椎冠之俗,照明鏡而不疲;闠蛙華羽之音,儷南金而並貢。鄉父老延跂德暉,沐浴時雨,靜繹石泉之詩,將謀河內之借矣。既而督漕齊東,列戟衛北,軍吏翕然,飛挽攸賴。爰荷詔書,秉憲吾粵。載持旌節,式揚皇風。漢臣化蜀,文德先乎事功;皇甫籌邊,清平運於猛敵。豈悟蛙黿告災,滇陽暴警,黿梁挺險,尋峽並漲。城沒三版,既乘河伯之仁;碑鑴六瀧,克纘君光之緒。凡所以奠室廬、起饑溺,孰非惠政旁流、淵懷博濟者哉。禹鑿之所未經,酈注之所軼略,而能董率吏卒,平治利害,覘夫秩米助租,水輤垂範,爲獨難焉。顧以沃土不才,屢廛履霜之漸。城西互市,它族潛滋。嶺表通逵,百工輳藝。游手嘯聚,野性莫馴。移吳市之簫,篝秦中之火,矜寔窳之爪,覷頷下之珠。匝地蜂屯,刻日蠕動。中丞默授弢鈐,嚴宣教令,攖執首逆,平亭脅從,遂使歌舞故岡,夕烽無恙,衣冠佳氣,海日常新。迄於今,枌榆賽社,輙話短禪;穜稑登場,咸歌甘脯。微特絲繡平原,金鑄范蠡。爲足狀道勳之崇隆,寫去思之惓戀已。洎乎開藩閩嶠,移節畿疆,乍攬勝於縵亭,復宣勞於輦轂。春旗扈蹕,記長安走馬之年;曉漏趨班,憶三殿簪豪之日。儲時星陳之駕,美灼松扉;拜兼雲液之英,珍逾菊井。翠華甫駐,燕喜旋賡。觀日蓬山,翦雲太時。伊昔因夢吹塵,方求風后;于畋問卜,始載磻溪。以古準今,倚畀尤亟。況乎發棠仍歲,杼柚既空;楗竹防秋,芻茭告瘁。天橫島嶼,語雜娵隅;地控淮徐，跡留渠答。是故至道之美，固齊義於望霓；四履宏模，更銘勳於表海也。中丞內政寄軍，設險守國，澄瀛不波，清濟順軌。若夫頑廉懦立，邇安遠肅。期月政成，百爾矜式。彌徵偉績茂昭，頌聲傑越者也。靡笄山麓，已騎竹之再迎；華首臺顛，不愈卜擁旄之三至乎。比者，星回南極，帝錫遐齡。九重宏賜樂之麻，萬里耀張弧之采。庭森蘭玉，畫轂傳家；雲煥萊衣，青曾紀算。壽宿次奎婁之野，晴義麗河嶽之交。樂歲含歡，植綏桃於華跗；占星祝叚，假三管於湘東。侍直金門，叨逢前席。翹材珊海，恭際崧辰。曾隸部民，情倍欣於得御；近瞻節府，誼幸托乎同舟。集梓里庶傪，效夒邱三祝。愛綿冬日，喜洽衢歌。荊十高樽，既標儉之清德；太康甘雨，願報刺以長生。

鄧老伯母吳太夫人六秩壽序

夫枌榆澤永，古有懷清之臺；機杼宵寒，世表三遷之里。茹荼自甘，褕翟之所式也；藉茅闡義，詒燕之所基也。況乎幼嫻班誡，受氏於彩鸞；慈喻郢丸，躍華於子鵠。見吾叔度，久聯同社之歡；肅若嚴君，輒憶升堂而拜。溯黃鐘之嘉月，值彩悅之良辰。望古井之棕藤，祝歲寒之松柏。令儀懿德，竊欣述焉。太夫人稟系延陵，作嬪高密。德孚華閈，美灼笄年。黃口授經，功延煅簡；綠牙插架，妙解簪花。冬線添絲，馳針神之高譽；雪帷喻絮，發羯末之雅音。固已著瓊範於中閨，蘊珠暉於南國矣。洎乎歸我贈公振翎先生也。嗣音五可，寫韻於鳳臺；齊義三繅，習勤於蠶月。蘋筐之將，儀昭里黨；荊布之雅，懿惟女宗。喜誕雙珠，采旗徵夢；風高萬石，沆瀣匪勞。閫門彰豈弟之麻，考古儆豪奢之誡。然而藜糝自怡者，坤貞之吉也；葛本扶翹者，慈懷之溥也。明德垂訓，且寓箴於外家；婕妤上書，特馳念乎同產。況乎水鄉近接，既雞犬以相聞;雲舍增思,眷鶉鴿其奚釋。爲謀昏妃,並課耕織。
惟義所在,秉心塞淵。即至白堊刷扉,青幬易帳。撫藐孤之煢
然,誦清芬而勿墜。祠鄰鮑女,棗實成陰。宅異秦人,桃華無恙。
豈悟蒼鵝忽飛,白丸禁暴,銅馬旁突,黃巾兆㼯。風唳頻驚,逼尉
佗之故壘;夕烽遙警,剩楊孚之廢楹。石門鄽峽之交,飆馳錦幰;
九曜二禺而外,雲舞梯衝。歲蛇壓紐,山狼在邑。室興女歎,夕
感嫠嫠。扶弱息以行,挈鄉人而避。霞餐星飯,托芘千家;水驛
山程,繞枝三匝。依闑帥以爲命,極嬰城而匪危;捐釵珥以餉軍,
勻饔餫而賙族。雖家僑省會,而惠埒鄉觀,蓋至是而太夫人之淑
善益彰矣。喆嗣伯瀛司馬,蠟鳳綺年,便讀幼安之傳;囊螢午夜,
能説匡鼎之詩。秋薦特膺,鶯翩遽鎩。弧矢厲志,馬首欲東。爰
告有方之遊,勤拳禄養;重繹在經之治,練軼才鋒。慈線紉衣,尋
聲識貌。㴂洄楚水,高挹夫人之城;憑眺岱雲,敬瞻仉母之閭。
江澄千頃,學或就乎牛醫;海納百川,識特超兹蠡測。蓬萊小住,
賦補熬波;榑桑初升,情殷向日。就調梅之散秩,徵污竹之先聲;
拜松棟之殊榮,續蘭陔之逸響。絲綸霞煥,錫類揚庥,纓弁云蕃,
行道有福。太夫人沐垂簾雅化,際周甲大年,象笏連床,階森蘭
玉。貂襜式度,頌美葛覃。蓋幾歷艱屯,受兹崇祉矣。次君素廉
光禄,方將酌乳。齨祝哽噎,扶鳩杖,侍起居。爲伯氏分勞,率諸
孫繞膝。所由南望海幢,光涵媚曜;北瞻雲陛,榮被皇風者歟。
蔭桓歡聯枌社,采矚槐眉。聽天半雲璈,萊衣日永;按冬陽葭琯,
寒谷春回。愧掞藻之不文,謹稱觥以遥介。它日者,二惠競爽,
宏宣霖雨之勳;百歲期頤,更賡岡陵之頌。謹序。

韓少尉像贊

　　二禺蘊靈,式誕仙尉。受氏韓原,稟姿茂異。垂老饑驅,將

以養志。鮮民既傷,重念良嗣。三續塵弦,瓦弄聊慰;挈家棲遲,宦情滋累。塞雲島月,夷險一致。跡類滑稽,胸有涇渭。伊余締交,匪緣望地。社鼓客鑼,放乎賓戲。忘形之談,充諸道義。海岱載馳,重覯軍次。坐嘯無緣,愧茲德器。君捧明檄,遼陽按彎。秋邁冬還,乃觸歸忌。古驛沙河,人事頓棄。遽賦大招,淒其涕淚。寡妻弱息,煢煢曷庇。實賴友生,廉泉惠施。送死養生,典禮粗備。經紀君喪,歸元五穗。素旐夏寒,幽靈永閟。遺像敬題,惟深歔欷。

漱六山房詩集序

　　夫玉筐托興,宗旨滋永;金奏識微,達音斯在。是故護互礦碻,妙鑒淵微;升堂入室,特宏飆尚。理粹者義足,情摯者旨遠,量周者神王,境夷者聲和。吾於《漱六山房詩集》徵之矣。夢堯先生,曝經傳業,縩弁濟世。生長河朔,翱翔海岱。苹笙應律,弦歌所資。掞藻鴻都,虁譽鼉繹。擷雄伯之遒韻,振二生之逸響。絲竹舊壁,經石殘峪。桑蠋勞歌,繭絲庶績。往往喻懷覽古,感事傳今。既瀏亮以體物,益挺拔而爲雋。分類辨體,都爲一集。析之則千門富乎建章,合之則衡嶽通乎九曲。輶采有藉,厥功偉歟。不佞伊昔執丱,初筮朋盍,載馳徵車,握手瓠子。楗竹之下,卓爾循聲。茭玉云勞,時播吟峽。鳴琴之樂,豈專美乎單父;坐嘯之雅,將齊鑣乎南陽。春雉既馴,塔狼表瑞。暫輟簿領,重理篇什。每當山月夜滿,湖雲朝鮮,巴且碧帷,修綆汲古,極諸種樹占星,烆黃相印,莫不因端竟委,若網在綱,思力所該,一至乎此。或者慮掌故易湮,傳寫失實,乃商同志,爰付厥氏,固已吞雲夢於胸,納齊梁於腕矣。夫七襄之錦,采耀於繩潢;五色之波,源萃於灘渙。縱復褐玉韜寶,瀹虛藏器,騷飲自佳,齒牙罔假。然而地非裸壤，詎瞠視乎龍章；工奏樊渠，孰欠伸而魚睨。況乎盧濛之美，匪捻纓而儷妍；玉池之黽，匪市香而能媚。神液內充，則精采外煥；金石激韻，則聲實斐然。所謂無翼而飛，應念傳響者也。蓋其綿歷犧望，運思班石。濯珊淵玉岑之華，窮火鼠琴蟲之跡，揚嶧桐泗磬之音，狀白阜匶師之態。夫豈僅窺一斑，輒睹斯秘哉。世有作者，能定雙丁之文；何物老夫，更拓輪扁之解。光緒六年歲在上章執徐夏至後五日，南海張蔭桓。

流虹橋本事詩圖後序

　　夫蓮華玉姜之跡，洛水宓妃之賦，擷藻古歡，寓言八九。詩人采風，罔遺乎溱洧；楚臣承對，微豔於巫雲。太上忘情，高矣邈矣。若乃徇美半面，委懷一生，感及皋比，淒其賸稿。安石碎金，叔寶璧人。儷聲當代，寫韻終古。後之覽者，景師友之風義，憫兒女之閒情。吹影成繪，含毫邈然。發爲詠歌，足被弦管。其亦嗜古之微旨，廣騷之別體歟。子行大令，江左舊德，稷門無雙。博覽縹袠，廣搜名跡。韓陵片石，三冬文史，虎頭瓦官之象，簫雲江渚之作，凡茲璪寶，並儲秘笈。宦轍所履，循聲卓卓。野雉既馴，秋荼盡撤。揮軫就理，達音識微。固已標雋繭絲，騁華鳧繹矣。粵昔丙寅，見示斯冊。夕燧方警，河濆籌筆。徵綺詞於盾鼻，唱小海以商聲。草檄之間，曾綴短篇。宗旨斯昧，風雅何托？唐突自嗤，俳優而已。譬之濯錦江中，乃有大布之服；肆筵堂上，遽來不糝之羹。煙墨誤驅，桃花竊笑。歲月遞換，脈望微脫。然而珠玉在前，采邁濉渙。笙磬激韻，聲倅因霄。比者，一復索觀，圖識宛然，新題彌富。此中親故，遂慨升沈。春翹可翫，寒林且惻。妙畫通神之筆，悉黃壚感舊之人。山陽笛韻，莫喻其清哀；江上曲終，倍深其淒惋。陳徐應劉，一時俱盡，古人所以重增悼也。況乎東山談客，騷國酒徒，蕭思未已，蕙歡隨之。仰瞻模楷，如覿靈光之殿；追懷文讌，何止南皮之遊。若乃尚書高躅，蠶尾餘青；徵君佚事，鶯脰能語。重過通德之門，遠萌尚友之志焉爾。册中爲第一圖者，爲湯東笙刺史；爲第二圖者，爲王午橋太守；錄郭頻迦詞者，爲汪叔明太守；賦小令備歌唱者，爲王笠甫太守。固予友也。十年之外，索然已邈，何有於平望酒家，姓名不箸矣乎。爰爲後序，謹易少作，歸諸大令，聊抒鄙積。辛巳六月，南海張蔭桓。

佛峪祖筵別幕府同僚詩序

光緒七年，歲在辛巳。祗承恩命，分巡皖南。時方護軍山左，澄水漾渌，蕩胸湛然。陶齋勤勤，托跡翁若。風日晴美，庭樹澄虛。矮竹疏花，麇籬文礎。南皮輪輿，習池酒盞。取規前喆，未爲多讓。顧姜履所拓，姒圖日廣。既非河東卧護之俗，遂鮮南陽坐嘯之效。岱嶽千尋，匪纖塵可足；大河萬里，匪涓露所滋。貿然委蛇，坐愧知遇。後車載脂，酒醴斯醼。駕纈鼠以車馬，享爰居以鼓鐘。近維宗國，取譬棃園。龍門在天，感戀而已。比者，江路西南，賞心既遠。朋盍甫洽，驪唱夙駕。翹詹樅陽，言去稷下。同人張雨琴方伯，積子餘都轉，趙菁衫太守，姚崧雲別駕，胡貞卿、鄒小農、招少岳三大令，張郁卿參軍，張金門少尉，雅集佛峪，相與祖餞。瀹茗僧舍，對榻山閣。涼宵一鐙，漸溫芋火。冬榮倚樹，微聞清香。冷雲黝洞，載尋葉公之龍；方臺石磴，閴爾支遁之鶴。流連景光，根觸聚散。高衢騁路，藐茲遐想。寒蛸霜月，彌乏清韻。爰爲小詩，敬以志別云爾。

辭任大中丞箋

竊聞磁石不受曲針,琥珀不納腐芥,歷古不渝,若有至義;方之知遇,斯喻非擬。蔭桓初侍帷幄,輒被殊眷,日承恩接,過絕等倫。略闊鉞之尊,鑒蹄涔之淺。昕夕顧問,鉅細靡遺。遂使管窺蠡測,頓忘讕陋;依藥泛綠,備極榮寵。方冀贊微管之大勳,慰變魯之夙志。永綏海岱,依光奎婁。豈悟遷舍龍門,奉職牛渚。七襄之華,匪寒杼之所秉;沃若之轡,匪駑蹇之所勝。既貽誚乎伐檀,將致愒乎負乘。伏荷珠玉贈言,酒醴寵餞。寫康樂之逸藻,有墨皆歡;接令公之清香,長裾增耀。斑管載錫,齊義乎湘東;陶尊下頒,擷豔乎研北。抉天瓶之秘局,勗脈望之素業。德意稠疊,恩誼肫摯。敢援三宿之旨,敬戴二天以行。昨次黃山,風日晴美,薄憩塵鞅,北望慈雲。適材官齎到周京兆書,遠道先施,莫非推愛。謹即答復,敬附摺便將去,蔭桓明早驅車可達岱巄,蠟歟既屆,當渡袁浦,堆撥沿路,旗鼓一新。行旅所經,輧橚無恐。自茲以往,整暇如是,足衛行旅。祇是驟違鈞席,承乏江榷。夕烽甫戢,民氣雕劼。前轍之鑒,吏情泊然。名扇在握,懼仁風之莫揚;明鏡不疲,乞祥光之遠照。若得軍麾重覿,滌煩襟於珠水;冠冕八州,效蓬心於它日,尤丹誠之至願,不離於夢想者也。悸悸下悃,謹肅稟謝,無任惶悚依戀之至。

桂陽中丞悼亡詩序

夫緣情溫雅,聲詩亦譜以偏弦;增重伉儷,忠悱特喻乎斗粟。伊昔畫室之輔,鈴鉞之寄,未有涼薄而贊化,虛憍而鎮俗者也。徵諸桂陽中丞悼亡詩,而益信矣。中丞幼掇巍科,壯握兵柄。鈴虎在佩，保障百城；牙纛表捷，馳驟萬里。軍麾所指，美灼江東。
短轅之驅，僅營別業。又況菽水自喜，非好爵所能縻；金玉表度，
非樊蠅所能涸。淡泊既欣，夷險一致。更何至泉邱生悼，碧冷簾
帷，樂府選詞，痕留簫管哉？然而中年哀樂，觸之而成音；三乘因
緣，悟之而流偈。清溪渡口，桃葉蕭疏。兜率天遙，曇華一現。
燕姞淑質，宵徵握蘭。絡秀微時，雨中具饌。盤龍勳寵，榮阿杜
以金釵；司馬才傑，伴清娛於史席。羿復北堂侍藥，東山隨節。
蓮籤井然，石喻助浣。賢聲卓爾，嬪德翕若。倉庚之療無聞，么
鳳之華彌豔。而顧淪曜海嶠，滅采中秋。奩鏡雨墜，駢枝風折。
先縵亭張樂之夕，聽湘君楚些之歌。中丞既纏感乎嗚依，能輟詠
乎嗟彼也歟。心聲所宣，已大覺於莊蝶；淚墨流潘，殆追念乎慈
烏。若謂蒼涼仙馭，愴說遺絓，眷顧兒雛，寫恨斑管，猶未徹乎聞
根，喻茲奧旨也。中丞比者開府浙水，經略疆野。際簿領之餘
晷，訪弦歌之哲裔。焰祛蛟色，鐃唱載賡，俗兆魚豐，薰軫應律。
固不特輯賢媛之傳，彰女娍之休而已。是故曾觸環佩之聲聞，從
此辟支證道，不徒翰墨爲勳績，無嫌季緒瑣言。謹序。

夢衲庵詩序

　　叔明先生，襟抱淵亮，問學贍富。繪事之暇，雅嗜歌詠。京
居以往，僅存少作。客兒遊覽，選韻彌秀。茂先贈答，抒情特遠。
低徊嚴瀨，鑒遊鱗之躍波；駃騠蔣山，感秋羽之曾鎩。輒或傲風，
湍寫雲物。托深心以豪素，納須彌於芥子。羿復鷲嶺翻經，禹陵
剔蠹；研歲多獲，酒泉自封。赤城霞翥，蔚其綺思；龕赭潮回，蕩
其逸響。固已高挹浮邱，遠希嵇阮矣。然而奈室之歟，聞者惑
焉；莊舄之吟，顯而彌著。孝廉船去，傳教爲疲。中聖酒酣，有問
皆答。當夫射策長安，隨牒濟上。覽三輔之宏富，探二河之星

宿。屠狗之野，世擅燕築；綿駒之里，不廢齊謳。且以夕烽連城，七校距躍；江堠戒路，三吴驛騷。不爲行澤之吟，宜有北山之什矣。先生則八九寓言，乘興擲筆；三五朋舊，借集寄詩。安石碎金，動致散佚。中郎秘枕，無緣儲采。由來纓弁，足累才思。何必邱公，乃深浩歎。蔭桓齊竽曾濫，周醪遂酣。洗爵星晚，研書露初。孔禰忘年，勞逸一致。塵鞅甫憩，輒叩元禮之門；草檄餘晷，喜聽生公之説。盛集朋盍，擬諸仙舟。歷亭風會，靡間涼燠。遥接觴詠之歡，殆無時地之感。先生久佐藩條，出宰劇縣，娵隅躍池，莫喻其蘊結，盤根利器，一試乎才穎。充邁往不屑之韻，值軍書旁午之會。龍芻日餉，畫角宵征。銅馬臨河，匪孝經之可卻；篝狐嘯火，執如意以前驅。欃槍掩芒，萑苻頓弭。大府課最，薦剡榮之。擢佐郡將，移麾東萊。傍月主之舊祠，挹谷王之朝氣。綿歷羲望，效異山海。即至遂初果賦，吾道已南。猶是摹範風泉，鉥摫邱壑。覃心六法，卓然名家。比者，蟬蜕故山，鯨騎天上。秋隴宿草，益用淒其。片羽吉光，惟應呵護。喆嗣冏孫司馬，廚及之裔。文筆兩兼，手輯遺編，辱徵弁説。延津寶氣，詎資華土而淬光；雲門大音，奚待截筒而起律。愴念陳跡，如繹東魯雅言，渺矣高蹤，珍重西華葛帔。光緒八年歲在元黓敦牂，南海張蔭桓。

喜塔臘太夫人六旬壽序皖南同人恭祝

今上御極之九年，太和鶉汴，雒常秀穎。秉娀闥之懿訓，綿姞室之洪慶。於是象珈之族，魋結之鄉，並仉之賢，官禮之秀，莫不沐浴皇風，美灼閨範。金箳晃日，慶都之門辟；朱草承礎，光碧之堂華。況乎乃百禄苞五福如喜塔臘太夫人者，代鮮覯焉。方嘘暖律，式昭帨辰。旌節已花，冬榮倚樹。燕喜載詠，兕酌斯陳。

禮之宜,國之瑞也。壽山中丞,蘭瀨自潔,筐玉並卻。不匱之志,藹乎庭闈;聖善之徽,被乎寮寀。托美蔭於槐眉,緬宏榘於蘭錡。能勿陶瀹性緒,揚榷彤管,繹大齡媊算,寫江上春暉也乎。太夫人板輿南蒞,椒頌歲編。淑景載煥,清風自遝。簫勺坤教,丸蘭内則。七升之服,華於盤雕之錦;三弋之味,甘於臛蠵之俎。依仁爲質,閥閱振其媼和;開誠怵下,臧獲於焉感泳。遠維作嬪,已昭豈弟之喻;逮乎就養,彌沛作人之澤。是故渥窪稟秀,乃毓靈於神駿;結璘蘊曜,聿分暉於衆臚。中丞采旗徵兆,朱綬濟美。起雲司而鵑步,薄天池以濯鱗。開府六皖,建牙十年。戢熏轓之騰焰,奠雕劼之民氣。詰戎經武,嚮儒教稼。剗蓬導水,通商惠工。官方澄叙,豪醜罪儱。又況勒姐懸軍,遥稟鈐略;三湘勁旅,厚資轉輸。卒使月氏永奠,定遠快玉門之歸;四岳論功,酇侯預未央之賞。方當弼亮槐采,孜贊衮績。經緯馮生,埏冶元化。姬烏姜璜,闡尊親之悃;龍言夔拊,衍孝慈之緒。蓋由太夫人牟鎔壼範,皋鑄嬪德。藉茅喻義,織紡垂訓。蓼情冰思,鈴閣以之練勤;豆區釜鍾,衢卷紛其鐫惠。豈悟黑蛟噴霧,澤雁騰踻。肇始潛霍,接響徽廬。涎毒湍急,虐於狐簧。愁霖夕賦,已没犀頂。中丞發棠飆迅,版築雲合。分命舟驪,均貸縞粟。割廿人之金,優强脊之負。秋潦屬揭,已臻綏戢。蘆中雨雪,嗟來奚歟。虹堤蜒蜿,互乎舊觀。無待絳舟之泛,已紓南顧之塵矣。然而專意積精,帝座可格;殊典異數,宮廷特頒。逾秋徂春,竈無不黔之突;度阡越陌,野無不恤之緯。固已研幾成務,灑沈澹災。胚胎庶彙,奉宣聖德。懃矣摯矣,宏益博矣。太夫人復躪簪珥、製絮衣,惠罿翳桑,勞甚寒杼。充郝法鍾禮之誠,翊堯醲舜薰之化。所由嘉徵宣豫,協氣沕矞。允符絳甲之麻,無暇烆黄之卜歟。矧夫壽田學士,振采翰林,接翼蘭翠。扶南之木,衆香共節;瀰渙之水,五色成綺。太夫人攬封疆之循績,迤侍從之嘉問。瑞烏三跂,翻翩而告歡;仁麟一角,躑跕而臻赧。且復芝玉雲矼,纚弁霞發。
蔚南陽之近親,補甘泉之金畫。豈但抗蹤爪跡,遠邁懷清已哉。
比者,慈齡甫旦,閟頌乃賡。旋涓鷖節,儷和帝江之舞;凌華拊
石,甞厲因霄之響。祥峰鬱起,慶瀾宏衍。喁臺于萊,馮馮翼翼。
等奉職南皖,介眉北堂。慈景焜耀,雲海且斂其彬䵣;貞畤崷崒,
天柱詎方乎夐峻。摛文灑翰,取規鎦傳。述德抒情,假此湘管。
中丞顧盛美弗居,撝謙無斁。行且八翼輯瑞,亮軌慰乎湛柑;九
乾錫羨,蘭檢粲乎媧篆。益當慶龐鴻之運,晉成鳩之頌。掞張而
袪華,駢佖以揚懿。匪惟識養堂之章綬,將以備周編之茂實焉。

恭將軍五十雙壽序

懿夫燕頷高勳,得宜僚而美灼;鳳毛清譽,有超宗而德芬。
庭誥所貽,匪求備於文筆;旗常式繪,且遠拓乎蘭錡。況乎南陽
近親,世載穡矣之詠;東盟公族,幼擅偭兮之解。所以蟬嫣纚弁,
克闡皇風,雕琢圭璋,蔚爲國器,豐鎬之澤隆,達適之年永,當於
振鐸將軍徵之焉。將軍生應文昌,地高分陝。黃中通理,卓爾不
羣。累棋喻旨,標雋臇年。就練爲書,濯采綺歲。雲陛執戟,眷
寵倖於羽林;天官握銓,清通弁乎粉壁。甄九品之序,而不囿於
停年;抉萬選之英,而不遺乎寒祚。山公有啟,國士無虛。雞舌
香霏,驪頷珠躍。朝廷收得五之效,郡國多軼羣之秀。帝嘉乃
績,被豸繡以分巡;民協來蘇,望翠蕤而拜舞。枚回榗石,障湍流
於二江;霞城贍軍,戢戎機於萬寵。銀刀抑焰,耒耜胥安;水鏡衡
真,杜蘭皆韻。霮初星晚,或造繩牀以談;韶序蕭辰,時聞穆醴之
設。騁詞鬥險者,既遜其莊雅;岸幘高會者,亦乏茲神雋。騷辨
騰響,深縈北渚之思;旌節遠移,擢守陪京而去。天子以舊豐重
地,大尹需才,治治藩封,翹扶葛本,固非文俗所勝,亦非煩苛可

理者也。將軍拜命徂東，懸符於肘。帝鄉報最，榮於玉案之餐；鄰敵畏威，遠懾瓊茅之魄。軒轅十六族，遂其骈㩐；雲臺廿八人，寶茲圖畫。度宏規於兩都，賓主可資答問；播循聲於三輔，史册擬乎王張。豈悟鸚谷將鳴，蜮沙邃中。樓船多伐，乃緘口而角巾；椒房懿親，亦蒙譏於薏苡。黃華徑寂，時張翟公之羅；瓜芋園寬，聞秉故侯之耒。然而慶都廣闢，難蔽宸聰；私第蕭然，卒明臣節。屬西垂多故，侵地初歸。隴急秋鼙，沙飛宵燧。甫犁老上之庭，永綏勒姐之衆；詳考博望之跡，特假定遠以兵。將軍鷙翮再勵，虎鈐不撓。挾鋒車以馳，曳長繻而出。荒城紅柳，寒襲戎貂；古月黃沙，霜喧甲馬。於是整軍經武，講信修睦。尊俎寓乎折衝，刁斗嚴其警備。卒使奄蔡大秦之俗，式遏强貪；車師月氏之城，歸吾圖籍。急治樓堞，城者無謳。每聽胡笳，軍籌彌勵。始領校尉而征，旋開都護之府。鳴梟志勝，爲鄭吉以建牙；抱馬乞降，嘉耿秉而錫爵。橐弓弦於瀚海，鹿駭無聞；敷文教於無雷，狼胍漸化。絕漠七年，搏風萬里。雁臣得代，既函谷以内移；鴻漸載占，入玉門而請退。聖上念宣勞已久，准假暫歸。叉手龍沙，略四征之廚傳；鏤思虎穴，表三明之勳級。羽幡辭寵，珍藥並卻。冲寂表德，淡泊明志。話桑蜎而思密士，撫甲虯而廑邊軍。然而野噪鶂鳴，川浮蛟色。鼓鼙霜烈，幾將穿壁以潛窺；符璽晨宣，詎待據鞍而示勇。蓋玉鉉舊勳，金微近績，久孚宮宸之知，能弛封疆之擔乎？比者，東閣餘閒，觥筵式屆。維嶽斯詠，難老載歌。高密多男，苹笙初賦。于門集慶，菊酒雙酣。淑配他塔臘夫人，挽鹿同歡，與鶴儷算。祥蔚燕玉，德洽螽羽。葛覃播於風人，荊布出於華胄。繞室芝蘭，賢母有大家之教；懸師戈壁，將軍無内顧之憂。緬赤斧之休徵，匪湘管其奚述。蔭桓盉瓚鵠磯，分袂雞塞。頻辱月旦，深慚春噓。應召都門，謬廁卿貳。鯨沫薰轅，羽書旁午。遠乏宏濟之略，惟供拍張之笑。蒙恩補外，倏逾星旦。

銜命西使,重覲舸棱。握手金臺,締歡崧少。低徊蓬氏,軼掌王人。未嫻鄭僑之詞,徒騁陸生之駕。溯昔別於蕭序,觸前塵於祖道。萬流仰鏡,將含豪而述征;洪範衍疇,輒奉觴而晉頌。

答譚仲脩

蔭桓負乘叢咎,忽焉遠役。浮槎一星,拭玉三國。昏旦殊晷,曙雞宛如。山川綿邈,候雁蓋寡。繁卉晡媚,祇益離緒。金奏地懸,雅乏暗解。盤敦罄折,有垂繒之客;樓閣高疊,縋飛梯以升。初筵冰酪,四序一致;袄祠鐘磬,七日輒喧。田居樸茂,猗歟創國之彥;水木明瑟,惠專傷病之卒。冬春而後,茶話紛遝。晝夜兼卜,車轄爲茶。戶外雪積,重裘不溫;入室燥蒸,單衣猶汗。援琴跳歌,尚著疾徐之節;憑几飲啖,無解授受之禮。彼都勳閥,咸樂車公。絶域侏僂,亦知有備。張廬之職,義惟輯睦。納履引避,轉形闊疏。役形酬酢,幸釋賓帶。孤撑拮据,竟類鹽坂。重以僑氓垂卅萬,傭食逮八城。執業皆賤,困於褌虱;思痛無志,慨甚筌魚。風楫始泊,煙焰方息。撫焦頭爛額之衆,當文身白趾之俗。征車信宿,幾罷費褘之刺;王屋罩邃,無礙陸生之談。文檄紛投,辨折交瘁。償我繒幣,了兹膠葛。重修邦交,聊慰羈旅。節旄初霜,患蠲慮表。載書別署,理與勢均。花旗事定,乘風西笑。空波萬里,壯海逢天。水程七日,即達所届。攬倫敦巴黎之墟,稅日斯巴彌之駕。遊傳所經,窮極侈麗。耳目能及,時或記載。英以蠶食爲雄,法有彼黍之跡。千變萬態,固非尺牘能盡也。逾夏徂秋,瞬三萬甲。塵鞅薄解,徜恍無侣。七月七日,得四月朔日書,兼賯大集。不圖殊域,光墜瓊寶。譬之行喝,倐憩嘉蔭。沈博絶麗,偉於娜嬛之都;纏綿悱惻,如覿皖公之座。復紉布諾,克鑴謝箋。等大鈞之鑄物,推雅惠於亡友。高誼古歡,世難其兩。思昔樅陽，已傷寡和，無情江水，橫被牽綴。鍛翮重創，望莫愁而理棹；敝筍奚發，勞葭蕩之鳴枻。腐鼠鵁雛，囂然曰嚇。螳螂黃雀，曾不一悟。投石落井之頃，射景浮湘。而後憬然前失，甚難索解。竊謂酸鹹殊嗜，無逾呂蒙之城；涼薄可哀，共慨謝公之宅。先生當羣疑衆謗之會，堅久要不忘之志。極諸海外，毅然石交。空山之鐘，異地能應；德水爲鏡，屢照不疲。懿惟根核道義，夫豈勳績翰墨已乎。蔭桓叨篚皇華，漸迫年矢。實鮮寸效，猥蒙三遷。再聞禮樂，式增掌故。方懼選玷王人，乃復箴告執皂。劣被殊擢，輒深悚惕。定遠往矣，甘陳寂矣。將軍三組之華，典屬一氈之守。揆之時地，未可強同。即尋源泛斗，求藥挈家，亦或虛語神仙，近循河朔。方今版圖大拓，舟車遄通。一介載馳，皆似功所未闢；萬流仰鏡，展王會之新圖。邊患固互古所無，單使亦昔人所罕。越國勤遠，張弛且難。受任既專，奔走匪報。思竭魯鈍，考其本末。不憚蕪雜，期備芻采。此中措置，晲晹一新。要其旨歸胎息，算術極之。水陸幡輪，耕稼織紝。本周髀宣夜之說，創陰天尌絕之奇。徵以故籍，略近墨子。至於兵械巧酷，火器猛迅，此則蚩尤之所卻步，祝融之所駭視也。習霸鬥力，盛衰以時。若夫彝憲之昭垂，政教之齊壹，倫叙之有秩，什一之薄征，漢家制度，固非他族所能夢見。若但震懾豪奢，不復默衡得失，幾何不虛談色變，削趾就屨哉。然使等之自鄶，否或相忍爲魯，抑又非也。勝國以前，海道仍窒，禦侮於陸，隱恃長城。故晉宋偏安，懸命天塹；南北分鼎，旋濘河洛。今則巨浸重險，計日可達。陽侯讓武，巫支戢怪。機緘所兆，易緯闋如。備禦之策，前史不著。璞篆象注，荒遠何指。島夷索虜，輿趾並異。嫚書足帛，和親侄帝。求之於古，儀豪失牆。翎復海門無阻，匪重閈之能勇；郊壘遙峙，每望若而興歎。前代羈縻，或傷豢獸；孟氏制挺，徒存厥旨。誠既往之難逮，猶將來之可追。承聞海軍建麤,控制南北。顧眄生風,喑嗚激電。嘉吳漢爲敵國,敕楊僕於蘭池。戎容肅於浴鐵,樓鑒足以射蛟。智囊宏遠,將徵奇肱之衣;鳴鼙屏營,或見藻兼之叟。然望氣者知聲明文物之區,振干羽兩階之緒,未嘗不收視返聽,臨流卻步也。特是強與富期,義不兩析。曩者絲枲之美,茗蒸之微,獨擅中土,旁及五洲,互市取盈,瀕海藏富。近則日本、印度、佛蘭西並有所產,起而方駕,龍團之種已分,罌粟之漿靡竭,桑孔復生,亦難操贏者已。奉使以來,音問闊絕,間從邸鈔,薄觀崖略。探丸禁暴,芰孽將萌,散卒惰民,隨地密結。宿莽未净,銀刀失馭。左眄奧區,驛騷可虞。語曰:六經之治,貴於未亂;兵家之勝,貴於未戰。惟先生可共語耳。蔭桓憂患餘生,凡百無補。塊然異國,坐虛漢臘。狃乎非類,且乏談客。略可怡悦,惟有蠹紙。山海跋涉,三篋安備。齒髮摇落,雙瞳已昏。望蒲柳於將秋,撫桑蓬而增慨。結璘穆穆,依稀庚樓;墜羽跕跕,跼蹐壺室。發言無所與陳,聞義無所與闡。屈笮之境,殆復過之。遠辱明教,聊攄積悰。受代尚餘兩年,後會期諸江上。識舟亭壖,勞遲久矣。間有雜著,行當就政。天涯比鄰,不禁覼縷。

粤東京僚公祝李制府七十壽序

今上御極之十六年,壽宇宏開,皇風廣被。嘉徵蟬嫣,太和鶊洽。福錫中外,恩加臣僚。儷美帶礪,增耀緌弁。吾粤筱荃制府,以黃髮之耆宿,效丹心於邊帥。遐齡殊遇,名實兼之矣。公植根天柱,濯秀淮泚。珠角擅奇,白華表德。幼承庭誥,文筆兩工。壯康世屯,舟驪並奮。掇拔萃之福草,裁雄緊之繁花,極節鉞之殊榮,守韋布之沖約。東南半壁,久矣儀型;將相一門,翕其領袖。湛坩垂訓,高槩邁乎八州;晏楹誦芬,治譜高乎二惠。緬軒霞之麗霄，仰弧星之拱極。曜垂九垓，聲溢四裔。夫豈瓦奏能宣，湘管能罄也乎？公初騁驥足，輒聞狐嗥。頻探白丸，且曳黃褶。夕烽夜澈，雲軿晝攻。湘澤東西，淒其喚鶴；墉隍旦暮，憫茲枯魚。既墨守之獨完，忽帥旌之五至。類林市之紛駮，仍棘瀧之餘軌。公誓衆登陴，辨方增竈。卒使陶公灘外，戰艦不喧；賈傅宅中，丞塵無恙。黃巾圍解，銀刀隊肅。撫軍嘉其擘畫，部民感其肫誠。洎而師門建義，率子弟以東征；人海論才，借寇君以宵駕。公遂鐲簿書，式典軍實。江皋騷國，單舸拍浮；贛樹嶺雲，雙旌頻蒞。君公爲政，良有去思。腐史一書，不遺平準。然而當門拔薤之美，即舉州騎竹之徵也；量沙韜敵之奇，即露布飈馳之兆也。逮夫朱雀祲銷，五羊事立。公轉餉平吳，贊龍驤之偉績；建牙返楚，輯虦虎之驕軍。惟靜制動，以感感人。固非屢齒踏卵者所能擬其襟抱，尤非徒手搏兒者所能識其機緘矣。既奠衡雲，移麾紅鄂。軍書旁午，杼柚告艱。青犢憑恣於兩河，桑蜎連綿乎三戶。維時少荃相國，駐師中原，經略四省。移淮部之精銳，剗南捻之兇暴，宇內咸欽相業，朝端尤佩兄風，通德門高，中興頌美，匪惟當代矜式，亦徵盛世嘉祥焉。公甫引胡牀，旋裁越錦。薄觀海日，仍眄江湘。運甓習勤，靡間今昨。沈葃宣教，肅若風雷。整軍經武，巍然徵北之城；廣益集思，美灼鎮南之彥。崖大堤之楗石，匪僅方城；觸互市之梯航，嘒然漢廣。聊固吾圉，式製樓船，不富以鄰，毅籌鹽筴。汲火井之焰，無待熬波；抉泰西之微，證諸宣夜。所以江防兩警，晴川之草樹常青；邊餉紛輪，鄂渚之儲胥靡竭。語曰：六經之治，貴於未亂；兵家之勝，貴於未戰。公蓋默喻先機，翕符斯義也。屬長沙之雲輬，頻秉憲以澄清；倏滇水之波興，復銜命而龕治。月氏之頭已枭，雲司之牘重平。抒大難於邊垂，壓違言於勍敵。利害繫乎豪髮，擒縱運以寸心。碧雞金馬之歡，遙騰畫室；火鼠飛魚之俗，恪稟爰書。公之勳，國之福也。方回棹乎冶城,又懸旌於錦水。未稅華陽之駕,重飫武昌之魚。山川險遠,莫喻羣情;星月勤劬,敢言沉瘁。矧復左江右湖,幾成湯浴。天彭井絡,齊義蓬廬。零雨三年,繡芾之舊規宛在;大雲萬里,碧幢之行色歡然。固已三度南樓,清風如故;高瞻西塞,朝爽彌清矣。烏哺之志畢償,鴻羽之占介吉。乃鳴蒼玉,祗覲天顏。閒騁畫輪,斐然風度。騎馬乘舟,並蒙恩寵。樊渠金奏,屢拜殊榮。羌寄廛於東華,俄督漕以南邁。總七省之飛挽,供九重之玉粒。袁浦叩舷,等浮圖之三宿;佗城移節,已福曜之再臨。地接百蠻,明鏡不疲於屢照;時逾二紀,浦珠忽喜其復還。駕言羚峽,光澈蜻川。威詟麋冷,治連象郡。然而酌水投香之地,愛日重懸;下瀧飲木之鄉,德暉永駐。此則情倍欣於得御,義彌彰於鑄金者已。喆嗣新吾,蜚聲綺歲,高步翰林。近挹春華,益徵秋實。階森蘭玉,蔚如高密侯門;家有賜書,籍甚潁川里第。今者壽星秋朗,超距如神。海國波平,雍容就理。宜乎聖天子有几杖之頒,鄉父老進臺萊之頌矣。應騶幸棠陰之托蔭,忝柱下之通家,喜衍箕疇,遙修紀拜,抒情紀實,掞藻無文。荊土高樓,既標儉之清德;太康甘雨,願報剌以長生。

囊底廳消寒雅集序

壬辰之冬,得雪既再,羣島鏡澈。榮光宵映,跂吾山之勞;收效犍竹,受單于之朝。無煩諫書,邊堠晏然,朝市翕爾。迨天未雨,謀已塵於鴟屋;樓歊有秋,祝倍欣乎豚社。隙塵固馳,星曜惟信。際賜酺之嘉運,展銷寒之雅規。金谷務閒,謹觴間作。爾時半禪居士,葵衛自嘲。鈞席暫憩,藥裹可銘。投壺皆雋,扶杖而外,了無所耆。鏡壁霜澄,洞見吾隱。綺疏月近,時縈古歡。治宅東華之東,坐隱北窗之北。冬榮選樹,猩色障風。敧牀或移,苟香彌靜。簪盍既篋，賓筵斯秩。人我四相，主客兩忘。得御且欣，遐哉渭涘。拍肩爲笑，左挹浮邱。陋金帳之羔膻，笑東堂之炙冷。羌持尊以敵酪，或浮花以解酲。孟堅奕旨，子雲酒箴。雲水流行，可分可合。通介隨宜，仍呼中聖。奇僻博采，遠邁六朝。蠟鳳引枰，不窮於短晷；瘦梅在几，取適乎淩寒。儷韻送鉤，藏紅可借；喻旨射覆，擷翠潛題。偶滌涵星，寫維摩其二我；未污寒具，托天女爲傳人。接昆侖之高唱，率爾貂續；悵墨歐之舊蹤，重辱鴻製。凡茲旨趣，有觸斯會。必曰南平舞篁，東山絲竹。逍遙賜號，參同鍊液。始爲樂地，不亦誤歟？即或干木紙尾，依然叩智；十約麈談，每類失眠。宮漏漸微，懷其送喜。井韓在御，猶訂後期。要無損乎養和，更何乖乎宏達也。適爾聚星，詎侈金帶。載詠難老，疑餐商芝。黍律回暄，聽履聲之高曳；江花耥假，識爪印之留跡云爾。

二喬觀兵書圖跋

嘉慶丁巳，余秋室學士繪《二喬觀兵書圖》。珮環相倚，備極莊雅。珠玉在前，斐然題詠。光緒癸巳歸濟甯尚書，徵及糠秕，擬之殿最。爰跋短篇，聊效墨績。夫鴛鴦墜夢，新書之秘既湮；蛇鳥虛蟠，八陣之靈焉托。煙埋石鏡，妬玉何人；寒襲黃綿，吹笙散伎。豈若同根淑姿，盛鬋曰妃，江泛結縭，兵間握卷，爲足動文人追繪、綴幼婦新詞也乎？粵自牛渚收軍，道南舍捨。猘鋒正銳，鳥匜將歌。何暇超乘委禽，睆屏貫雀。亟營金屋，新詠玉臺。既軍婚之典殊，亦勞逸之趣異。然而蛇讖運徂，四方雲擾。露盤仙泣，華冑星散。廢璽何寶，預爭冊后。哀箏流響，追悼中郎。莫不托諷瞻烏，悔無佳馬者矣。爰至太尉高勳，思避兵而無術；皖公戰地，匪盡室之能僑。蒼黃弱息，屈笮川路。銜草索羣，

喚風潤翮。慨茲流離,歡惟得婿。標雋國色,式符戲語。佐治雍
容,鼓琴燒香而外;閒情綺麗,酒闌曲誤之餘。山外桃華,取規劉
阮;湘湄竹色,借鑒英娥。固季漢之高蹤,亦東吳之佚事已。矧
乎二隗質慧,三篋能記,奩黛多暇,簡編式好。黃紬綠純,韜鈐在
手;明璫翠羽,帷幄有人。東風翻其多情,朝夕茲焉樂共。蘊閨
中之遠志,助江表之雅規;寫伉儷之新歡,擅卓犖之能事。固非
針絕如神,稗史志美,刀光炫婢,望帝歸魂者可同年語也。今者
妝井秋頹,銀瓶吊月。將臺波蠚,畫戟沈沙。問酹酒之舊盟,不
聞車過;溯指困之高槔,惟餘劍鐔。低徊芳躅,描畫風采。事異
旨同,擬三國名臣之贊;神雋韻遠,似九歌湘君之圖。展軸瑩然,
寓言卓爾。詩歌賦序,無非麗藻;客懷甥館,尚慮蠅污。卷藏遲
龕,無嫌貂續云爾。卷末楊炳春跋言:"卷後漫添浮言,爲狗尾續貂。"
最後邵松年一跋,有"愴懷甥館"之語。邵蓋楊氏之婿也。故篇終及之。

觀海堂集捐小序

　　夫南海盛衣冠之氣,都門爲炊桂之鄉。禮闈北征,京僚僑
寄。鴻廛斯累,雲程且遙。學宮有公車之贈,譬綆短而汲深;邑
館並旅費無儲,伊瓶罄而疊恥。溯計偕以逮館選,歷清秩而擢外
臺。其間車馬之勞,浣濯之費,縱復豐嗇隨宜,然亦何可數計也。
況乎詞林既步,喻雞廉以鳴志;薇省之司,拾鳳毛其奚飽。侏儒
坐對,每非秋而思菇;菶菶自怡,羌臨風而褐玉。即或青緗舊德,
巨族山郎,挹注裕如,翩其有幾。誠欲觀鄉問道,飲水知歸。蟬
嫣科第,芥拾青紫。固宜咸秉德心,豫籌專款。居行有藉,涼燠
一致。庶幾騰五嶺之清華,蔚二樵之秀色。炎洲領袖,應文昌於
郁離;日下簪裾,回惠風乎玉水。緬成城於眾志,邁廣廈之萬間。
合二事以兼營,期一勞而永逸。此中規畫,略仿順德、東莞、香

山、三水章程，條例如右。光緒二十年歲在閼逢敦牂天貺日。

頂湖山寺供奉藏經碑

夫象教既東，渡羣生於正覺；龍藏韜寶，集三達之慧典。故凡貝多之書，阿荼之奧，兩伊之文，烏萇之譯，昔人所謂詞義離斷，文字互出。甫涉後條，已昧前覽。類非支許之緒言，或原闡溉以條別。然而寶縑麗篆，瓊笥瑤縢。彪著往跡，煥述遐聲。往往貢諸天府，分輝石渠。名山大刹，時承賜畬；瘴海邊隅，罕窺斯秘。茲幸恭逢皇太后六旬萬壽，諸天演祥，八極臚慶。寶祚延鴻，永於功德之水；聖壽無量，隆於須彌之山。寰海渥其賜酺，河嶽昭乎禋雅。又復恩眷南被，澤及梵宇。輒於光緒二十年□月□日奉頒頂湖山寺藏經一部，龍章八彩，瓊華九色。神光陸離，儷石臼以不朽；心靈協暢，知雲門之可宗。講座幡花，星繁於寶相；齋堂粥鼓，日煥於閻浮。暗虎斯馴，巨蟒且泣；雲淙增韻，茜草皆春。固知大化無外，抑亦靈區多幸已。或謂茲山初祖，勝國遺老，解脫世緣，皈依净域，手著戒律，不營寸產。雲水之衲，來去無期；常住之衆，樵蘇乃爨。蔬果既繁，時或換米。經懺之業，取足炊藜。以視海舶輪寶，田塍遺穗，殆別有道歟。時適平南下粵，荼火飆然，淬鋒崧臺，濯鐔藤峽。鶴唳之餘，青磷晝躍，虎賁所止，野哭宵咽。王乃瞻禮方丈，廣開道場，普度煩冤，同歸寂滅。晨鐘甫撤，軍市晏如。強藩紓威，貞石紀跡。所以香火之緣，綿延乎五嶺；檀越之施，遠邁乎二浮。雖黃巾乍煽，劫灰未寒；而鏡臺無恙，布金輒滿。謂非兜羅護持，伽藍願力，四八照曜，二九包籠也乎？今寺僧瓊炤，行脚京邸，譚經柏林，跡類犍陀，學崇慧地，卒奉綸綍以歸，兼拜袈裟而出，勤矣摯矣，榮且殊矣。惟當益宏宗旨，永念勝因。指北斗以爲恒，祝南山之並壽。

斯固宏願上報之妙偈，夫豈纖塵隊露之足云？考之府志，山頂有湖，故曰頂湖。名因事立，齊義枳園，善與人同，借鑒墨氏。慈波澄練，騰華寶蓮，慧水噴珠，瑩若甘露。曹洞載筆，宜祛鼎象之誤；石船講義，長作醍醐之灌云爾。

謝恭親王萃錦吟詩集啟

蓋聞瀰渙之水五色，雲霞之綺萬重。發爲文章，粲於七襄之織；聯以聲韻，式徵八斗之華。無待高築選樓，馳譽曲水，固已超越前徽，迪惠來學。伏惟殿下，澄懷樂道，滌慮鑒古。畫室餘閒，文囿摛藻。擷芬三唐，習勞七步。驅使煙墨，雕鐫雲螭。援古入今，即事喻旨。探醴陵之腹中，析安石之斷句。龍跳虎臥，神於草書；鵲顧鸞回，翩其花萼。濯二江而逾鮮，不雜衛文一片；纂七寶而爲采，遙覿迦牟十光。況復模範山水，匪宮體而亦乃雍容；景光補闕，詩其尤雋以視玉海。曩編濫觴，雜俎香屑；近著徒工，綺語未足，仰規涯量，喻茲襟抱者也。練絲成組，合初盛中晚而不疲；瑤帙載頌，愧陳徐應劉之被遇。謹啟。

謝遲庵尚書惠馬啟

比惠良馬，久稽報謝，甚歉甚歉。支公所好，儷鶴爲二。房星之應，與蠶同辰。求諸大宛，殆罕其匹。回眄下澤，我思悠悠。東征卷甲，言歸於華陽；西顥流飆，仍嘶乎代北。飾以金玉，一心是嘉；繪之丹青，短項非擬。青絲解絡，將與慶之而成三；紙墨自娛，無類萬石之辨五。嘉貺所及，騰躍何既。世無伯樂，敢作空群之思；寓言塞翁，何關得失之數。祇是齒既加長，茶於據鞍，富以其鄰，赧乎數對。謹啟。

黃母張太恭人七袠晉一壽序

今上御極二十有一年,阿干歸誠,靈臺匽伯。填星在次,條風不鳴。搢紳之家,咸得補白華輯,嘉禮蓄旨,酒樂歌康,躅詩人靡鹽之歟,繹孟氏無違之旨,甚幸事也。季度表弟中書,將以八月四日爲母太恭人稱觴,屬爲壽言。蔭桓視太恭人爲從姑,至親無文,事長惟敬,豈待揆張錦帨,雕鏤槐眉,摭葭玉之素,補穗石之談哉?然而洨長訓威,魯邦稱義,猗歟淑德,何可略也。太恭人夙嫺姆訓,深結親歡。從祖愛如掌珠,諸昆闡其閨誡。蘭英中興之頌,茂漪簪花之格,吳俗針神之奇,謝家風絮之韻,莫不博稽衆善,蔚爲女宗。迨歸曙湘姑丈,鴻案玉臺,標雋叢桂,鹽筐繭館,效勤柔桑。廁腧躬浣,履萬石之芳規;湘管自操,本大家之風度。雍雍焉,秩秩焉。結縭之善,笙磬之和,翕爾婿鄉,足娛物聽。豈悟韶序方延,商飆遽起,簧狐之嗥在野,白鵝之水忽飛。匝地錦帆,珠暈爲晦;凌空墨雀,柯林戒嚴。北門之管既牢,西郊之警斯輟。避地客來,無非焦爛。補天人智,不假吹噓。創四堡之義團,壯五仙之士氣。太恭人捐簪珥以充軍實,爲饘粥以撫流離。賦性慨慷,每嗤障籠;寓懷匡濟,時或典釵。甘泉易竭,未雨能綢。卒使史樓之鳳不饑,鮑車之鹿猶健。庭闈嘉其豈弟,鄉里譽以善人。蔭桓伊昔述征,歲維癸亥。春水已碧,離愁黯然。才非不羈,而鄉曲寡助;力侔斥鷃,而枋榆自搶。親故展別,惟知抗手。獨拜餅金,資以脂秣。迄今問庾嶺之梅花,溯滇陽之蘭若,苒苒陳跡,仿佛目前。乙酉冬臘,奉使殊域,重過里門,式瞻璁珮,則已傷衛燕,兼悼揚烏。瀟竹既斑,金瓠奚慰。菀枯異趣,今昔莫齊。未幾,季度以名諸生舉孝廉,潛夫著論,慨乎外家。趙母量才,愛逾嫡子。求治在經,析之以名理;承歡有檄,拓之以壯懷。頃以鳳池掌誥之間,爲觥筵舞彩之戲。龍文五色,蟾輝九華。榮晉花封,恩覃彤煒。瓊琚在璧,光溢懷清之臺;蘭樹森庭,慶逮鳴珂之里。蔭桓負乘餘生,拍張侍宴。三洲抆玉,典屬非才。仰屋持籌,點鐵滋慨。未裕練都之器,羌馳騖乎蜀吳;將爲廣騷之文,獨凝念於屈宋。薪膽自嘲,檀輻增誚。麟楦奏技,獺髓補脂。方枘圓鑿之譬,北轍南轅之境,歲月不居,霜雪凝鬢,巨流匪墜露,可添崇嶽?豈纖塵能足,如其遂初幸賦,招隱鳴琴,且食蛤蜊,見好猿鶴,復得以田居暮齒,訪隅坐塵蹤。薤晬蕉露,如逢故人;錦軸青緗,重覿舊物。成都之僮約闋如,光禄之庭誥宛在。江波無恙,間酧罍佗;古歡可接,取規膚瑾。謵桐臺而昉伊洛,步桑者而歌槃薖。不唱異同,壹致夷險。季度以養志爲本,蔭桓筮肥遯之貞。他日者,太恭人耄耋期頤,康強逢吉,儷華繡幰,載詠臺萊,縱或塵務經心,仍以喤言侑爵。謹序。

補蠹山人詩集序

《補蠹山人詩》三卷,吾粵順德鄧孝廉其鑛所著也。孝廉已矣,其子弟輯其遺詩屬謀校刊。空山琴碎,黄壚酒枯;露啼零縑,煙染斷竹。死生契闊之感,金石文字之交。幽光潛德,不能無言。孝廉幼而岐嶷,篤耆經術。弱不好弄,秀贏多能。凡將之奥,篆籀之奇,莫不心領神悟,口誦手篆。魏帳黏書,羊裙振藻。鋭意博古,奇情鑠今。黄紬綠純,殘蚨賸簡。秩然一室,雄於百城。煙語水餐,不弛二瓻之約;露初星晚,已蘊三冬之長。仰止選樓,低徊百氏;陶瀹性府,寄諸二雅。固非詠春日而擬歸藏、賦江水而援大傳可同年語也。當其江村幽暇,子舍雍容。美灼黄中,華徵紫佩。王孫香草,哀感頑豔。草翁風舅,妙觸言詮。鷹爪晚風,助其禪悦;雞爬嘉月,穆如古歡。縱復避寇移家,捫厓泛水。洛生之詠不輟,若思之技亦窮。其爲詩,遒而逸。洎乎解維楚庭,稅駕日下。市駿臺虛,射雕人渺。蛟色驚夕,墮清淚於城笳;竹書紀年,轉牢愁於歲琯。買春得酒,紅倚櫻桃;問字俋鐙,靜依籯韞。乘流遵渚,阿連自爲韻語;因香生識,散愁獨嚴牀戒。瑤光奪婿,眷此璧人。鄉席留髠,翩其右客。哀絲豪竹,每致酣嬉。紙醉金迷,空諸色相。其爲詩,麗而警。綿歷時序,淹滯長安,哀其賦金,罄乎炊玉。效績天禄,自署寫書之官;曝腮龍門,屢虛射策之選。季述將敝,予馬欲車。遂乃沈水述征,聊攝彈鋏。圍城秋霽,蟲魚自箋。獨夜凍蟄,鸞鶴長嘯。其爲詩,健而粹。余也翛然戾止,握手平生,歧路景孤,渭陽情摯。平原淺草,羌並轡以習勞;沛上沙籌,或聽雞而論古。記室騎兵之謔,語之而忘形;求田問舍之謀,思之而已痌。稷下賃春,時復抵掌;湖壖買棹,狂來拍浮。或勸以捐將軍之故技,就中散之不堪,君笑頷之,意別有屬。頻翻子夜之歌,一被秋禊而散。其爲詩,放而豔。既而君公車載脂,海帆南邁,鶚薦初枋,蚍蜉滋訟。余亦以東軍包虎,楚遊廣騷,中間暌隔垂二十年。箋問往來,益復落落。直至重酌灃泉,載尋麃石,吏情蓬轉,客次萍合。潘岳之鬢已皤,雄鳴之鬚可捉。離悰縷述,每連昕宵。有韻之文,秘如金玉。圍棋而外,博局懵如。説餅無俚,燭淚自跋。聱僮狎玩,澀於約言。窮鬼揶揄,亦惟理遣。晉臣繞指之歎,荆人折脛之悲。憂能傷人,喟然今昔。向使鴻博重遇,鶴徵洊至。回鸞禁近,斧藻藝林。冬華在揚,亦何多讓。猥逐東海之臭,復爲南皖之行。泛禄何依,後乘非擬。閲摩經峪,薄酹瓊花。袁浦朝馳,冶城夜泊。君談諧間作,藥裹隨身。葆歲寒松柏之貞,饜寒水茯苓之餌。然而蠓蠛江月,黃山雲海,樅陽瘦蛟,牛渚百怪,亦足以滌蕩幽懷,發攄浩倡。流連風景,呼吸元牝,豈悟巫支肆虐,目倦於發棠,邪許相聞,耳喧於築版。余愧坐嘯之非才,君亦文塵之久廢矣。備兵逾年，倏蒙宣召，慨茲小別，遽成永訣。山陽笛韻，莫喻其聲哀；徑路車行，誓言於腹痛。青氈舊物，無非吉光；叢紙撮鈔，遺此約帙。趙岐決録，惟示韋康；子建文章，獨諗敬禮。迄於今，讀其詩，而鄉關理亂之狀，京居欣戚之境，山川險阻之情，兒女繾綣之致，綿邈衷曲，流行腕下。才士遭際，故人心跡，鑿谷投淵，期諸永久。高誘注覽，王逸箋騷，未敢遠跂前修，或將迪惠來者。特以昏耗之年，際戎馬之後，耕奴織婢，耳學且以爲言，東鰈西鶼，爛卵莫占所屆，夫豈引商刻羽、疏錦徵栗時哉！排比之餘，悲吒而已。所忠求稿，匪惟封禪之書；彦升可作，漫廣絶交之論。

附录一　丁酉戊戌詩存

丁酉生朝公度贈詩爲壽奉答一首

宵旰年光屢拜恩，祇看鬖鬖綴霜痕。歲星方朔原虛語，海國春婆是悟根。老去漸違筋力報，清談其奈載書煩。桑榆收效期相惜，媚嫵無香氣自温。

次韻壺巢京兆

細雨春飀動遠思，江南將及杏花時。徒聞狡兔營三窟，長笑鷦鷯借一枝。叢棘滿途行脚險，訶林無恙悟根遲。隨身竿木渾多事，每到逢場不自知。

峰岠誰如戴若思，駑婉江左亦非時。手批口答資檳液，飲博臨邊罷柘枝。棋局幾曾分黑白，輾車焉用計紆遲。大千春在三株樹，銅漏沉沉鶴不知。

每奉瓊瑶證妙思，風光況在早鶯時。漫勞子夜翻金縷，大似新豐折柳枝。春信舊曾尋杜牧，宦途人尚説邱遲。年華荏苒憑誰記，霜雪經冬鬢髮知。

奉題平江吳氏兩代孝行事略

割臂療親代有人，詔書光徹一江春。潁川羔雁由來盛，吳下經簏
固不貧。舊德自應金管述，清陰喜見羽儀新。臣門久已宣庭誥，
不獨文章諦勝因。

丁酉春仲奉使英都壺巢京兆賦詩贈別依韻奉答

碌碌因人乏去思，春駰野館負芳時。浪傳金奏三持節，何似花籌
一折枝。射影漸看沙蝨遠，忘機翻笑海鷗遲。倥傯朝暮仍齊楚，
得失由來祇自知。

二月廿四日出都雨雪

雨緊泥濘路倍長，眼前底處是康莊。舊時冠劍庸何補，海外艛艟
此復張。未必衛人真使鶴，近來書賈亦求羊。細推物理宜生識，
無待聞根證妙香。

廿五日張家灣題壁

灞棘軍容取次銷，漸看隄柳縐新條。吳宮教戰猶工笑，齊國逃竽
總易招。遠送尚餘雲字馬，禦寒須解赫斤貂。此行不是潼關道，
刺史堂口罄欵遙。

俄都行次奉酬楊中丞

滿地江湖負釣竿，更從北極望長安。縱橫舌已王前澀，孤蘖心難海外寬。往事耐談天不夜，音書如夢夏仍寒。此邦雅有緇衣好，壁上金龍刊眼看。俄都售茶，門外牓金龍二字。

六月初八日俄都旅館偶成

昏宵無旦暮，羲馭抑何勞。漸覺歐洲小，從知北極高。俗猶工煮茗，俄俗喈茶。人白惜征袍。芳草工孫路，吾將廣楚騷。

楊中丞招游俄都行宮觀水法即事簡許少司空

萬樹濃陰裏，飛泉百度奇。不逢青鳥至，惟有白鷗知。山翠迎花幰，雲房冷釣絲。六鼇蟠地軸，浴暑敞清池。

尼華江畔路，一日幾回船。已罷智蒐禁，重開羃畫天。霸圖多暇日，勝賞在流泉。兵衛仍宵畫，非關祇控邊。

淺草蟠幽徑，王宮類隱居。室無歐冶劍，牀有子昇書。友國新圖象，暹羅王來游，俄旗繪象示敬。臨淵不羨魚。英風遝邐播，長憶立談餘。

拭玉停車日，初登百尺樓。葡萄新釀美，耕織舊圖留。華畫壁繪。高義曾投袂，餘情慨射鈎。敢辭行路遠，選勝記茲游。

六月廿五夜慶鴻臚公讌孔雀佐饌不忍食也

清時冠佩邁蟬貂，修到家禽數典遙。他日翠屏空寄慨，已傷近玩況淩宵。

自英徂美海上觀日落示僚佐

日氣化爲金粟海，雲容濃似米家山。西洋駭浪經過熟，安得從人說閉關。

艦巨機靈促海程，誰從荒外掣長鯨。魯陽尚有回戈力，莫把流光祇述征。

燕山回首漏沉沉，涼燠居行但惜陰。功業要憑方寸證，西平名子竝從心。

愴憶寒宵泊水湄，鼓鼙遼海動悲思。鐙膲看織回文錦，錯認仙舟其載時。

七月二十日湖壩行次別沈中書

湖瀑回清峻，前塵有餘戀。忽復持旌節，薄酬浮圖願。颶車困炎埃，到此神靡倦。懸練瑩素光，噴珠成錦段。白龍殊老蒼，作勢倍靈蜿。溜梯赴輪舶，對渡始平衍。駃騠衝駭波，回撾魄猶惴。沿涯千萬樹，洪濤與舒卷。宇宙蘊神秀，亦賴人事轉。引水激電機，生意歲無算。爪泥垂十年，蓬勃氣宏遠。就中峙三島，幻若媧皇鍛。焉用侈神山，靜觀百不厭。江海一生心，鬈霜日短短。清晨別湖壩，秋花媚靖婉。故人重相送，離緒益繾綣。嘉貺瑤華篇,相知在方寸。行蹤邁甘英,忠雅託蔣琬。文章與功業,伊古相貫串。天涯兹比鄰,雁帛俾勿斷。

次和日本伊藤侯相

雲海汸汸大地浮,萍逢何意共方舟。忘機鷗鳥曾相識,無限詩懷什勝游。

奉使回京示僚佐

東華一夜吹暄風,瞥眼盡見山楂紅。海帆半歲歷奇詭,懸旌直到龍伯宮。蠻花異卉滿樓殿,萬鐙煮電生玲瓏。虹鬚銀杖倒相引,寶星散作晶光重。楚腰雲鬢交掩映,上頭列坐多王公。金奏鏗鏗動跳舞,樽俎雜遝仍雍容。瑤池高會此其亞,朔飢耐得仙桃充。葡萄美酒不成醉,花邊往往翹駏蛩。大國量宏盡饕餮,作意豈僅蠆與蜂。中朝風度務莊雅,冠劍自昔難強同。長鯨不波但拭玉,安有怫鬱攖吾胸。出置專利古未遠,牋奏況已愚誠通。山川莫喻人情險,勞役翻蹴寒沙弓。明珠薏苡更何有,跋扈未極蕉彈工。修涂救過且不暇,云車風馬虛相從。班超健者三十六,兹游何地能言功。天心仁愛蘊真鑒,盡洗昏霧開鴻濛。從兹搏扶九萬里,重瞻曉日光熊熊。

丁酉九月歐洲使旋適雲門課最來京重共晨夕承贈兩詩敬答其意

秋禊琴臺悵舊游,茗花春雨在江州。無端客路成風馬,更泛殊方望斗牛。對酒載彈燕市筑,題襟已負郢中謳。侏儷樂曲翻新調,慚愧星槎渡五洲。

經年冠劍逐流塵，谿壑應回太古春。絕好樓臺荷作柱，無邊煙水翠爲綸。名都卜肆支機杪，別墅棋聲救劫頻。等是游仙詩境幻，眼前誰是捉刀人。

臘月十三日得雪雲門將返秦中賦詩留行並簡仲華相國伯羲廉生兩祭酒

油幢計日度河梁，臘雪飛花滿帝鄉。近挹東皇祠太一，便從西笑望香姜。函關紫氣春增煦，京邸清談夜未央。惜別情懷逾借寇，聲華無待賦長楊。

相逢空復惜槃薖，潦盡丁沽初凍河。萬國兵前偏展別，千門雪後好聞歌。長安日近城烏暗，海外風傳市虎多。耐得華山酣睡意，勞生漫笑命宮磨。

渡口仙舟未可知，隗臺春酒重相期。金莖珠露清如拭，織女機絲冷不支。驪背壓肩皆舊作，驪歌和淚在臨歧。銅駝街畔燒鐙夜，可有閒情譜柘枝。

嚴城臘鼓計車西，騎火桃林路不迷。青草岸邊蛟色盡，芙蓉洲外月絃低。祇應精衛工填海，未必爰居亦祀齊。他日相公勤遠略，淋漓碑頌待昌黎。

東坡生日約伯羲廉生五橋爲雲門飲餞伯羲攜示東坡黃州寒食詩卷杜祁公五老圖册又即席有詩因次韻贈雲門別兼呈諸公

頻聽人間說已安，狗功無復策廬韓。徙薪未必非嘉客，畫諾猶堪了一官。勃海買牛原舊俗，深宵談虎不知寒。別筵觸撥無今古，比似黃州菜味難。

古有仁風足奉揚，簪花騎象未云狂。雲門新得羅兩峰爲桂未谷畫《簪花騎象圖》。擲犍得勢誰孤注，雲門詩集名《十犍齋》。相馬能真祇九方。海外詩懷慚玉局，天隅戈影在扶桑。歲寒相惜惟同調，無限悲懽付醉鄉。

雲門京居度歲大可尋樂猥以賤狀不常合並良用悵歎除夕奉簡兩詩

茶話今宵共一龕，豈徒江山擅清談。百年幾見銜環雀，萬變終成縛繭蠶。善疏春正惟左氏，未能日詣愧劉恢。屠蘇到手醒猶醉，休道勞生七不堪。

收涕仍堅警枕謀，史情久已負滄洲。棲遲詎意同黃鵠，動盪無蹤有白鷗。長笑曲鍼嗤腐芥，肯教玉斧畫金甌。春江水暖人間世，何處桃花一釣舟。

元日早朝

崇班袞袞繡荷囊，絳臘春條出上方。豈有機絨勞叩智，但書雲物即成章。玉晨曙色臨三殿，黍谷暄風遍八荒。龜筴無端陳薄蝕，容臺鉦鼓氣能揚。

人日簡雲門

第五橋邊水不流，十分春色在皇州。塏鄉酒熟難爲別，人日詩成可自由。臘雪乍銷盤豆館，故山無恙茗花樓。絲雞蠟鳳迎年景，應有和風送碧油。

正月十四日立春約雲門下榻百石齋餤春餅夜話疊韻奉呈兩詩雲門已二十七疊薄酬其意

榛苓西望故巢安，追逐雲龍有孟韓。安得古懽仍楚客，乍聞吉語慶春官。看花不禁金吾夜，說餅能銷百石寒。渭凍漸開山雪盡，詩成終覺執維難。

海內榮名久播聲，憂時猶薄少年狂。已嗤餘子沖天拔，新得仙人駐景方。放眼江山皆錦繡，關心磐石與苞桑。每談後會難為別，記取今宵在帝鄉。

附録二　傳記序跋輯録

清史稿·張蔭桓傳

張蔭桓,字樵野,廣東南海人。性通脫。納貲爲知縣,銓山東。巡撫閻敬銘、丁寶楨先後器異之,數薦至道員。光緒二年,權登萊青道。時英國請闢煙臺租界,議倡馬頭捐以斂厚貲,蔭桓持不可。又義塚一區爲人盜售,有司已鈐契矣;復與力争,卒返其地。七年,授安徽徽寧池太廣道。抉蕪湖關痼弊,税驟進。會久霪雨,江流衍溢,州邑籲災,出俸錢賑之。明年,遷按察使。徵還,賞三品京堂,命直總理各國事務衙門。十年,除太常寺少卿。

蔭桓精敏,號知外務。驟躋巍官,務攬權,爲同列所忌。給事中孔憲穀摭其致蘇松太道邵友濂私函爲泄朝旨,劾之,詔出總署。又以語連同官,並罷周家楣等,朝列益銜之。左遷直隸大順廣道。

十一年,命充出使美日秘三國大臣,逾歲赴美,舟抵金山,税司黑假索觀國書,蔭桓謂非關吏所得預,峻拒之。電詰美外部,黑假踧踖慚謝。至伊士頓,地近洛士丙冷,華民簞食相迎。初,華民之傭其地也,爲美工燔殺,數至二百餘人。前使鄭藻如索償所毀財産,久不得直,至是皆待命蔭桓。蔭桓既達美都,即與其外部辦論,凡償墨西哥銀十四萬七千有奇。金山華民故好械門,嘗爲文諷諭之。未幾,美設苛例,欲禁遏華工。蔭桓曰:"與其

繫命它族，毋寧斬勿與通也。"於是倡自禁華工議。繼乃徇眾
請，不果行。其它烏盧公司槐花園、澳路非奴、姑力、阿路美、的
欽巴新蕾諸案，亦多所斡旋。又與日廷爭論小呂宋設官事，卒如
所議。是歲，除太常寺卿，轉通政司副使。十三年，奏設古巴學
堂，並籌建金山學堂、醫院。後三年還國，仍直總署。歷遷戶部
左侍郎。

二十年，中日議和，命偕友濂為全權大臣，東渡，日人弗納。
次年，復命與日使林董廣議商約，蔭桓力爭優待利益、徵收稅則
二事，成通商行船二十九款，語具《邦交志》。二十三年，奉使賀
英，上以其領度支熟知外情，命就彼國兼議加稅，堅拒免釐。蔭
桓歷英、美、法、德、俄而還，條具聞見，累疏以陳。大旨謂宜屏外
援，籌固圉，為篋膏起廢策。二十四年，京師設礦務鐵路總局，被
命主其事。數言修內政以戢民志，治團練以裕兵力，敕並依行。

先是變法議起，主事康有為與往還甚密。有為獲譴，遂褫蔭
桓職，謫戍新疆。越二年，拳亂作，用事者矯詔僇異己，蔭桓論斬
戍所。二十七年，復故官。

（録自《清史稿》卷四四二）

故光禄大夫尚書銜戶部左侍郎南海張公事狀

蔡乃煌

公諱蔭桓，字皓巒，號樵野。祖籍鶴山，至公高祖始徙居南
海佛山鎮，遂為南海縣人。曾祖瑶圃，祖鼎臣，父淇，皆贈光禄大
夫；曾祖妣葉，祖妣呂，妣李，皆贈一品夫人。

公少負奇稟，倜儻有大志，博涉經史，聰敏過人，下筆數千言

立就。每一篇出，雖當世耆宿，皆擊節歎詫，以爲弗及。而於中外大勢，經遠應變之方，熟考詳稽，尤能得其要領。視彼章句俗學，則棄若土苴，夷然不屑也。應有司試不售，遂捨去。同治二年，槖筆游齊魯，援例納粟，以知縣選用。時山東巡撫爲閻文介公敬銘，藩司則丁文誠公寶楨也。二公負海内人倫鑒，一見奇之，檄辦湘軍濟安營營務處。三年，以克復淄川白蓮池出力，加同知銜。五年，指分湖北，仍留東辦營務處文案，以攻剿股匪出力，賞戴花翎。六年，丁公擢巡撫，奏派赴東三省召募西丹。七年，剿辦直梟、防守黃河出力，以同知補用，加知府銜。既而克復饒陽，以知府補用，繼又肅清全捻，擢道員，加按察使銜。八年，入都引見，赴鄂需次。鄂督李勒恪公瀚章知其才，委辦湖廣營務處。光緒元年，丁公奏調回東，差遣委辦賈莊河工，旋以河工合龍，賞加二品頂戴。二年，署登萊青道。五年，周中丞恒祺撫東，委辦營務處，兼洋務總文案。七年，權運司篆。

公以布衣踔起，未及十稔，由知縣洊保監司，聲譽隆然，爲歷任上游倚重，自文介、文誠兩公後，如文中丞格、周中丞恒祺、任中丞道鎔，每遇艱鉅，悉以坤公，公亦矻矻竭誠，規畫及遠，成跡具在，筆不勝書，謹舉其犖犖大者：

公之奉調回東也，丁公委赴賈莊河工搶險，旋飭詣煙臺督造通伸岡炮臺，凡歷二年而工竣，計築臺九座，圩牆二百九十五丈，又建石望樓一座，大小營房二十一座，用款六萬八千有奇，動支關庫銀六萬兩，餘則公所籌墊，工鉅而費省，丁公大稱之。

文中丞時有獻議者，請改築戴村壩以順溜勢，檄公詣東平履勘，歸言戴村爲全運關鍵，前人相度適宜，改築非便，遂寢其議。當時微公言，驟興大役，虛牝擲金，而前功且盡棄矣。公喜言興利，嘗以淄川、濰縣煤鐵並饒，言於周中丞，請與北洋集貲開採，中丞從之。李文忠公鴻章派員來東相視，擬從淄川發端。公言齊魯風氣未開，巨室往往阻撓，濰紳差明達，請先濰後淄，遂置冶場於濰，鑿山開洞，居民安堵，貧者且麕集就工，其章程皆公手定也。

五年冬，中俄釁起，沿海戒嚴，訛言滿道路，公奉檄赴登州煙臺巡視，扶病登車，馳驅海隅，周覽形勢，部署嚴備，民賴以安。至於事關大利害，他人呶呶聚訟，或畏避不敢前，公挺身任之，片言解紛，皆中機要。丁文誠公嘗語人曰："餘子錄錄，能辦事者，惟張某耳。"公之受知大府，皆此類也。

公饒於膽略，尤善外交。在登萊青道時，英使威妥馬以滇約爲言，索立租界，前政許以有洋房之地三百餘畝，英領事要求在界內開馬頭捐，公不允，英使鬨於總署，北洋大臣馳書詰問，戒以勿堅執，公屹不爲動，卒以力爭寢其事。煙臺向有義塚，爲閩浙旅葬之地，英人以詭謀串奪，福山令印契與之，旅民訴諸公。公與英領事往返駁詰，卒使返地銷券，三省旅民至今德之。濰縣煤礦久爲外夷垂涎，邑紳陳介福購機開採，招引異類，日腰劍怒馬馳逐於途，蹂踐嬰孩，一鄉譁噪。外人旋以索直滋擾，思乘間攫其礦利，衆益洶洶，勢且激變。公適經濰縣，召陳紳至，切責之，陳諉以力不能阻，公代覓殷商墊還欠款，先杜絕外人往來，徐與濰民興煤井之利，倉卒定變，消患無形，公之力也。美教士莫約翰在濼源書院旁購民房改建教堂，士民大鬨。莫詣撫署請謁，周中丞偕公出見，莫出券請驗，公閱券署嘉慶年號，且無地方官印，語之曰："此未稅之契，例不得營業，汝來何意？"莫言願退還此房，請以他處互易，公曰退還則可，互易則不可。時中丞方升漕督，慮事糾葛，屬覓官地相易，公以條約所無，不可許，此端一開，後難應付。及任中丞來，公力請堅持，莫詭造誣詞，激公使達總署，公曰："鼯鼠技窮矣。"拒之益力，莫竟無如之何。

七年九月，簡授安徽徽寧池太廣道，兼榷蕪湖關。關設自前明成化時，積弊且數百歲，層牽互綴，不可爬梳。公履任，盡斸煩苛，剔蠹除奸，商旅交抃，稅入亦驟增云。江督左文襄公宗棠聞而賢之。十年署按察使，未一月，奉詔入都。是時法越事棘，暴師南服，朝廷用大臣薦選洞達時務者入備顧問，海内被征者三人，公其一焉。奏對稱旨，開缺留京，賞三品卿衙，命在總理衙門大臣上行走，旋補太常少卿。公進階不由科第，驟躋卿貳荷殊眷，爲衆所嫉，羣起劾之，遂齟然不安於位，出爲直隷大順廣道。召對時，孝欽顯皇后卷簾賜墊，諭曰："汝辦事認真，今予汝外官，當能爲國家出力。"

逾年，以四品京堂奉出使美、日、秘國之命。航海抵美邦三藩悉上岵，關吏黑賈索閱國書，公拒之，黑賈不服，公厲聲曰："汝何人？敢閱國書乎？汝能予我可閱憑證，當示汝。"黑賈慚退。頃之，其總稅司偕黑賈伏謝前過。華僑聞之，氣爲之壯。美邦獨踞一洲，與中國相偝，此晝則彼夜，華民久旅，幾忘漢臘，公爲請於朝，頒發時憲書，俾奉中朝正朔，疏入，報可。洛士丙冷一案，美工党焚殺華人二百餘命，前使索償久不得直，公至，先慰諭華僑，徐與美廷提議，反復辯論，美廷折服，允償墨西哥銀十四萬七千有奇，外國之償款於我實自此始。是時美方虐待華僑，公思革彼苛例，鉤距揑闈，方就範圍，乃衆論紛紜，垂成竟輟。公常引以爲恨焉。

公出持英簜，遍歷三洲，尊俎折衝，均不辱命，朝廷嘉之。歷階由太常寺少卿，遷通政副使，轉太僕寺卿。使事畢，仍命在總理衙門行走，補大理寺卿，旋授右副都御史兼署禮部右侍郎，又補户部右侍郎，轉左侍郎兼署吏部右侍郎，賞加尚書銜，賜紫禁城内騎馬，統轄路礦事務。

公再入譯署，益攄忠讜，知無不言，外使要求多挾勢恫喝，公與爲迎拒，據埋直折，霆摧弦絕，同僚相顧，愕眙其間。如更商約，借外債，疑謗之地，黠者避焉，公密勿從事，不敢告勞。德宗鑒其忠勤，頻蒙召對，恩遇之隆，視樞臣有過之。

二十三年，復奉使賀英，英君主臨御六十年，前後接見各國使臣不可數計，獨於公深致襃美，賚予有加，此可想見公專對之能矣。英輈東返，歸途經涉法蘭西、德意志、俄羅斯諸邦，考察憲法、學校、商業、軍制諸大政，歸而具疏上陳，備蒙採擇。

丁酉、戊戌間，朝廷懲舊政之積弊，勵精圖治，屢詔求才，新進之士多言變法。公素性恢宏，又志在延攬，跅弛之士不爲峻拒。會時局中變，忌者騰謗於朝，因是下獄。續奉詔辨明，仍遣戍新疆。到配後，北望觚棱，憂心君國，時托謳詠以見意，懷人感事，略無小雅怨誹之思。庚子夏，拳匪亂作，政出多門，七月初六日，公遂與許、袁諸公異地同時皆及於難，天下冤之。

辛丑冬，回鑾反正，英、美駐使奉其國命，以公昔年奉使兩國，和輯邦交，聲施爛然，代求昭雪，詔許開復原官，恩逮九原，閭黨感泣。

嗟乎！自古魁壘英特之才，天若靳以康強孝終之福。其生也，勞瘁百倍於庸人；其死也，慘酷亦百倍於庸人。論者求其故而不得，則謂天地猶果蓏，元氣猶癰痔，賞功罰罪，特偶然耳。巧爲之辟者，又謂㫋檀之香，非爇則芳馨不烈。其說果孰是與？前代齎志之臣，志慮忠純如于忠肅，才略恢廓如熊襄愍，皆功在宗社，名垂天壤，卒以奸人構陷，身膏斧鑕，其後雖蒙昭雪，猶俟諸子孫之朝遲之數十年之後，賴臺諫訟冤，閣臣陳請，而後得復官予謚，而逝者魂魄固久已化爲槁壤，蕩爲清風，不識其尚能有知否也？

公歿時，年六十有四，配林夫人先卒。子壇徵、琬徵、紀徵、更生。公所著書有《三洲日記》八卷、《英輈日記》二卷、《鐵畫樓文鈔》二卷、《詩鈔》五卷、《荷戈集》二卷，皆先後刊行於云。

頭品頂戴江蘇蘇松太兵備道鄉世愚侄蔡乃煌頓首謹狀

二品頂戴山東兗沂曹濟兵備道受業吳永頓首拜書

（録自國家圖書館分館編《中華歷史人
物别傳集》，線裝書局二〇〇三年版）

户部侍郎張公神道碑銘

張祖廉

光緒二十四年夏，天子數下詔書，興革大政，諮於羣謀，以奠國維。其秋八月，黨禍卒興，灑血都市，朋詛羣疑，凡自卿貳以至庶士，其有貞材望收時譽者，悉以是貶黜竄謫，而户部侍郎南海張公樵野亦與焉。

公諱蔭桓，先世自新會小范里徙居佛山鎮，遂爲南海人。曾祖某，祖某，父某，皆贈光禄大夫；曾祖妣某氏，祖妣某氏，妣某氏，皆贈一品夫人。公幼而奇特，博究書傳，鋭意於學，無所不窺，性故通侻。嘗一應有司試不遇，遂棄科舉，入粟以知縣注選。時閻文介公巡撫山東，繼之者爲丁文誠公，先後器異，辟爲軍諮，洊保至道員，加按察使銜，尋晉二品服，歷署登萊青道、山東鹽運使，未幾簡授安徽徽寧池太道。

公之在山東也，英吉利既定滇約，請辟租界於煙臺，其酋議創馬頭捐以斂厚貲，公持不可。又義塚一區爲人盜售，縣官已鈐契矣，公與力争，卒返其地。其他措施皆程護周密，所裨補者甚衆。及官皖中，皖之蕪湖關沿襲舊規，層牽互綴，吏胥侵漁，率因緣以爲奸欺，公至，首抉其弊，蠲苛息煩，税既驟進，民以大和。會久霪雨，江流暴漲，州邑告災，即出俸錢以振饑困，復躬履屬竟，董誠屯吏，卵翼備至，歲財再周，嫗政粲然畢舉。明年，署按察使，有詔入都。方是時，法夷禍越，暴師南服，朝廷用大臣薦，將以材略瑰異、洞識世務者置之左右，備朝夕顧問，被徵者三人，公獨以奏對稱旨，開缺留京，賞三品卿銜，命在總理各國事務衙門學習行走，補太常寺少卿。

公驟躋巍官，上意寖向用，由是為眾所嫉，左遷直隸大順廣道。有頃，命充出使美利堅、日斯巴尼亞、秘魯三國大臣。自歐墨各洲重譯通市，聘使之職，尤在得人，匪直締邦交而已，抑將察其向背以取進止，明其堅瑕以剖然疑，不者彼族且益輕我而事愈不可為。使美之日，舟抵金山，津吏索觀國書，公以謂非稅關所得預，峻辭拒之。既又譚笑譏啁，言論微婉，吏踧踖慚謝。華人備於洛士丙冷，為美工燔殺數至二百餘人，前使廛與美廷索償所毀財產，久不得直，公則繁稱旁引，詞靜義屈，凡償墨西哥銀十四萬七千七百有奇。美故虐遇華工，至是復設苛例以為禁遏，公詗知其謀，謂與其繫命它族，毋寧斬弗與通，於是有自禁華工之議，繼乃徇於眾請，不果行，然自茲已來美例遂加酷矣。公之持大體、蓄遠識、滂仁曠義以惠僑民者類如此。駐節三載，其間更往來於日斯巴尼亞、秘魯兩國都，冠佩離穆，弼中彪外，決疑定難，縝密而栗，尤務尊國權、師敵技，軀軀踐履，以不克稱職是懼，自其國人言之，未嘗不曰洞中竅會；自吾士大夫之甄核人物者論之，亦未嘗不歎為絕域使才也。

歷階由太常寺少卿，遷大理寺少卿、太僕寺正卿。使事畢，仍命在總理事務衙門行走，旋以右副都御史署禮部右侍郎，擢戶部右侍郎，兼管錢法，仍兼署禮部右侍郎，轉補戶部左侍郎，兼管三庫，賞加尚書銜，賜紫禁城騎馬。

公既再入譯署，則益癉竭忠款，研幾杜微，錯綜變化，各適其指，事有鉤棘，或同列愕顧，徐起應付，妙如轉圜，顧獨條理精整，彌縫罅漏，遇所不可輒抗辯廣坐，詁釋名義，常服遠人。其後外患日棘,艱危踵迫,公憂怵國故,蚤夜旁皇,其涉利害尤鉅一二事,主者閟其議,比禍機萌蘖,則劫於成執,挽救靡從。又廣議商約,稱貸外款,皆與枋事者異趨,以故抑騷憤歎,恒怫然不自得。嗣是奉使賀英,上以公領度支執知外情,議就彼國兼論加稅事。公乃由英經佛蘭西、德意志而至俄羅斯,復還英之倫敦,歷北美洲華盛頓城而歸,條具聞見,累疏以陳大惛,謂宜屏外援,籌固圉,爲箴膏起廢之策,言至深切。

歸未久而變法議起,當宁旰食,銳意求治,嘗一被命筦理京師礦務鐵路總局。及事變,異己者因誣奏,遽就詔獄,禍且不測,已而論戍新疆。既抵戍所,踰歲拳匪釁作,都門沸羹,賊臣昏狡,陰佐弗戢,魚爛速寇,諉以至愚,乃得僞勅四出,駢戮賢俊,獸嗥虺毒,通幽徹邇。公雖遠處邊徼,竟於斯時並及於難,光緒二十六年七月二十六日也。乘輿還京,下詔罪己,遂追復原官,世之知公者蓋莫不悲焉。

天之生是彌綸磅礴之才,亦既位通顯,遭遇聖明,充其設施,宜若可以消釋世患,不幸而顛躓濟厄,丁時災晦,橫罹冤酷,則天之所生是才者又何也?

公生於道光丁酉年正月四日,春秋六十有四。所著《鐵畫樓詩文集》六卷、《續集》二卷,經進《三洲日記》八卷。配林夫人,先公卒,妾某氏。子墾徵,刑部主事;琬徵,恩蔭知縣;驤徵。孫介祹。墾徵故侍公出塞,既奉匶還,以光緒三十年某月某日葬公於某鄉某原,屬爲墓道之文。祖廉嚮者校讀遺集,雅嗜公文,又內交於墾徵,乃撮公之炳炳大業昭著後禩,且聲以銘詩。銘曰(略)。

（録自閔爾昌纂《碑傳集補》卷六）

鐵畫樓駢文序

孫毓汶

伊古以來，文學政事殊塗異軌，能兼之者實難。無過人之才與識，苟爲締章飾句，熒一世聽睹，則一文人已耳。才識具矣，不獲遭逢盛時，乃感慨悲憤以發舒其志氣。故文章之工，出於蕉萃顦一之士爲多。然吾觀有唐一代名臣，若張曲江、李衛公，出入將相，勳伐彪炳，並有集數十卷流傳至今，豈非其素所蓄積者厚，而天畀之才與識，有殊絕於人人者乎？

南海張樵野侍郎少負經世之志，崎嶇戎馬間，飛書草檄，氣壓曹偶。尤熟習泰西各國政事、風俗，黽研而夕究。如肉在弗，如燭照數，計無豪髮差忒。由監司內召奉使海外，比還，上益嚮用，薦陟卿貳。笂農部，聲敏爛然。間於退食之暇，以所作駢文二卷見示。蓋植基於蕭選，而歸命於徐庾，於國朝駢文諸家尤與洪北江、彭甘亭爲近。其雕繪山川，寫狀景物，有泓崢蕭瑟之意；於身世之感，友朋離合生死之際，纏綿悱惻，一往而情深，又有若蕉萃顦一之士之所爲者。至於指陳時事，思深而燭遠，如與丁文誠、譚大令箋，低徊往復，隱然見謀國之忠、匡時之略，其諸合文學政事以一身兼之者歟！蓋侍郎天性開敏，於學無所弗窺，多臧弄秘籍，好摩挲金石文字，牙籤錦贉，庋庮滿户内。招延名流，文酒款洽，上下其議論。故其爲文高而不槭，華而不縟，逶迤而不靡。即啟事短篇、藻麗間作，亦駸駸乎齊梁之絕軌焉。昔南城曾氏甄錄國朝駢體文四十餘家，全椒吳氏繼之，近日長沙王氏又繼之，君於其間，宜參一席，而吾尤願君益勤當世之務，總承殊渥，大其設敏，若張公、李公爲唐名相，大制作大典冊皆出其手。他日《曲江集》、《會昌一品集》編寫告成，余不敏，尚當爲君叙之。

光緒壬辰冬日，濟寧孫毓汶。

荷戈集跋

許　玨

昔杜陵詠歌，推有唐之詩史；曲江風雅，創嶺表之宗工。雖託謳吟，實本忠愛。況海天持節，傳蠻峝之弓衣；絕塞荷戈，述天山之謄稿。備嘗艱阻，彌見性情。宜其弁冕羣倫，噌吰一世者矣。樵埜尚書夙負英姿，長垂清譽。早參府掾，旋預軍麾。捫虵神閒，聞雞心熱。元瑜之掌書記，爭詡捷才；陶侃之辟幕僚，蔚爲時望。閻文介、丁文誠兩公皆倚重焉，由是薦剡屢膺，溫綸疊奉。備兵渤海，移権皖江。盱衡膽裘帶之容，嘯詠得江山之助。溟濛蜃宅，盡入奚囊；縹緲鳩兹，咸歸點筆。迨至繡衣奉使，紀西歐北墨之謠；金佩趨朝，皆玉宇瓊樓之句。元遺山之感事，慷慨可知；李贊皇之籌邊，輪困略見。蓋公之憂時如醉，匡國忘勞，悱惻纏綿，胥於詩見之矣。繼以謗書盈篋，恩詔曲全。口縱鑠金，心仍止水。風災火難，甘作逐臣；沙度繩行，遠逾瀚海。關榆邊柳，歸故里以何期；雪窖冰牀，夢觚稜而不見。比陸平原之聲譽，惜此風徽；歎蘇內翰之生平，竟如春夢。其後戎氛方熾，始憶馬隆；寇氛已深，還思謝罪。九原可作，遺憾當平已。其詩也，跌宕自喜，玲瓏其聲，絳霞萬里，澄波一碧。良金美玉，均嗣三唐之音；素練輕縑，間沿兩宋之格。久已名高北地，挾壯氣於幽幷；豈徒響嗣南園，樹詩壇於嶺外哉？哲嗣仲宅比部，父書能讀，先志克承，徵及鄙言，屬爲弁序。曩者追陪異域，謦欬親聆；今兹根觸遺文，風流頓盡。此卷長留天地，他年定泣鬼神。餞報秣陵，筆慚元晏。滄江歲晚，愴懷三絕之篇；記室文傳，附名一品之集。光緒二十八年冬十二月，金匱許玨跋於羅馬使館。

驛舍探幽録

王慶保　曹景郕

　　光緒二十四年八月十五日，接奉藩憲裕、臬憲覺羅廷會札候補知縣王慶保、曹景郕知悉："八月十五日奉督憲電開，本日奉上諭：'已革户部左侍郎張蔭桓，居心巧詐，行踪詭秘，趨炎附勢，反覆無常，著發往新疆，交該巡撫嚴加管束。沿途經過地方，著各該督撫等遴派妥員押解，毋稍疎虞。欽此，查該革員起解日期，應在不遠，請就近遴委文武妥員各一名，酌派兵弁，按站接解，並先將遴委兩員銜名電知，其入境出境，隨時詳報等因，奉此。查此項差使，由京前往新疆，應由良鄉縣入境，至井陘縣出境，除飛檄傳知各州縣一體護解，並詳請諮明山西撫院委員接護外，合行札委，札到該員立即束裝，協同武員督帶兵弁，前往良鄉縣迎護。沿途小心管解，逐程遞至井陘縣出境，交平定州文武地方官，並山西省委員接收護解前進。仍將入境出境各日期稟報查核，毋違，此札。"

　　是日午後，廷憲傳見慶保、景郕面商一切，並談及已移請中衡張協鎮遴委妥實武員，揀派弁兵，會同前往接解。保等請曰："究竟不知何日起解？似須電詢京兆，某等當束裝以待。"廷憲允如所請。十六日辰刻，慶保、景郕赴薇柏垣稟見請示，適張協鎮亦移委儘先參戎苗麗堂印開泰率領馬隊哨官趙、步隊哨長王至，遂進見藩臬憲，諭已電知京津，詢起解確信，一有覆電，當即知會起程。並云："已傳知沿途地方官，預備兵役夫馬矣。"某等遂稟辭，回寓候信。

　　十七日巳初，廷憲傳諭，適得覆電，犯官張已於十五日出京，今即星夜馳赴良鄉首站。當即會同苗參戎督率弁兵起程，至安蕭尖,晚宿定興縣。藩臬憲繼遣戈什四名追至,云奉派服侍犯官,藉可就近防範。意深哉。

十八日,松林店尖,至涿州宿,沿途探詢由京來者,均稱犯官張寄住天寧寺,尚未動身。是晚與苗參戎會議,接見差使後,弁兵勇役,須有一定次序,即某等亦須各有專司,方免紊亂。遂商定苗參戎率馬隊四人,在車前里許巡哨,保車在前,郵車在後,步隊廿人,分三班,擎鎗翼車而行,兩哨官率馬隊在後擁護,戈什四人,分班輪值,夜間三人輪替,率兵勇值宿,自始至終,不得鬆懈。當即開單分派,各專責成,故自良鄉入境至山西平定州出境,十五晝夜,均各謹守不渝,倖免隕越。

十九日至竇店尖,下午兩點鐘,抵良鄉南關,店中更衣,往拜良鄉王子明大令印汝廉。詢知犯官張亦於前一刻到縣,自借城隍廟居住。甫遣人將兵部牌票送來,牌內有隨帶家丁五名,二李姓,一田姓,一孟姓,一馬姓,隨與王大令往見犯官於城隍廟。犯官住客廳三間,送行者六七人,皆不知姓名,車十餘輛。某等與地方官皆用銜名手版,衣常服,長揖不拜,蓋體制宜然也。談次略詢其被逮梗概。張云:"本月初六日緹騎數十人來我宅,封巷東西口,我以為查抄也,不敢出。有戚某奔避被擒,至官廳,羣呼為康有為,戚遣人到我宅送信,始知緹騎為搜康而來。我復至戶部辦事,晚間赴京朝官筵宴,坐有慶邸暨廖壽恒大司寇,慶邸拍我胸曰:'汝放心,與汝無干,汝勿畏。'廖亦以尋常語相慰藉。我怒曰:'汝亦無良,事不涉汝,自不畏,參我者衆,我能勿畏乎?'遂各散。初七日,仍隨班朝見,太后在簾內,皇上在炕側坐,太后令廖壽恒擬拏辦康有為黨羽諭旨。廖擬就,呈與皇上,皇上轉呈太后閱畢,仍遞交皇上。皇上持此旨目視軍機諸臣,躊躇久之,始發下。是日並無他耗。初八日辰刻,提督崇禮遣翼尉率緹騎至我宅,邀我赴提督衙門接旨。我知有變,因尚未用飯,令其稍待。飯畢瀕行，翼尉忽謂我曰：'請赴內與夫人訣'。我始悟獲罪，將赴西市，負氣行，竟不入內。抵提督署，各官均未至，坐數時，天已暝，仍無確耗，遂令人取行李住一宿。次日有旨拿交刑部審訊，入監住，與葉曙卿軍門鄰，然不敢聚語，獄卒代備酒食被褥甚豐潔。又次日，獄卒叩，喜謂奉旨出獄看管，須臾司官至，遂帶赴看管所。所在獄門西屋三間，住二日，並未提訊。十三日，聞備車出決，我問卒曰：'能留一二人否?' 卒對曰：'留二人。'問為誰？曰：'楊深秀、康廣仁。'及聞套車六車，懼我亦不免矣。蓋同拏問者連我共八人。我即閉門靜待，未一刻，監中提楊深秀、楊銳、林旭、譚嗣同、劉光第、康廣仁六人出，有肆口罵詈者，譚嗣同語尤悖戾，六人遂駢首西市矣。我始稍為放心。翌日，奉旨發往新疆，交巡撫管束。"

　　某等因問以何日出京，迄今始到，途中有人護送否？張答曰："十五日四點鐘出京，至天寧寺小住二日，同朝祖餞慰候者數十百人，實屬應接不暇。十八日，住常新店，送眷口上火車，匆匆赴滬。十九日午刻，始抵此。因事起倉猝，行李均未齊備，尚須留此數日，方能啟行。"某等因謂奉有公文前來迎護，尚須稟報入境起程日期，且此間離京甚近，耳目眾多，在此遲留，實恐不便。張訝曰："此非順天境耶？記定興方係直境，何以諸公遠來至此？"某等答曰："此雖順屬，然驛傳實直隸入境首站。"因取札文令閱，變色不語者久之，乃自語曰："京友勸我在部請假，我何不聽。"因向某等曰："如今晚京中車來，明早再定可否？"某等遂辭出。同至廂房稍坐，暗遣人查視車從，聞有朝貴改裝遠送者，因私議曰："當朝廷盛怒不測之時，仍敢招搖逗遛如此，真等法令於弁髦矣。我等惟有加意防範，不即不離，再向婉催可也。"

　　是夜應保值宿，遂移住廟內，派戈什二名、馬隊四名、步隊六名，廟外王子明大令派四班巡更，又知會武營協防，可無他慮。

遂公擬一會稟入境日期，稿交王子明大令發繕，惟空起程日期，俟議定填寫。稟云：“敬稟者，竊卑職等接奉憲札，委赴良鄉縣首站，護解已革户部左侍郎張蔭桓，卑職等遵即於八月十七日束裝起程，於十九日馳抵良鄉縣城，會同卑職汝廉，查得該犯官亦於十九日抵良鄉，兹於八月二十日由良起行，會同護解，按站前進，並由卑職汝廉另備公牘，移知下站涿州多派兵役小心護送外，所有卑職等自良鄉縣首站護解該犯官入境日期，理合會稟大人查核。”某等另發單稟云：“敬稟者，竊卑職等稟辭後，於十七日巳刻督帶馬步弁兵起程，十九日未刻馳抵良鄉縣城，適犯官張亦先一刻到縣，卑職等會同該縣工令往見。據云行李未齊，尚須耽擱一日，因係入境首站，未便惡顔相向，約須念一日起行，卑職等惟有加意防護，不即不離，上慰憲廑。再詢悉該犯官實於十五日自攜兵部牌票出京，已在天寧寺等處小住三日，順屬並無委員護送，亦未見有地方官遞解印文，僅有練軍四名，沿途遞送至縣，隨行十餘人，轎車七八輛，傳牌填有跟丁五名，餘俟上路後再行細查，隨時馳稟。除入境日期，會同良鄉縣王令，由五百里具報外，先肅寸稟，恭慰馳繫。”擬定後各散，王子明大令送張全席一桌，未收，言此行不擾地方絲毫也。是夜三鼓，都中行李車至，押車者二人，帶來信函多件，張一一閲訖，與其戚友梁姓、晏姓密語半夜，皆粤鄉談，多不解。但聞某處若干萬，某處若干萬，約計近七八十萬。至四鼓後，張遣僕來告曰：“行李已到，明日可成行。”

　　二十日五鼓，郟偕苗參戎由店入城，張尚未起，屋内燈尚明，保因以夜間聞見相告，環坐待旦。黎明，王子明大令亦來。日出後，張始起，大衆整裝，至辰初三刻始起行。苗參戎帶隊先行，距里許，作偵探，防意外變，保帶護勇家丁車前行，郟帶勇丁車後行，馬步隊哨官傍車行。幫車步隊二，車前步隊四，馬隊六，張兩翼,戈什隨其後,按部不亂,議先定也。張坐駝轎,轎元色呢,圍四垂鬚絡,中設墊兩層,上蓋以氣墊。帶坐車一乘,坐家人,其管事家人李姓,聞係供事議敘離職,坐自養轎車。外送行轎車三乘,行李車三乘,馱騾三匹,跟馬三騎。僕從均驕縱異常,若忘其主為獲罪發遣者。

午後至寶店尖,晚住涿州連陞店,供張甚具,有轎車一輛卸其中,詢悉由京來送者,出入叢雜,莫可究詰。涿州榮刺史未來見,稍定送張全席,竟收訖,與前“不擾地方”語不符。夜二鼓,有貿貿然來者,逕入張室,某等因門管不阻,大加申斥,查係順屬幕友李姓字潤甫,密談達旦,去復來,音低小,不知作何語商何事也。只聞其初進門時一語曰:“如許車馬何為者?”張答曰:“是直隸押解官防我逃去者。”語氣甚不平。某等係奉兩憲札委,轉奉電飭,非故與為難,而時作不平語,是尚知有法度耶? 是日,因張與追送諸人密語,某等皆未與接談,惟暗中監查巡防耳。

二十一日,張因徹宵不寐,倦甚,時交辰初猶未起。某等束裝俟於庭,兵弁據鞍俟於門,遲之又久,聞呼面水,曰起矣。涿吏房張姓持名帖送張品鍋點心,食訖命駕。其戚梁某等咸叩顙作別,各扯淚去。是午高牌店尖,接清苑縣陳瑞伯大令信,復訖,某等方食,張僕遽呼套車,張已乘,保止之曰:“請大人停車少俟,各役均未食,住白河,道不遠,何為匜匜?”張僕不應,竟馳去。郿以不飲,先食訖,因遂趕去,於張車後,厲聲呵止。保於店中,向其家人大言曰:“我等係奉公事押解犯官,非來接待欽差者,何不守法度,自大乃爾!”亦遂匆匆行。行不二十里,張憩柳陰中,請某等同坐,向郿曰:“聞葉軍門拏問,係君解送入都耶?”郿應曰:“然。”乃問葉事甚悉。某進刑部時,實需費八千金,張詰郿曰:“何以曙卿告我僅費六千四百金?”郿對曰:“惟無二八扣頭耳。”張色變久之,復曰:“余坐一日監,費一萬一仟有奇,可謂貴矣。"某等應曰:"大人有錢,彼小人惟利是圖,若不滿其欲壑,何能將六月飛霜面孔易作春風和煦耶?"相與粲然。晚住白河,定興供張,一如涿州,錢大令未親來。九點鐘,有陳善言者,由唐山來,詢知係候選道,欲謁張。某等令戈什導之見,語皆粵音,不知作何語,談時許去。

張隨至某等住房周旋,某等慰勞畢,閒談近事。因詢康有爲以一介草茅,何遽進用,敢肆猖獗,某等實係解不得。張答曰:"兹禍之起,康有爲固罪魁,實翁常熟釀成之。康應乙未會試,本未入彀,常熟搜於落卷中,得中式,有知己感。時欲上書,央我介紹,常熟允見,及康往而辭焉。余訝以問翁,翁應曰:'此天下奇才也,吾無以位置之,是以不敢見。'後竟奏薦朝廷,擬召見。恭邸建議曰:'額外主事保舉召見,非例也,不可。無已,先傳至總理衙門一談,果其言可用,破例亦可,否則作罷論。'衆曰:'諾。'此年前冬間事也。年節伊邇,各署多冗,無暇及此,今年正月初三日,慶邸率合肥、翁常熟及余,公見康於總署,語未終,余以有事去,不知作何究竟。未幾,康上條陳,朝廷發交總署核議,僅議可行者兩事,曰礦務,曰商務。常熟見之訝曰:'洋洋數千言,條陳十數事,僅此兩條可行乎?'衆不得已,奏請軍機處會議。軍機大臣懼擔不是,擬旨會同王大臣議,皇上硃筆改交軍機處議,議行過半,而康自此獲上矣。積漸相乘,此後凡有條奏,逕交軍機處,命廖大司寇專司其事,大司寇夙知康之荒謬,謂常熟多事,而亦無法辭卸。康本叛賊孫文党,挈多金走京師,密結京僚圖不軌。康實寒素,所有皆孫文資。侍讀學士徐致靖摺保酬四千金,宋伯魯、楊深秀等月資以三百金。日本致仕相伊藤來華,李端棻保康爲迎送使,實康摺稿,奏入留中,由是康顏驚皇。"

某等囚問曰:"聞伊藤久已罷相,此次來華,係伊藤自來游歷乎？抑中朝召來議事乎？”張答曰：“噫！我之禍亦由於此。此次伊藤係自來游歷，我因與彼有舊，至京時來見我，我遂款以酒筵。伊藤覲見，又係我帶領，時太后在簾內，到班時，我向伊藤拉手，乃外國禮，而太后不知。上殿時挽伊之袖，對答詞畢，又挽伊袖令出，就賜坐，太后皆見之，遂疑我與彼有私。及後有康結日本謀劫太后之説，太后愈疑我矣，夫復何言？”張又曰：“譚嗣同入獄狂呼，出言無狀，餘衆聞之駭甚，知皆不免矣。”又云：“楊鋭入獄，謂衆曰：‘我當差方五日，而又未上一摺，同遭禍，豈非冤孽乎？’”張言罷，某等遂各就宿，私語曰：“張鋒棱頓減，或因日間發話之故，我等正可藉與攀談，不難推見至隱矣。”

二十二日晨七點鐘，由定興行，故城尖，張坐車行十餘里茶尖，邀某等同憩，談及八月初八日伊拏問之前一日，伊藤已覲見皇上，擬賜以寶星等物，以示優待。是日太后召皇上，問伊藤覲見賞賜何物？皇上以所擬對，太后曰：“所賞寶星等物，務須選上等極華美貴重者，著張蔭桓加意辦理。”不料次日即有此禍。張又云：“康有爲暨其弟廣仁等三四人，每日私入大内，與皇上坐論新政，並擬開懋勤殿，列十坐，以李端棻、徐致靖、宋伯魯等爲十友，而康有爲尚不在此内。”某等問康有爲究竟現逃何處？張答曰：“聞伊藤向中國政府言，我知康有爲現在我國某處，我不能不告知中國，中國卻不能往彼查拏。”張又歎曰：“我三至保定，一隨李中堂，一赴大順廣道任，此次最無味。”某等因向慰藉數語遂行，晚住安肅北關慶豐店。

先是良鄉起行後，某等或尖或宿，均往張處坐談刻許，張從未一來。二十一日尖後不待而行，某等皆不能忍，且懼愈忍愈肆，不可收拾，不得已，出硬語折之，渠果稍斂，且頻來敷衍矣。晚間復至保室起課，得“紫微龍德坐當頭”一籤，色似喜，既與某等暢談從前中日和約、籌借洋款及召見各得意語。某等因問曰：

"夏間翁常熟罷官,外間謡傳頗有波及,確否?"張答曰:"今年五月初五有查抄虚警。先是太后密召英年,令傳諭崇禮,謂張蔭桓有應查辦事件,著其預備。是日,太后在頤和園召見慶邸、廖壽恒、剛毅,問近日張蔭桓遇事頗爲專擅,參奏甚多,爾等有所聞見否?廖壽恒奏對以總理衙門所稱能辦事者,惟張蔭桓一人,實亦非伊不可。太后聞之怒甚,因云:'似爾所言,若張蔭桓死了,則將如何?'當下諸臣俱碰頭,莫敢一言。移時,太后復云:'我亦知張蔭桓頗能辦事,究竟有無專擅之跡?'廖壽恒等見太后盛怒,因奏對曰:'張蔭桓在總理衙門,遇有事件,有與同官商議者,亦有一人專主者,緣張蔭桓所識洋人頗多,凡交涉密議,行蹤詭密,旁人不得聞知。'時皇上亦侍側,太后因言張蔭桓遇事專擅,皇帝明日叫起入見,可以嚴加申飭,使知警戒。是日廖仲山以事過寓,初談閒話,語次因言及今日在頤和園召對如此如此,太后頗怒,甚代驚恐,余遂向詢剛子良曾代我説話否?廖云:'伊亦頗爲力言。'余意甚不平,因謂本衙門明日亦有事,當遞膳牌,俟覲見,看皇上若何?廖仲山辭去,余因出城拜客。次早入朝,至軍機處,遇慶邸,告以昨日之事甚險,並將奏參專擅營私各摺令看。余見謗書盈篋,不勝氣憤,意謂聖怒萬一難回,惟有請皇上罷斥查辦,容當上摺申辯。看完,當即叫起。同起者首慶邸,次廖壽恒,次剛毅。時王文韶初入軍機,班在第四,連余五人同入。當聞太監傳語,張大人墊子在南邊,余跪聆皇上諭云:'奏參各摺,爾看見否?'余奏對云:'臣已看過。臣在總理衙門,某事係與某人商議,某事係同某人會辦,均可查考。惟某條約,係臣一人專主,然亦衆所共知,並未專擅。'皇上因向廖壽恒云:'爾昨日對太后所言,今日何不陳説?'廖壽恒奏對云:'昨日太后詢問臣等,對以張蔭桓在衙門辦事,有與同官商議者,亦有一人專主者,係屬實在,臣不敢欺。'皇上又向剛毅等問爾有何言?

剛毅等惟只碰頭，皇上略諭慶邸云：'傳知張蔭桓，不必憂慮着急，仍令好好辦事。'剛毅因接口傳諭云：'有恩旨，令張蔭桓改過自新。'余聞之心中愈覺憤懣，意謂本自無過，何云自新？故當時並未碰頭謝恩。皇上旋諭云：'爾先下去。'余即下來。須臾皆出，我復對慶邸等云：'余意仍欲上摺申辨'，經衆相勸，謂一天風雨已散，何必再行多事？因而中止。當至戶部，有某司員向說，外間有查辦抄沒風聲，未知確否？余告以今早奏對云云，並無此事。旋至總理衙門，敬信亦告語如前。余因謂皇上並無此旨，外間何以紛紛若是？敬信因將太后傳諭英年、令崇禮預備等節，一一告知，余始恍然得其詳細，至今回想前事，言之猶覺悶悶也。"

二十三日七點鐘，自安肅起行，至漕河廟茶尖，坐談未竟，省中某大令便衣入談時許。某係張門下，甚代不平，謂十六字罪案，空無所指，殆如"莫須有"三字獄，不足服天下後世。且謂省友聚談，以王照參摺係老師授意，冀泯交通跡，悠悠之口，實屬深文周內云云。張笑頷之。未正入省城，兩市觀者萬數，咸呼曰："看大奸臣。"或有甚其詞者，曰："此老如此形容，富貴已極，猶不知足，尚妄思作皇帝耶？何如殺卻，豈不省事？"輿論紛紜，異口同聲。張臥車中頗聞之。住院前恒祥店。首縣陳大令來見送張席。是日張睡臥半日，某等與苗參戎分赴各憲署面稟大概情形，仍回店值宿。至晚，某大令復來，張留飯夜談。

二十四日，張因添置行裝並買書二簏，欲留住一日，某等回明各憲許之。某大令代張料理。是日某等輪換回寓一走，晚仍住宿店中。

二十五日，自省動身，由二道口出西門夾道，觀者仍如堵牆，嘖有煩言，張坐車中如不聞。至大汲店茶尖，小坐，談京朝事。張又云："常熟被逐時，謠諑余者不已，立豫甫告余曰'頃內侍傳諭,有交派事件,著於軍機處候旨,恐於君不利',謂將抄没余家,余時亦有所聞,翌日竟無事。後余見皇太后,蒙諭曰'汝無大劣跡,可好好當差',余碰頭謝恩。"云云。

晚住滿城縣屬之方順橋,往張室坐談,因問:"中東議和,日人未允接待,似與大人不諧,何以後來議訂商約,又與大人開議?"張答曰:"當初議停戰時,本議令我偕德璀琳往,太后、皇上召見我時,甚蒙温諭。美使代擬國書漆書,係譯署所擬,內云:'有關重大事件,須電請諭旨。'我奏對時,曾言償兵費、改約章均可許,如割地等事,萬不能允,太后、皇上甚爲嘉許。及銜命出洋,在長崎與東使會晤,問我諸事能專主否? 我對曰:'可以專主,惟須電奏定議。'東使即謂權力不全,不允開議。我辯論再三,東使不聽,即送我回華,可惡之至。後又遣李相前往馬關議和,李皆奉有太后、皇上密旨,定約還朝。至商約一節,因李合肥與東使聚議多日,未能删改一字,勢不相下,且不能再遲,因借賀俄皇加冕事,將李合肥遣赴外洋,我始接議,遂删除十一條,改訂九條,議始定。我議此約,費無數唇舌,事後有謂我專擅者,有謂我攬權者,更有謂我得賄甚鉅者,殊令人寒心。"談至此,有該處駐防哨官來見,遂各散。

二十六日,至望都縣尖,李星野大令來拜,未見。晚渡唐河,至定州宿,署州王敬輿太守來拜,未見張。飯畢,張來談,某等因問籌借洋款原委。張歎曰:"此亦我之罪案也。初日本二批償款屆期,常熟爲大司農,仰屋無策,與恭邸、合肥議,合肥遂向俄使訂密約,許借二千餘萬。我建議曰:'二千餘萬,只敷目前用,若得五千萬,可並三批作一次償,既省償息,又可省日軍駐華旅費。'合肥難之。合肥口不謹,又於總署將密約之言泄於英使。英忌中俄聯和,乃昌言曰:'中國需款宜向各友邦公借,何獨與俄約? 此約果行,我英須與中朝要盟,一中朝鐵路均歸英辦,一另開數處輪船碼頭。'而俄使又以漏洩密約,致滋他議相詰責,總署各堂窘甚,因請我赴各使處調停議兩國分借,迄無成説。斯時又有盛宣懷在上海與洋商立草約云:'可借五千萬,由上海中國官銀行擔保。'電致常熟、合肥,二人得電喜甚,謂可有着。我笑謂曰:'此必無之事也。盛所開之官銀行成本只數百萬,尚不敷借款一年息,何能擔保五千萬鉅款,此必無之事也。'同人竟不深信,後果子虛烏有。時又有各國圖利商人紛紛向合肥等處承攬,均無實際,而期限更迫,同人又倩我向日使議緩期。日使初許電商政府,後因借款無着,頓反前言,事更急,我不得已,始創議倩總税務司赫德籌借商款,以應急需。議定,以鹽貨各釐作抵,當將户部暨總署各案查交赫税司收執,議始定。此事雖我一人主持,然在危急,謂人無策,我不能再不出頭,乃事後謗讟紛興,咸謂我專擅營私,我何辯哉?"

張又云:"日本初次償款,太后因户部款項不足,特發宮內積蓄銀二百萬兩,我於領出後面奏皇上云:'臣身任户部,奉職無狀,致累太后,倘將來庫款稍裕,謹當先將此項籌還。'皇上變色諭云:'此時需款甚急,不必預籌及此。'我因皇上從未向我如此屬言,窺測言色,似有不滿太后意,故於次日召對時,又奏曰:'臣昨日面奏籌還太后款項一事,不過因太后既爲外廷如此用心,部臣不得不仰體慈意,倘將來庫款周轉不開,仍可請皇上向太后商借。'皇上無言,令退。"張又云:"皇太后私蓄有二三千萬金,半在南苑,半在大內,皆用紅頭繩束之,萬一播遷,恐此物累墜,輦運不及耳。"張言罷大笑,某等愕然久之,不敢再問,遂散去。

二十七日早行,王太守特派州佐王義階護送至新樂,午刻清風店尖。飯畢,待各役午餐,某等至張室坐談,問合肥近狀。張云:"李相近來精神甚健,仍好强,惟頗儉嗇。"某等卒問曰:"聞合肥前因惜一金鋼鑽戒指,失恭邸歡,有諸?"張答曰:"此姑勿論,余去歲奉命出洋時,内大臣某語余曰:'歸時須以外洋新奇寶物獻太后。'余記之不敢忘。差竣,遂備鑽石串鐲一副,配以祖母緑帽花一顆,裝潢獻太后。此帽花係余前在法京拍買法總統御用之物,色極葱蒨。復恐皇上見怪,亦備金剛鑽鐲一副,紅寶石帽花一顆,先獻皇上。上諭曰:'太后處有否?'余對曰:'有。'皇上曰:'汝將此並呈太后,朕自可得。'余遂其摺托立豫甫呈進,豫甫告之李總管,即李聯英,外人所稱'皮小李'者也。時總管方沐髪,急竣事,易衣入奏,奉懿旨著擡進去。蒙太后賞飯,飯畢謝恩,見皇上在太后側,捧一盒走而去,知係所獻物也。余獻此,兩宮甚喜,且常服御,後伺探近臣云:'太后嘗言紅帽花較佳耳。'當余出宮時,有内臣謂余曰:'李總管亦須送物,事始周到。'余倉卒無以應,擬俟補送,後竟忘記,遂開罪於彼。此次之禍,未必疏忽之咎也。"

晚住新樂縣,時福星齋大令初接篆視事,即來拜,未見張,惟其酒食奉餉。夜三鼓,有兩人坐單套車自省至,云由廣東來。一張弟,行八,名朝藻,號潛伯,湖北候補知府,未到省;一張侄,名應鴻,號建侯,廣西未到省知縣。談一夕,次晨張謂某等曰:"弟侄由粤東追來,弟擬送至正定府,侄願伴送至配所。"某等諾之。

二十八日,次正定縣屬之伏城驛,日方午,張不願行。張見壁間有保六月由贊皇差旋途中感賦詩,甚稱賞,因和韻並序曰:"戊戌八月奉戍新疆,直藩檄王棣山、曹東屏兩大令,苗麗堂都督押解,適甘軍移屯京、津,尖宿爲窘,二十八次伏城驛,壁上有棣山詩,依韻奉呈:'柴車西發曙煙消,得憩津亭可避敲。旅夜更籌魚不寐,道旁飛字馬遺臕。四郊多壘金倉瘦,萬里投荒塞草驕。饘頓浹辰勞護惜,贈行猶屬慎風飆。'"張攜詩過某等室,方欣談,苗之差弁尹姓者,突持省中文書呈其主,苗遂偕保趨旁舍拆閱，張遽色變曰："其殺我旨意乎？"郲方解說，保與苗已出，慨然出文令閱，蓋省憲奉二十六日催進旨也。

"札開：候補知縣王慶保、曹景郲知悉：光緒二十四年八月二十六日，奉督憲電開：奉旨張蔭桓發往新疆，現已起解，不准沿途逗留，所有經過地方，著各該省督撫隨時電奏，欽此。查該犯前已飭司派員押解，究竟何日到省？何日出境？望即查明電覆，仍嚴飭解員及沿途地方官催遞前進，勿任逗遛爲要，等因，奉此。除電覆並移苗參將暨飛檄傳知遵照外，合亟札飭到該員等立即遵照，沿途催遞前進，勿任逗遛。切切此札。"張閱畢，訝曰："並未逗遛，曷猶嚴催？"辭色甚愴，多方慰藉，終不懌，默坐片刻，起而去。

某等心怦怦然，謂若畏懼，遽萌短志，某等微名不足惜，奈負上憲任使何？然亦不能見辭色，張既談詩，惟有藉詩以溷之，張未晚飧，某等亦夜不成寐。郲和原韻云："征途殘暑未全消，十丈紅塵敢壓敲。鳥儘倦飛猶愛羽，駿誰市骨不論臕。明珠終白將軍謗，墨綬休嗤獄吏驕。畢竟此行能遠禍，舣棱回首尚風飆。"保壁間原唱云："久客驚捫髀肉消，征車早發避炎敲。山村雨過雲猶濕，驛路泥深馬不臕。人事變遷蒼狗幻，廟謨寬大夜郎驕。殷憂激似溥沱水，十丈飛湍挾怒飆。"保疊韻慰張曰："輪鐵磨礱壯志消，馳驅敢道厭塵敲。臣心可白天應恕，塞草初黃馬漸臕。夢近九閽雞唱亂，月臨孤館雁聲驕。曉來驛使殷勤說，雲斂長空息怒飆。"

二十九日，渡沙河，抵正定府，住大佛寺，即唐之龍藏寺，今名龍樹寺也。保於車中漫成一律，投張曰："使星初下紫微垣，垂老長征指玉門。卅載榮名塵夢斷，兩朝知遇舊恩存。前車奔馬衝泥出，野渡爭船隔岸喧。客裏忽驚秋信早，雁聲嘹唳月黃昏。"是晚偕張散步寺內，觀隋碑暨各碑砣，張謁銅像大佛，見棟

宇傾圮，笑對寺僧曰："他日蒙恩賜環，當首佈施爲倡。"至方丈
憩片時，與僧談京中各寺功德，並及某粤僧取藏經事。適正定戴
冠英大令，並各營官陸續來拜，遂各歸室。晚餐畢，張和原韻云：
"畫對臺荒剩廢垣，使尋龍樹叩山門。急程不憚危途險，多難方
知古道存。對酒每疑弓影誤，荷戈無解吠聲喧。年來暇日惟征
戎，按站停車夜未昏。"郴和韻云："半黄楊柳覆頹垣，驛路迢迢
入市門。一抹斜陽荒壘崎，數行斷字舊題存。澆愁緑螳難同醉，
擾睡青蠅亦覺喧。自笑年來詩思苦，吟髭撚到夜黄昏。"

　　九月初一日辰刻，渡滹沱，人舟馬涉，至蕭家營尖。此地一
小村落，店主人以衆至店，食物奇昂貴，青菜一器，索京蚨三百
翼，旅行之苦，千古同慨。諺云"魚龍鴨鳳菜靈芝"，信不誣也。
食畢，張出其龍樹寺贈郴詩云："西行計日渡滹沱，雲棧崎嶇叱
馭過。三宿浮圖仍旅客，卅年塵海醒春婆。燕山漫説烏頭白，官
道無端鶴唳多。已荷護特猶慰藉，幾時花雨散維摩。"張笑云：
"棣山原唱，臚韻甚險，不能再疊，故易韻奉贈。"某等答曰："婆
韻亦頗難穩，眼前有景道不得，讓君比美崔灝矣。"各大笑登車。
晚住獲鹿縣東關，見有緑呢銀頂大轎一乘，詢知乃晉中某監司，
夙爲張所薦，特派太原鎮標平垣營千總劉政威帶輿夫十名來迎，
已候數日。某等訝之，而無以阻也。苗麗堂曰："張若有識，必不
坐，君等曷伺之。"

　　晚至張處坐談，問夏五月德國親王覲見，特聞朝廷接待禮
儀，頗極優異，德藩意氣驕縱，居之不疑，外間傳説異辭，究竟若
何情形，當時均由總理衙門核議，事皆目覩，其詳可得聞否？張
長籲一聲，不禁拍案而言曰："我所以受謗之原，半由於此，説起
令人可歎。初德藩有游歷中國之信，我與同官商議，外國章程有
出使游歷各國者，各國接待與否，均聽其便，此事亦當請旨定奪。
嗣奉諭旨接待，著會議，我即向德使商量，據云：'此係我國親

王，與尋常使臣不同，中國既允接待，一切禮儀，當從優異。'我旋即奏明皇上，彼時聞德王至閩、粵等省，乘坐黃轎，此節是我主議不行，旋議定用綠轎黃絆，臨時慶邸、禮邸迎至城外，一面電知北洋大臣迎送如儀。旋又奏明太后，太后聞奏，因欲先見德藩，我奏以外國使臣入覲，理宜先見皇上，太后諭謂德藩此來，並無國書，與使臣不同，皇上亦可在我處同見，見時令走廊子，不賜坐。當時將此諭奏知皇上。先是皇上欲在偏殿接見，經我奏陳，平日使臣覲見，尚升正殿，此次尤當優待，皇上允奏。至是聞太后欲與同見，意頗不懌。我下來後向德使通知，惟不賜坐一節，再三爲難，我告以皇上在太后側，亦係侍立，爾國親王不尊似我國皇上，議至此，未定而散。嗣聞有某翻譯向德使陳説，便亦應允，於是傳集工匠，收拾樂壽堂，殿坐備極華麗，共費銀七萬餘兩，陳設寶玩時，有古窰鉼一個，內府當差者不慎，落地跌碎，太后動怒，將內府各官降調有差，因此咸怨我迎合聖意，使伊等受累，太后怒我，未必非伊等浸潤所致也。及德藩覲見，太后賞賜甚厚，並有御製寶星，輝煌燦爛。至皇上答禮一節，我等以中國體制與外洋不同，議賜德藩游園，皇上亦即前往，藉示答禮之意。越日德藩欲游天壇，廷臣均議阻止。我即説外國游歷章程所到之處，例許往觀，且在京洋人，何人不游天壇，何獨於德藩不允？多費唇舌，致生枝節，由是廷臣不悦者甚衆。屢有傳聞，謂我見好外國，藉爲要重之地，並有謂我窺測意旨，離間兩宮者，冤哉。"

某等勉慰之曰："大人聖眷優隆，雖一時逢怒，風波已定，且朝貴皆舊交，不難代爲挽回，指日諒可賜環，勿過慮也。"張答曰："先前太后待我恩遇甚隆，自我爲道員至卿貳，太后每次召見，皆卷簾見，必賞飯，前赴日本議和，屢蒙温諭，並云：'爾辦事勤能，未免遭忌，國家賴爾等輔佐，決不爲浮言所動。'前賞朝馬，亦特恩也。自我議日本商約，及去歲出洋回朝，今歲德藩入覲，太后、皇上各有意見，漸疑我從中離間，初不料太后一翻臉，竟如此利害，尚不知得保首領否？”又云：“某中堂未達時，我曾向恭邸爲伊説項，彼時因朝陽失守，熱河都統缺員，我復向恭邸力保，後伊由道員擢京卿，某道曾有聯戲之云：‘道不遠人人遠道，卿須憐我我憐卿。’某由此駸駸響用，我與某交誼頗厚，此次獲譴，某亦曾力保。太后曰：‘此人我將來必用，但業定罪，暫時不能赦免。’”張又云：“余之被譴，外洋駐京各欽使實爲余不平，至外間謡傳有洋人隨行，爲余保險，甚有謂洋人欲於途中要劫者，豈不可笑。”又笑謂某等曰：“諸君帶兵勇多人，日夜防護，或亦爲此否？”復改顔曰：“我之此行，固無可怨，諸君長途辛苦，皆我所累，心實不安。”某等答曰：“風塵奔走，乃分内事，彼此奉公守法，亦各行其是耳。”言罷，遂各歸寢。

初二日，行不數里，即入山，張坐緑呢大轎，前有排軍，後有護勇，劉政成冠晶頂藍翎前導，以駝轎飭其任乘坐，煊赫堂皇，較其出使時，殆有過之。彼迎者固不知避嫌，受者亦儼若固有，是可異也。某等三人俱座蓆棚大車，行石經磷磷中，頭涔涔汗下，兩手牢握坐板，猶動摇不能暫息，益以秋陽慄烈，曬面欲焦。午刻，過東天門，至濰水尖，相傳韓淮陰設背水陣處也。食畢與張坐憩，問張曰：“昨聞調董軍赴京，駐南苑，不知何意？”張曰：“現在各國因中朝政令屢次變更，皆思干預，且羣議徵調軍隊入都保護使館，中朝只宜聽其所爲，鎮静待之，一經攔阻，必滋釁端，似此紛紛調兵徵將，藉詞以挾我矣。”某等曰：“若果如此，總理衙門必甚爲難，當何以弭之？”張歎曰：“先前總署遇交涉交議事件，或外國使臣有照會須復者，各堂均無主見，羣推我主稿，我因衆人不諳外交肯綮，又不與諸使臣相洽，我不得已出頭代辦，及至事俊，又羣忌我擅專，我既被譴，總理衙門更無人了事矣。”言之恨恨。

張又曰："議某約時,係我主稿,議定復因約內尚有遺漏,我不及與各堂會議,即在約內增減數句,後與各堂言及,翁常熟欲將改本撤回,乃外國使臣利害異常,已將刪定處蓋用印信,不容撤出,於是羣以我爲專擅。"某等復問曰:"清風島一帶屢有外洋兵船來往,其意何居?總署亦知之否?"張答曰:"此島外國垂涎已久,勢不能不開公共碼頭,我在總署前已許之矣。"晚住井陘縣書院中,冬大令之陽來拜,公議報出境會稟云:"敬稟者,竊卑職等前奉憲札委赴良鄉縣首站護解已革戶部左侍郎張蔭桓,至井陘縣出境交收,仍將入境出境各日期稟報查核,等因奉此。卑職等遵於八月十七日束裝起程,於十九日馳抵良鄉縣,會同逐程接站護解前進,業將護解入境暨到省日期即經稟報在案。茲於九月初二日押解至井陘縣,與卑職之陽晤面,當即飭派妥役移營撥兵,於初三日隨同卑職等護送前進,即於是日至井陘縣屬之核桃園出境,交投山西平定州文武官員接收,護解前進。所有入境出境日期,理合會同馳稟大人查核。再卑職等於發稟後,仍遵札前赴山西平定州取有印收即回省銷差,合併聲明。"

上燈後,張來坐談京朝事,瑣瑣不復記。記張云:"七月間,皇上有硃筆諭條,令我向日使言中國擬派頭等欽差駐日本。又擬派康有爲赴日坐探變法事宜,我恐日廷不允接待,即至總署與廖仲山言論。正談敘間,又奉皇上墨諭,內言告知日本,此後往來公牘,可將日皇徽號全行書寫。我即往拜日本使臣,將先奉硃諭隱起,僅將墨筆諭宣示,因向該使臣談及中朝欲遣頭等欽使之意,日使喜甚,允電日廷政府,念餘日並未見有回電,竟作罷論。"

某等因早間於途中,見數洋人帶華工數人,在萬山之中測看形勢,詢知係山西開辦鐵路者,乃詰張曰:"如此層巒疊巘,怪石

縱横，竊恐鐵路工不易施。"張答曰："洋人自有妙法，或用炸藥
轟擊，或穿山腹而行，外國鐵路多有如此辦成者。"因又曰："山
西鐵路本由某革員糾合洋商創議，慫恿山西巡撫開辦，巡撫允
之，電商總署各堂，均欲議駁，我遂查閱檔案，乃知山西巡撫先曾
奏明，奉有諭旨，同官見之，各無言，始得議准。"

某等又問曰："聞皇上聖躬欠安，所服何藥？大人日在上
側，當知詳細？"張答曰："病勢漸成虚損，已入膏肓，服藥無效，
惟貼慶邸所進膏藥稍可，慶邸已將呈進情節奏知太后。"張又
曰："皇上、皇后事太后皆甚勤，又甚苦，每見皆戰慄。侍立時，
或太后賜食，即其飽亦必勉强食盡。近年來以皇上故，皇后朝覲
多不允見，見亦無多問答語，自古君后之苦，未有如皇上皇后之
甚者也。"某等聽之悚然。

初三日，易坐蘆蓆夾窩，窄小不容身，騾行左右動搖，實悶
損，然路較獲鹿尤險，非此不可。行二十五里至核桃園，出直境
入晉境，尚未有來接護者。某等以既出境，尤須慎重，遂皆乘馬
緊隨，經甘桃驛出固關，守關張參戎世達鳴砲送迎。至淮水鋪
尖，晚至栢井驛宿，驛路經西、北兩天門，險與東天門同。張作詩
留別曰："迤邐天門山已深，漫漫東望幾知音。重憐逆旅論詩
夜，虚費材官用武心。去國適逢風日美，望鄉遥祝歲星臨。但言
後會難爲别，傳語平安抵萬金。"保倒用原韻漫和云："好句頻投
貴比金，追隨千里共登臨。清泉在澗饒甘味，老栢凌霜抱苦心。
身歷險巇精世路，置分燕晉變方音。前途萬里勞珍重，待唱刀環
慶更深。"郇漫和云："匝月萍蹤意已深，論詩笙磬訂同音。刀環
其識經年别，錦字先傳萬里心。邸舍傾談知略分，山城有約許重
臨。計程三晉作重九，滿地黄花已散金。"夜二鼓各欲歸寢，張
堅留話别，復談及受禍事甚悉。囚一路謡傳，張頗有戒心，雖勉
强歡笑，時一露畏誅意。每聚談必先問曰："余得保首領否？"並

手向項作勢，保因誦諭旨云："'居心巧詐，趨炎附勢，反覆無常'，此三句或有所指，公爲京朝官，日近君側，何云'行蹤詭密'，竊所不解。"張應曰："是即廖仲山大司寇奏皇太后語也，前已與君詳言之。"郎因解之曰："以諭旨十六字分四句，句解一字，不過曰陰險小人，罷斥儘足蔽辜，發遣已屬從重，必無殺罪，勿過慮。"張笑作謔辭曰："小人無罪，懷璧其罪。"某等哂之。

間時復問曰："諭旨謂大人尚非康有爲之黨，康與大人同縣同鄉，康入總署，想常進見，康之逆謀，亦曾微露其機否？"張曰："康有爲何足齒數，如此妄作，何異瘋瘓？諭旨謂我尚非康黨，我罪爰從末減，其實我豈屑黨彼哉？既云我非康黨，何以仍有此嚴譴，殊不可解。"言罷長歎。某等亦嘆説曰："康有爲真有神通，奉拏時竟先得消息，被其逃去。"張曰："聞其逃至吳淞，幾被拏獲。天津得電旨後，即查彼日間往各埠輪船，均未開行，惟太古重慶開往滬口，遂電知上海道，俟重慶進口，令往查拏。蔡道密向英領事説知，英領事言：'此何難事，惟須照會叙明緣由，我即可會同往拏。'蔡道謂照會猝辦不及，英領事遂允先到船上查看，及上船用小照查對，康果在内。卒向問曰：'爾非康有爲乎？'康應之，神色驚變，英領事慰之曰：'爾勿畏，我特來保護爾也。'時傍有小兵輪，遂趣康速登，開往香港。回語蔡道曰：'康已載往香港，置彼監中矣，俟有照會再説。'後又聞逃往東洋云。"

初四日，至洗腳鋪尖，午刻抵平定州城，晉省大憲派委儘先遊戎徐保恒（號月如，河南人，曾在新疆多年）、大挑知縣梁佐基（號星房，廣東人）到州接解。初徐與梁議，見張不行禮，梁以鄉後輩自居，執意行禮，徐不能異，遂入見行禮。州刺史浙江蔡君輔辰（印世佐），頗不以梁爲然，不與同見。某等抵州，蔡先來拜，詢一路事甚悉，知某等初見張時未行禮，頗謂是。遂易公服而常服進見，談少許，辭出歸署。某等往答拜，詢意間頗不俗，甚敬異之。回店後，張遣僕送來銀百兩，稱言備賞僕從，某等屢辭不獲，見其簽書備賞字樣，其僕亦堅以爲言，某等遂議分賞弁兵丁役，令衆往彼面謝。張初出都甚桀驁，某等剛柔互用，張頓改，張僕亦斂跡，以故畿輔半月程，無少放縱。初入晉即恣肆，責地方官席不豐，僕嘵嘵不已，意有所恃也，鄙哉。

　　某等既將差使交收接替，發會稟訖，次早即率兵弁言旋，保《過東西天門感事》詩云：“漫恃重關險，華夷竟一家。層巒通軌轍，掣電走龍蛇。身敗投荒戍，天傾仗女媧。憑高瞻帝闕，風定尚飛沙。”郟和云：“重險界燕晉，大臣謀國家。穴教同鳥鼠，孽聽孕虺蛇。星隕悲公旦，天傾賴帝媧。揮鞭臨絕頂，四望嘆蟲沙。”保《井陘道中早發》詩云：“風勁透征衣，馬鳴人跡稀。殘星隨月墮，老雁挾霜飛。僕病裝親理，心堅道不違。奮身登絕頂，前嶺更崔巍。”郟和云：“風緊未添衣，月明星已稀。馬蹄穿徑滑，鴉車破林飛。綠酒前宵醉，黃花舊約違。與君作重九，莫漫怯崔巍。”途中唱和頗多，不備錄。九月初十日抵省，赴各轅銷差畢，平安回寓，互相慶幸云。

　　　　　　（錄自《中國近代史資料叢刊·戊戌變法》）

庚子西狩叢談（選錄）

吳　永

　　張公於予有薦主恩，……當主辦日約時，予曾從事左右，相處逾歲。其精强敏贍，殊出意表。在總署多年，尤練達外勢。翁常熟當國時，倚之直如左右手，凡事必諮而後行。每日手函往復，動至二五次。翁名輩遠在張上，而函中乃署稱“吾兄”、“我兄”，有時竟稱“吾師”，其推崇傾倒，殆已臻於極地。今張氏衰輯此項手札，多至數十巨冊。現尚有八冊存余處，其當時之親密可知。每至晚間，則以專足送一巨封來，凡是日經辦奏疏文牘，均在其內，必一一經其寓目審定，而後發佈。張氏好爲押寶之戲，每晚間飯罷，則招集親知僚幕，圍坐合局。而自爲囊主，置匣於案，聽人下注，人占一門，視其內之向背以爲勝負。翁宅包封，往往以此時送達，有時寶匣已出，則以手作勢令勿開，即就案角啟封檢閱。封內文件雜遝，多或至數十通。一家人秉燭侍其左，一人自右進濡筆，隨閱隨改，塗抹勾勒，有原稿數千字，而僅存百餘字者；亦有添改至數十百字者，如疾風掃葉，頃刻都盡。亟推付左右曰：“開寶開寶！”檢視各注，輸贏出入，仍一一親自核計，錙銖不爽，於適才處分如許大事，似毫不置之胸中。然次日常熟每有手函致謝，謂某事一言破的，某字點鐵成金，感佩之詞，淋漓滿紙。足見其倉卒塗竄，固大有精思偉識，足以決謀定計，絕非草率搪塞者。而當時衆目環視，但見其手揮目送，意到筆隨，毫不覺其慘澹經營之跡。此真所謂舉重若輕、才大心細者，宜常熟之服膺不置也。

張公得罪之由，曾親爲予言之，謂實受李蓮英所中傷。……最可異者，侍郎雖身受重戮，而始終未嘗革職，故臨刑時猶被二品官服。聞廷旨到後，相知中致意家屬，有勸其自盡者。侍郎慨然曰：“既奉有明旨，即自盡以後，照章仍須執行斬決。與其二死，孰與一死？大臣爲國受法，寧復有所逃避？安心順受，亦正命之一道也。”于此足見其胸襟磊落，難臨守正，不圖苟免，真不愧大臣骨梗。獨念公抱此異才絕識，乘時得位，又得當軸有大力者爲之知己，而迄不獲一竟其用，區區以不得於奄豎之故，遂至竄身絕域，投老荒邊，甚乃授首於倉皇亂命之中，若明若昧，同一死難，而迄不得與袁、許諸公共播芬烈於一時之衆口。蒼蒼者

天,何以獨厚之於前,而又重厄之於後耶?當時新撫爲饒公應
祺,假使稍微負責,緩須臾以察真僞,則拳禍旦夕已定,勢即可以
不死。公如不死,則後來和議,必可以大爲文忠臂助。既已周悉
外情,老成諳練,而又爲拳匪所欲殺之人,對於外人,以患難同情
之感,其言易入,定能爲國家挽回幾許權利。外交人才,如此消
乏,而又自戕賊之,長城自壞,其謂之何!

　　……公臨刑之前數時,已自知之。忽告其從子,謂爾常索我
作畫,終以他冗不果,今日當了此夙願。即出扇面二頁畫之,從
容染翰,模山範水,異常縝密,盎然有静穆之氣。畫畢就刑,即此
便爲絶筆。此真可謂鎮定,蕭公之得於道者深矣。

(録自吳永述、劉治襄記:《庚子西
狩叢談》,嶽麓書社一九八五年版)

張樵野侍郎之與當時朝局

祁景頤

　　南海張樵野侍郎(蔭桓),起家小吏,同光時隨其舅氏李山
農觀察(宗岱)於濟南,落寞無聊。時朝邑閻文介公爲山東巡
撫,勵精圖治,留意人才,丰采凜然,屬吏皆嚴憚之。一日,有應
奉之事,囑幕僚草稿,凡數易,俱不愜意。公自爲之,亦覺未當,
因以囑李山農觀察。李歸,爲張言之。張固工文詞,請於李,試
爲之。稿成,李以呈文介,意不過塞責。文介閲竟,見其叙事明
通,悉中肯綮,深爲嘉許。蓋奏章重在明顯簡要,上見之,或交軍
機,或交部,大抵無不准之理,不必文采紛綸也。文介問李,何人
屬稿?李以張對。遂令進見,與談大洽。文介剛傲,不易相處,
張乃因勢利導,倍加倚重。時各省傳教之士,驕縱不守繩檢,張

承撫臺命，遇事操縱得宜，是爲侍郎外交之發端。繼文介撫東，爲寧遠丁文誠公，亦激賞之，累保至候補道，分發湖北。漢口華洋雜處，交涉繁多，頗善處理。旋以軍機處存記，特簡安徽徽寧池太廣道。光緒甲申，文介入樞府，薦其堪勝洋務大任，乃開缺以三品卿銜在總理各國事務衙門學習行走。正值法越事起，文介與錢塘許恭慎公同兼總署，朝命與侍郎會同辦理。定約劃界事，外有李文忠折衝，我以諒山大勝，法乃遷就議和。時侍郎躬操權柄，銳意任事，又事樞援，意氣不免驕矜，爲人側目。當時風尚，京朝九列清班除滿蒙外，漢則居恒科甲出身，少則亦由門蔭，家閥隆重，罕有雜流羼入。侍郎以外職崛起，至於卿貳，即不露鋒芒，亦難久安於位，況機鋒四露，遇事任性耶？故被劾四次。給事中孔憲毅參其私致書上海道。次日，醇邸承旨，撤總署崑岡、周德潤、陳蘭彬、周家楣、吳廷芬、張蔭桓差使，而已授直隸大順廣道，復以三四品京堂候補，出使美、日、秘，蓋李文忠所薦也。海外使還，超擢侍郎。辛卯冬，錢侍郎應溥赴河南查辦事件，命張署其禮部右侍郎。故事，吏、禮二部尚、侍漢缺，非翰林進士不可。拔貢朝考用部，反能補署。舉人亦且不能得。昔年曾忠襄公，以功勳重臣，曾署禮尚。忠襄起自優貢，人雖未敢明言，亦期期以爲不合舊制。時高陽李文正方爲禮部尚書，嘗與其門下一二翰林言之，以張署侍郎爲不當。迨侍郎二次入朝，每年貢獻不貲，揮灑巨萬，兩宮時有供奉，結納內侍，所用尤巨。吳漁川觀察（永）《庚子記事》，謂其於中官不甚理論，殊不盡然。甲午日本事起，曾命偕邵撫部（友濂）往議和。日本忽拒之，謂其位望不足，乃改命文忠。次年丙申（誤，應爲乙未），和議成，言者蠭起，劾其與海鹽徐尚書（用儀）納賄辱國。李文忠留京入總署，翁文恭亦得兼職，凡遇交涉，必使侍郎同爲處理，文恭尤爲推重，其籠絡手段，每日函牘交馳，侍郎亦懇懇納交，款接益密，即《庚子紀事》中所言也。

侍郎在朝，資用豪侈，飲饌豐美，又好收藏書畫，同列無與倫比。李文正以舊輔再出，眷注甚隆，在總署亦惟侍郎之言是從。常熟有時利用侍郎以排同官，表面無間，心亦不洽。如總署考滿章京，侍郎出題閲卷。翁言："樵野閲卷，余收卷點數而已。四十年老於典校，當此一歎。"次日考漢章京，翁言："樵野欲一人專主。余不自量，看六十本，而樵仍覆閲。伊加圈頗濫，余笑頷之而已。恭邸託一人，余曰某已擯之矣。因不覺力斥其妄，不歡而罷。比通校一過，樵既加圈，不能不儘前，大爲所苦。"不滿之意，溢於言表。德宗立意維新，孝欽久生疑忌，宵小内豎從而構之，嫌怨日深。侍郎翕熱功名，又恃兩宮俱有援繫，於德宗召見時，私有所呈，兼進新學書籍。如康南海之進身，外傳翁文恭所保，其實由於侍郎密薦也。戊戌四月，常熟被放，侍郎詣之，告以與軍機同見，上以胡孚宸參摺示之，摺仍言得賄二百六十萬，與翁平分。上諭以竭力當差。又言是日軍機見東朝，極嚴責，以爲當辦。軍機大臣廖尚書（壽恒）力求始罷。更傳有命英年收張某拘拿，已而無事。此即《庚子紀事》中所記。侍郎被傳，無事後，有新疆之命。所記小誤，蓋前事爲本月初，侍郎發遣在八月嚴辦康梁以後也。使侍郎不以他途進，遇德宗召時，剴切陳言外交大事、各國情勢，徐圖更張，未始不能見功。不使昏愚妄測正人，激成庚子拳亂，清社以屋，國家亦隨之一蹶不振。則侍郎一生宦跡，與中國不無關係也。

侍郎豐頤廣顙，言論忼爽。乙丙之際，楊文敬公（士驤）官翰林時，與侍郎交密。余時於文敬坐上見之，遇人亦和平實厚，而心計甚工。文章雅飭，才足副之。與當時名流如盛伯羲祭酒、王文敏公諸公以時往還，不意於庚子秋竟遭奇禍於萬里外，可謂慘矣。尤奇者，其子仲宅，於民國後爲強有力者以黨案鉤斃之，父子皆不善終,是爲可怪!偶閱《庚子紀事》,有感於侍郎與當時朝局,就所知者,拉雜記之,以爲異日之信史,於考證似不無裨益也。

（錄自祁景頤:《鍸谷亭隨筆》,《近代稗海》第十三輯）

紅 棉 歎

牟伯融

木棉樹,攀枝花,未發葉,先著葩。陽春正二月,葩開豔若霞。東風一振盪,搖落雜泥沙。綠葉成陰棉吐絮,禦寒不中作衣被。除卻漫天作雪飛,牧豎賣錢拾滯穗。攫拿枝幹只輪囷,赤騰騰氣上干雲。百石堂中老名輩,別號紅棉舊主人。世居佛山清河商,太翁操持計然計。中人之產食指多,有子不循弓冶義。雞羣獨鶴出羣材,誰識張生負異才!西庫五車悉貫串,歐風美化總精該。其奈文章不中程,三十未能青一衿。寧知才大難爲用,笑煞襌山市井情。季子歸來家不齒,殘羹冷炙敝衣履。風塵青眼出青樓,惟有阿金一知己。解佩凌波紫洞舟,添香瀹茗媚香樓。只道花錢出措大,誰知姹女貼纏頭。春光漏泄寮婆惡(粵語呼鴇母曰"寮口婆"),貼錢養漢龜凌弱。姐兒愛俏鴇愛鈔,寒酸豈有迷人藥。三郎未必終郎當,飛上枝頭變鳳凰。不然抉儂眸子去,休教貽笑大堤娼。從此防閑逐窮客,俠骨癡情緣會絕。青鳥殷勤爲探看,乞與蕭郎壯行色。贐別臨歧裹淚痕,最難消受美人恩。願教丹桂發雲路,早拔青蓮出火坑。有戚當年令山左,萬里尋親寧重我。琴堂空賦彈鋏歌,手談聊泛明湖舸。風行歷下桃花泉(棋譜名,范西屏製),國手偏推粵客先。賭墅竟能陪謝傅(樵入山東撫幕,初以弈進),乘槎直上看張騫。圍棋決勝特餘事,才比馬周工奏議。央口合龍銅瓦箱,勤王先駐金臺斾(光緒六年,俄兵犯界,詔調衛京之師。山東丁撫之兵先到,樵以河工、勤王兩案隨摺保奬)。進賢平遠丁中丞(丁文誠公寶楨),保送監司覲玉京。不分汾江窮巷士,才名一旦動公卿。斯文領袖翁師傅,壇坫齊名潘司寇(潘文勤公祖蔭)。絶學發微公羊高,及門充塞翰林署。薦賢順德李侍郎(李文恪公文田),經學新來敝邑張。招致瓶花盦下坐,共來説餅相公堂(戴逵説經,以公羊爲餅師)。談經奪得十重席,五鹿折角閉喙息。賦詩仍推粤派工,石甫樊山應擱筆。帝師咄咄呼伯寅,老夫相士幾失真。不謂雜捐超翰苑,白衣新得一門生(樵以納捐吏目出身,常熟計相,門人盡屬甲科,白衣弟子惟樵一人)。留京内用出廷諭,召對邇英授卿寺。蔡邕一月歷三台,卻教禮部破成例(六部則例,春官最嚴,非科甲不得補署。樵以捐納竟升右堂)。泥金傳遍五仙城,紫誥金章奉壽椿。囑咐里門備儀仗,花車快送意中人。正室魚軒到京邸,郎去三年阿金死。病骨難捱葵扇敲(粤語呼鴇母曰"大葵扇"),斷魂誰免芙蓉誅(金死,係吞阿芙蓉膏)!桃花命薄蓮苦心,豈獨傷心是小青。博得英雄數行淚(樵聞金死,落淚而已),奈何天外惜餘春。洋務邦交歸總署,恭王主政爵相副(合肥李文忠公)。盲人瞎馬壞方針,一邱之貉國是誤。張衡能造渾天儀,鄒衍談瀛仍寫迷。特派衙門充坐辦,又參樞軸入軍機。平生畫愛石谷叟,賄遷重購九十九。合璧求全一幅山,百石堂成開笑口。大郎承旨搜墨林,報説容齋畫寶琛。不是狀元難割愛,只緣國使位方尊(出使德俄奧大臣吳縣洪鈞)。通家謀畫結仇怨,指嗾臺垣糾吳縣。當時中傷懷璧人,後來釀出彩雲案。德宗宵旰在圖强,書上公車首推康。百日維新建新極,格天一德是翁張。移宮捕黨新政變,六士錚錚死國難。引用匪人間兩宫,君與貴陽罰城旦(貴筑李尚書端棻)。因果循環庚子年,滅洋扶清義

和拳。舉賢陶侃原憂國（新疆巡撫秀水陶勤肅公模），乞赦逐臣
弭釁端。拜疏開尊爲君賀，老樵失色酒杯墮。此何世界吾何歸，
公欲福我反招禍。端徐跋扈戰雲淘，得疏驚疑氣轉凶。幾失充
軍二毛子，爰書矯詔害孤忠。六月天山電旨下，原保轉作監斬
者。丹心碧血灑龍沙，斷送孤臣一樵野。溯君廿載秉國鈞，緬越
高麗臺灣淪。富貴逼人天步棘，春秋責備在賢能。嘉君抱負眼
光利，提倡新法救國弊。浹汗不成翊贊功，求治太急進太鋭。論
君一生辜負恩，報書遲滯誤阿金。阿金爭比金嬌幸（光緒末粤
妓金嬌故後，吳興沈叟費千金，建墓繪象刻詩，門聯爲鐵禪和尚
撰。墓在息鞭亭畔，正對黃花岡。烈士美人已成羊城名勝），金
屋無人見淚痕。蘇秦昔佩六國印，君領五部差相稱。寵利居功
不保身，四科所以先德行。百粤重光我在軍，登龍客晤大郎君。
鳳毛未許同嵇紹，羊質寧堪溷景仁（詩人黃景仁，字仲則，張子
同）。入都爛入復辟黨，紈綺招災由狂妄。宋王押遣聖人逃（宋
芸子、王湘綺均押遣回籍），爾獨何辜陷法網。援引康海出尊
公，父以此始子其終。興亡轉燭三十載，風流雲散百彙空。木棉
本是不材木，木不爲炊花麗蔌。花名人號將毋同，輸與二樵飽眼
福（黎簡山水以紅棉圖爲多）。宦遊佛鎮老牟融，一訪嬰沙俠女
蹤（佛山嬰嘴沙爲妓院所麇集）。君不見樵徑蒼茫綠野外，年年
春至木棉紅。

　　　　　　　　　（轉錄自汪辟疆《光宣以來詩壇旁記》）

附録三　諸家評論及其他

樵野起自幕僚,以縣令至監司,見知閻文介、丁文誠。出膺使節,洊貳司農,兩入譯署。戊戌獲譴,戍新疆,庚子秋遽罹重辟。朝局方熾,有識哀之。雖不以科目進,而折節讀書,洽習掌故,文辭詄麗。李悉伯、王廉生與交稔。一時朝士未易抗衡。官皖中,譚復堂方作令,商搉文藝尤密。《何戈》一集,世多稱之。好收石谷畫,以百石名齋,亦如瞿稼軒之雅嗜石田,自號耕石也。

(録自徐世昌《晚晴簃詩滙》卷一七九)

南海張樵野蔭桓起自幕僚,出膺使節,洊貳司農,兩入譯署,每有獻替,動關時局。雖不以科目進,而折節讀書,洽習掌故,文辭詄麗,一時朝士,未易抗衡,亦一代奇才也。然鋒鋩太露,嫉之者衆。戊戌獲譴戍新疆,庚子且被矯詔僇異己,遽罹重辟,識者哀之。生平好收石谷畫,以百石名齋,其《渭南道上得廉生祭酒書及塏兒消息奉答》一詩云……此詩由廉生傳出,偶向友好誦及,不勝感喟。廉生姓王,名懿榮,福山人,博學耽著述,蓋與樵野交誼最深,而能古道照人者。此詩載《鐵畫樓詩續鈔》。

(轉録自《清詩紀事》所引屈向邦《粤東詩話》)

南海張樵野侍郎蔭桓,起家簿尉,粗識字,中歲始力學,四十後即出持使節,入贊總署,而駢散文詩皆能卓然成家。餘力作畫,亦超逸絶塵,真奇材也。生平作事不拘繩尺,且以流外官致身卿貳,輦下諸貴人尤疾之,以故毀多於譽。然干局實遠出諸公上。戊戌五月常熟去國時,侍郎亦被人參奏,聞東朝已有旨飭步軍統領即日前往抄籍矣,以榮禄力諫而止,實則榮禄別有用心,非爲侍郎乞恩也。嘗見其爲人所畫便面,濕雲滃鬱,作欲雨狀,雲氣中露紙鳶一角,一童子牽其線立一危石上,自題詩其上曰:"天邊任爾風雲變,握定絲綸總不驚。"蓋即此數日中所作也。

侍郎詩筆清蒼深重,接武少陵、眉山,視高達夫之五十爲詩,蓋有過之。嘗得其遺詩一卷,皆遣戍西行時關内外途中所作,爰擇其尤者録之。《九月晦渭南道中得廉卿(生)祭酒書述敝居及塏兒蹤跡奉答一詩》:"無限艱危一紙書,二千里外話京居。覆巢幾見能完卵,解網何曾竟漏魚。百石齋隨黄葉散,兩家春與綠楊虛。灞橋不爲尋詩去,每憶高情淚引裾。"一氣闛生,情文交摯。何大復《尋陽江上》之作無以過之。《留別鄧錦亭軍門》云:"交臂京華感慨深,祇憑秋雁寄邊音。艱難三箭痕猶在,倉促離宴酒共斟。瘴海同鄉知韋睿,天山舊跡訪裴岑。長途旌旆勞相送,萬古難忘此夜心。"其歌行渾灝流轉,尤深入坡老之室。《周式如太守以錢叔美入關圖爲贈賦詩奉酬》云:"松壺畫筆時所珍,派別宋元逾三文。入關圖爲蔣侯繪,玉門歸轂嘶邊塵。款署南陽歲癸未,閱世行將八十春。桃花如笑簇鞭影,晴川野館山嶙峋。矮松紅柳互映帶,大旗獵獵懸城闉。風沙萬里羌無垠,至此似覺天回溫。伯生貲郎原通人,丹青賴爾能傳神。一藝升沈會前定,坎壈豈獨曹將軍。海王聲價日增長,廣搜始自潘文勤。伊余藏弄本非儉,巢覆散作涼秋云。天涯作伴祇王惲,米船未許充勞薪。使君投贈吉語真,鬖髿仙梵空中聞。塞驢一夕壓球璧,怪底寶氣騰氤氳。廿年京邸相過頻,屢困南箕傷溷茵。便宜坊夜炙鴨臛,迢迢情味猶在脣。從茲中外頓契闊,一麾西邁慳片鱗。無端遇合歲云暮,嚴譴曷敢行逡巡。此身九死不忍述,合檢寒具

供陶甄。天教生入作左券,願乞山水爲廛民。”嗚呼,孰料玉門
既出,遂無生入之望也哉!侍郎富名蹟,收藏石谷卷軸至多,嘗
建百石齋以儲之。自被禍后,桓玄寒具,遂成雲煙之散没矣。其
《度烏梢嶺寄督部陶公並懷拙存徵士》:“鎮羌破驛不任住,大風
吹送龍潭去。烏梢嶺勢原平夷,往來輒與昏霾遇。行人視此如
險艱,材官亟勸勿猶豫。沙溝石滑叢冰積,獨木危橋一川注。幾
經跋涉達山趾,三五人家雜牧豎。坡陀數折如龜穹,時見煙燉閒
電柱。嶺巓孤峙韓湘祠,覘及逐臣徵吉語。嚴程何暇叩山扉,但
見冰崖浮紺宇。自從秋度四天門,河潼二華忘朝暮。疲極虗瞻
玉女盆,飢來安得仙人露。六盤青嵐倍幽雋,醑酒山靈或顋句。
征途計日過伊涼,羌笛吹殘玉門樹。郵亭三兀猶晴暄,天不絶人
况編戍。猙飆豈有終朝鳴,四顧青蒼散妖霧。沿山舊壘相委蛇,
云是防邊最要處。前年聲鼓蹙西甯,漢回戰血洮湟腥。董軍捷
奏太子寺,公侯從此資干城。急移勝兵控山海,更募健兒充神
京。羆齋經略逾萬里,夾袋別已儲三明。花門活佛竝蘇息,宵晝
出没無齟齚。隴雲藹藹補官柳,竹頭木屑皆有情。沈蒲教肅氣
静穆,上游節鉞流休聲。莊浪水利以時拓,盡收刀劍趨牛耕。荷
戈且廛仁人秒,調護苦待冰橋成。谿塹回春在何許,去德滋遠心
搖旌。紀羣高架今咸英,侍行求己言爲經。靈光殿賦不足擬,説
偈宜使蟒淚零。時艱更期保玉體,補綴雲物酬昇平。”摘句如
《和張子漁詠梅》云“寒侵修竹猶堪侣,世有孤花貴善藏”;“已無
水部吟東閣,幾見星躔指少微”;“別墅豈曾萌遠志,西州誰爲寄
當歸?”“方朔善諧嗔阿母,朝雲香夢伴東坡;調羹事業原虚語,
酒量無端入醉哦”;“路逢驛馬香何戀,冷憶弓蛇影未弛”。《寄
趙次珊方伯》云:“五雲樓閣調羹手,萬里關河負米心。”皆興象
深微,別有寄託。

　　侍郎之進用,由於閻文介之汲引。初以山東道員召爲太常

寺少卿,充總理各國事務衙門大臣,駸駸大用矣。會京朝士大夫
以其出身不由科第,故挾全力以擠之。直總署未數月,復出爲大
順廣道。既而美使缺,文介復力保,遂再授少常出使,薦至侍郎,
加尚書銜。侍郎與合肥,晚年頗隙末,而與朝邑風義,顧始終弗
替。文介之薨也,遺疏忤孝欽意,恤典獨薄。禮官以賜諡請,幾
斳不予。後卒得轉圜者,侍郎之力也。

(錄自李岳瑞《春冰室野乘》)

　　樵野侍郎起家佐貳,爲朝士所輕。自監司入爲京卿,以人言
斥外。再入爲奉常,直譯署,涍擢至卿貳,朝中清流猶嫉之。戊
戌五月,翁文恭罷相,樵野亦爲臺諫糾劾,將籍其家,賴榮文忠營
救,僅奪職遣戍。或見其爲人畫便面,瀚雲欲雨,雲中露紙鳶一
角,一童子牽絲立危石上。自題句云:"天邊任爾風雲變,握定
絲綸總不驚。"頗見抱負……
　　樵野嫻風雅,不知者乃以"伏獵侍郎"目之。自謫戍後始存
詩。《九月晦渭南道中得廉生祭酒書述敝居及墾兒蹤跡奉答》
句云:"覆巢幾見能完卵,解網何曾竟漏魚。"又《二月廿一日抵
戍示常弟藩姪墾兒》詩末數語云:"遠送兩三人,昏燈寫遺屬。
理亂暫不聞,餘生甘窘辱。"蓋自料不復生入玉門矣。謫居累
載,朝論亦漸忘之。庚子亂作,忽具疏極言拳匪之不足恃,外釁
之不可開,乞新疆巡撫聯魁(按,此處誤,應爲饒應祺)代奏。時
端、剛柄政,疏上,觸其忌,即矯旨處死。其忠直可並袁、許,而當
世罕知之者。集中有《書憤》詩,即庚子夏絕筆之作。痛心拳
禍,語挾風霜。疏草雖不傳,大旨當即本此。其詩云:"兵氣纏
三輔,前籌借五軍。禦戎詫善戰,濟治首程文。野闊狐嗥火,宵
深狗變雲。遙看高掌拓,陡覺老拳紛。電綫竿頻折,飇輪軋驟
焚。蒼黃連海曲,醞釀始河濆。到處皆雞肋,何時洗蟄氛。茄花

驚逝水，秃柳偃寒雰。操縱乖長策，安攘侈異聞。石言疑可禳，
沙語肯離羣。既詡心如鐵，無嫌鼻斲斤。不成獅搏兔，若爲馬驅
蠡。鼃坼艱秋穫，烏瞻失夏耘。漸愁歌躄躄，徒結吠狺狺。杼軸
虛東國，干戈追夕曛。倒絣偏侈老，粥飯卻常醺。負乘非疊錯，
前鋒誤伍員。荷箔擎一柱，棋局亂楸紋。大角光常徹，欃槍力自
鞭。尤殤仍涿野，巢敗在亭雲。祇合雷霆振，何當畛域分。遐荒
傳露布，歡讔邁橫汾。藝圃休圖曼，歌筵妙轉裙。更宜恢玉步，
勿使累琴薰。相忍難爲魯，攄謀但束殷。月堂方邃密，海氣已煙
熅。未厭棲庭樹，還應念社枌。南園誰述德，西第久言勳。蛟色
潛流沫，魚膠豈固筋。不逢束里相，空酹望諸君。戡亂寧無術，
艱貞況勵勤。舞竿躝故拔，史冊頌交欣。"曰"月堂"、曰"南園"
者，痛斥徐、崇輩，以林甫、侂胄喻之。"玉步"、"琴薰"，隱謂德
宗。詩語具見忠愛。或曰樵野之失慈眷，實中官譖之，事未必
然，姑存其説。

　　　　　　　　　（録自郭則澐《十朝詩乘》卷二十二）

　　窮塞遺臣尚抗章，曾規新法進康梁。頭顱萬里無人惜，祇
賺伶官淚數行。康有爲初規變法，所著及封奏皆由張樵野侍郎代進。
樵野起自雜流，有幹才，通時務，東朝亦深喜之，由是失寵。康、梁敗，樵
野亦譴戍新疆。朝野幾忘之矣。拳亂作，忽具疏力言外釁之不可輕開，
乞新撫聯魁（按，此處誤，應爲饒應祺）代奏，端、剛輩方竊柄，矯旨正法，
其直諫不亞袁、許，而人鮮知者。先是，樵野在朝頗赫赫，朝士多奔走其
門，遣戍日，獨伶人五九棄所業，送至西安乃返。朱古微有《氐州第一》
詞紀之。

　　　　　　　　　　　（録自郭則澐《庚子詩鑒》）

　　吾鄉張樵野侍郎蔭桓，起家簿尉，粗識字。中歲始力學，與

南海謝偶樵(朝徵),以文字相切磋。偶樵丈著《白香詞譜箋》,參訂者侍郎也。侍郎詩文,皆卓然成家,餘力作畫,亦超逸絕塵,真奇才也。生平作事,不拘繩尺,以外官致身卿貳,朝中諸大老尤嫉之。戊戌五月,常熟罷相,侍郎亦爲言官論列,聞已有旨飭步軍統領查抄,以榮祿力救獲免。某君筆記云:嘗見侍郎爲人畫便面,濕雲瀹鬱,作欲雨狀。雲氣中露紙鳶一角,一童子牽其絲,立危石上。自題二句云:"天邊任爾風雲變,握定絲綸總不驚。"蓋被劾時作云。又侍郎遣戍西行,有《九月晦渭南道上得廉生祭酒書述敝居及兒壿消息奉答一首》,詩云:"無限艱危一紙書,二千里外話京居。覆巢幾見能完卵,解網何曾竟漏魚?百石齋隨黃葉散,兩家春共綠楊虛。灞橋不爲尋詩去,每憶高情淚滿裾。"按侍郎藏石谷畫至多,築百石齋貯之。王祭酒,名懿榮,殉庚子之難,有賜諡。侍郎詩筆,清蒼深郁,接武眉山、少陵,七古浩氣磅礴。

(録自沈宗畸《便佳簃雜鈔》)

以予所知,康南海之得進於德宗,實樵野所密薦,常熟詗知德宗意,始具摺保康。從南海《自編年譜》中,數見當時康、梁與樵野往來之密。(或疑南海《自編年譜》中言常熟者多於樵野,以爲南海純得常熟之力,此實大誤。南海來京,主樵野,此事瘦公、孺博皆言之。常熟負重望,又有知己感,故數言之,樵野結納深,而爲謀主,故不數言之也。)廢八股,亦樵野力贊之。南海有奏請仿歐洲各國製新器、著新書、尋新地之事,摺交總署,樵野即屬任公擬稿議定。吾聞當時樵野與康、梁,私人抵掌談政治,輒昌言無忌,實爲致死之由。……樵野之死,乃於庚子夏義和團方熾時,京中突有密電致新疆當局,屬陰置張蔭桓於死地。相傳此電乃西后授意者,南海曾述之。見於官文書者乃云,有密旨以張蔭桓通俄，就地正法。和議成，始昭雪，復原官。

（録自黃濬《花隨人聖盦摭憶》）

康長素之出，實由樵野薦之於翁叔平，翁薦之於光緒，故戊戌變政，樵野實其原動，西太后欲殺之久矣。庚子亂命，與害珍妃同一筆法，事類袁紹之殺田豐。蓋自恥失敗而永圖滅口，且杜翻案耳。樵野之起，不由科第，而才華顯露，衆多側目；至其親家李芍農亦與不諧，故受禍雖烈，而稱之者稀，尚不克比於許景澄、徐用儀，亦可傷矣。阮季湖前覓得樵野遺集寄京，偶題此什，以抒所感，亦論近世史者所宜知也。

（葉恭綽《讀張樵野鐵畫樓集序》，錄自《遐庵詩乙稿》）

南海張樵野（蔭桓），於清光緒間以外省末吏薦至公卿，以才顯於世，樞府倚爲左右手。其時翁同龢與孫毓汶意見不同，有若“牛李”，樵野遊其間，皆能水乳。卒以薦康有爲成戊戌大獄，那拉氏追恨，殺之戍所。其時風氣錮蔽，以其不由科目進，衆皆輕之。李若農（文田）乃其親家，且時極嘲訕。至非罪被害，哀之者稀，不獲與“三忠”（袁昶、許景澄、徐用儀）同稱其道，亦可傷矣。乃其文藝超凡，迥非當時科第中人所及，亦復知者無幾。余曩者偶窺鱗爪，極致欽遲，求其刊本，僅得《鐵畫樓詩續集》，而全豹渺不可得。前數年，偶與阮季湖談及，以其同籍南海佛山，屬其物色。經歲餘得之坊市，即此六冊也。審各卷中，有校正小簽，當係初印本。依封面所署，乃刻於北京。詢之廠肆，渺無知者，蓋已爲絕版之物矣。余十年來所見張與翁、孫手札有數十冊，蓋幾於每日數通，昔人所謂每事必諮，不過如是。而樵野遇事犀燭劍剖，判斷如流，誠超過其時流輩倍徙，不止其薦康南海一事。在當日爲歷史行動，而卒以此殺身，且罕知者。專制之朝,了無正義公道可言。此其一徵。余恒擬仿《過秦論》爲《過清論》,卒未暇,此類亦可資舉證也。一九五二年六月廿三日盛暑,葉恭綽識。

(葉公綽《鐵畫樓詩鈔》跋,轉引

自王貴忱《可居題跋三集》後記)

《鐵畫樓詩鈔》五卷,光緒二十三年刻本;《續鈔》二卷,光緒二十八年刻本。張蔭桓撰。蔭桓字樵野,廣東南海人。起自幕僚,納貲爲知縣,至監司,爲閻敬銘、丁寶楨所知。光緒二年,權登萊青道。歷任安徽按察使、太常寺少卿,直總理各國事務衙門。十一年,出使美、日、秘三國大臣,保護華工利益,斡旋外交案件,甚有成效。三年後還國,仍直總署。歷遷户部左侍郎。變法議起,與康有爲往還甚密,事敗,謫戍新疆。二十六年,義和團失敗,爲朝廷所殺,年六十四。撰《鐵畫樓詩鈔》五卷,爲文二卷,首孫毓汶序。詩集曰《庚癸集》者三卷,曰《三洲集》者一卷,曰《不易集》者一卷。《庚癸集》爲光緒六年至九年詩,又分《北行雜詩》、《風馬集》、《來復集》。《上丁宫保師一百韻》、《遼東幕軍行》、《閲兵行》、《煙臺》、《大明湖觀水雷歌》,均爲官山東時所作。時英國請闢煙臺租界,蔭桓力持不可,爲詩亦意氣風發,足資諷詠。《昆明池歌》,揭露慈禧造修頤和園,尤爲刺譏。《越南久不貢象庚午内亂乞師粤西馮提督子材爲之龕定年貢外獻二象焉喜而作歌》,亦近代史聞。《三洲集》爲蔭桓出使外國作。在美國,作《鳥約鐵線橋歌》云:“高橋鐵綴八十丈,俯瞰海門瞭如掌。層展四里横五衢,機輪車馬紛來往。中間橋柱類石闕,揉鐵成絲稱銖兩。但爲巨絙挽浮梁,質力剛柔輪爾壯。傳聞縻費十六兆,經度五年竭冥想。國儉商勤無不宜,落成亦或假官帑。行人每過須投錢,持較工資尚迂枉。橋下依然争渡喧,誰謂利權能獨享。當時算法極毫黍，水無魚臘陸無象。高插穹霄低置礒，回立長風鬱蒼莽。祇應鬼斧矜花旗，近與歐羅鬥宏爽。儻移鐵索渡神仙，兩虎守之不得上。"《過華盛頓紀功碑》云："手闢兩洲開大國，創爲民政故傳賢。一時薦舉成風俗，間歲謳歌託衆權。海上颿輪惟固圉，林丘弓劍似生前。泰西得爾誠人傑，白石穹碑銳插天。"自注："碑方而頂銳，高五百尺，環球僅見。"又作《鞠花會歌》、《觀倭人所畫球馬圖》、《雪車行》、《髮花歌》、《費城百年會》。離美，至秘魯、巴拿馬、古巴，均有詩。時美設苛例，欲禁華工，蔭桓反對堅決，不果行，詩中於僑民關垂之情，每見之。渡大西洋至歐洲英、沃各國，作《巴黎石人歌》、《水晶宮行》、《巴黎鐵塔歌》、《七橡樹石窂歌》。歸途有《紅海行》、《印度洋》、《印度貝多經歌》等篇。《日斯巴彌亞城觀鬥牛歌》云："班牙健兒好身手，裹鐵結辮與牛鬥。鑰匙高擲牛欄開，絳帛紛拏牛疾走。健兒長戟騎瘦馬，牛觸馬復腸併漏。嘩然墮地人爭扶，急導牛行簇前後。牛數被創力漸微，紛持短弩投創口，牛痛辟易勢莫當，一人手劍飛過牆。紅旗護劍混牛目，奏技絕愧公孫娘。覷牛疲極忽揮劍，劍靶深入牛不僵。就中羣馬已盡倒，半死生還遺柵旁。層樓歡喧競拍掌，如獲凱旋真擒王。此邦風尚乃嗜此，云以肄武非殘傷。兩角豈足敵叢刃，人能猱躍兔能藏。依然鬥智非鬥力，徒手難搏吁其儃。礬鐘猶復塵仁術，祅神戒殺空語長。"《不易〔堂〕集》多爲日本、越南詩。歸國後唱酬者，翁同龢、王懿榮、袁昶等人。《續鈔》爲遣戍新疆作，一名《荷戈集》，爲戊戌八月至己亥詩。寫河西、哈密、吐魯番途中聞見，以至烏魯木齊。有光緒二十八年許玨跋，謂爲"詩史"。刻本較前集易得。蔭桓不以科目進，而折節讀書，洽習掌故，至辦理外務，實晚清拔萃之材。乃爲忌者所殺，庚子秋罹難戍所。讀是集不獨可以取資，且頗有助於知人論世之用也。黃遵憲《人境廬詩草》有贈詩,其詠戊戌失敗之《感事》詩,"鑿空虛槎疑漢使",即指蔭桓也。

(録自袁行雲《清人詩文集叙録》)

關於樵野著述情況,由於缺乏記録,已不能盡得其詳。依據見之著録者和筆者所藏而言,計有下列十數種:(一)《張樵野觀察贈書》稿本,不分卷,五册。係鄭振鐸舊藏,今藏北京圖書館。原書未見。(二)張樵野選編《駢體正宗》初、二編稿本,存二編二册。此係張氏選編,收本人手寫駢文四篇。初編不知所之。原稿係盧子樞舊藏,聞係自北京南海會館散出。今爲筆者所藏。(三)《奉使日記》十六卷,進呈本。今藏上海圖書館。原書未見。(四)《英軺日記》,見《廣東文徵續編》第一册(總編纂許衍董,參閱汪宗衍、吳天任)收録。原書未見。(五)《俄屬遊記》,往時雜覽摘記,失記出處。原書未見。(六)《三洲日記》八卷,光緒丙申(光緒二十二年,一八九六年)夏五月京都刊本,別有光緒三十二年上海石印本,即影印光緒丙申本。(七)張蔭桓輯《西學富强叢書》,光緒二十二年石印本。原書未見。(八)《鐵畫樓詩文稿》六卷,見於《廣東文徵續編》第一册收録,又見之著録有《鐵畫樓詩文集》六卷,疑爲《鐵畫樓詩文稿》一書之異名,似別無舊刊本傳世。原書未見。(九)《奏稿》校定本十九篇。多爲張蔭桓所撰經謄寫之清稿本,間有張氏手自校改者。内有爲他人代擬稿。光緒二十一年,張蔭桓繼李鴻章任中國全權大臣,與日本全權大臣林董於次年議定《中日通商行船條約》。其間與日本代表商議之細節,均有奏本上光緒帝。此類奏稿有八件,史料價值較大。原稿在筆者處。(十)張蔭桓《鐵畫樓詩鈔》卷五,寫樣校訂稿本。此卷一名《不易集》,蓋張氏詩集每卷各獨立標題書名。此卷係寫書樣待刻者。目録八頁,正文四十頁,首尾俱全,有作者校改者。原稿筆者所藏。(十一)張蔭桓《鐵畫樓詩鈔》卷五,初印校樣稿本。此爲初刻印樣校本,與寫樣本略有異同,以視初稿增刊九頁。存目録二頁,正文十一頁。此增刊本收詩下限至戊戌年正月,可能因是年政變發生而未能印行,故鮮有知此書者。原稿筆者所藏。(十二)《張樵野戊戌日記》稿本。此日記系張氏自印緑格竹紙稿紙,半頁八行,版心有"鐵畫樓"三字,總一百三十一頁,原分裝三册。始記於光緒二十四年戊戌正月初一日,止於是年七月初六日,也即日記作者被捕前三十二天,共記二百一十三天行事和見聞,經覆案有關文獻,可知張氏所記乃實録,史料價值尤大。原稿筆者所藏。(十三)張蔭桓《鐵畫樓詩續鈔》二卷,光緒二十八年刊本。此書一名《荷戈集》,原刊本傳世不多。筆者藏有白連史紙初印本和毛邊紙較後印本各一部。

(録自王貴忱《張蔭桓其人其著》,

《學術研究》一九九三年第六期)

後　記

　　經過幾年的不懈努力，《張蔭桓集》的整理工作終於完成，並承廣東省佛山市南海區人民政府地方志辦公室的贊助和支持得以順利出版，特此表示感謝。

　　張蔭桓是近代聲譽卓著的外交家，也是近代廣東衆多傑出人物的代表之一。雖然出身不由科第，但他才華橫溢，詩文皆能卓然成家，實爲研究近代歷史與文學的珍貴文獻。在本書編輯校點和搜集資料過程中，廣東省博物館原副館長王貴忱先生、上海古籍出版社姜俊俊先生、北京古籍出版社原總編輯楊璐先生、北京大學歷史系尚小明教授、廣東行政學院張求會教授、南海中學關祥老師、香港學者梁基永先生、中央黨校圖書館武岱先生、中國社會科學院近代史研究所馬忠文先生，或提供資料、圖片，或審讀文稿，提供了無私的指導與幫助；王貴老還親自題寫了書名；常熟翁同龢紀念館原館長朱禕禮先生撥冗撰寫了前言，謹此一併致謝。特別感謝中華書局俞國林先生爲本書的編輯和出版付出的辛勤勞動。由於水平所限，舛誤或有難免，敬請讀者批評指正。

　　需要説明的是，此次詩文集只限於刊本的整理與校點，張蔭桓詩文的輯佚將在今後完成；對張氏書札、奏疏的整理工作也將逐步展開。相信在不久的將來，編輯、整理一部相對完整的《張蔭桓全集》不再是遙不可及的事情，爲此我們將繼續努力。

整理者

二〇一一年十月